Anton Vögtle/Rudolf Pesch
Wie kam es zum Osterglauben?

Patmos — Paperback

Anton Vögtle/Rudolf Pesch

Wie kam es zum Osterglauben?

Patmos-Verlag Düsseldorf

 1. Auflage 1975
Umschlaggestaltung: Eschert & Bänder
Satz und Druck: Express-Druckerei, Düsseldorf
ISBN 3-491-77563-9

Inhalt

Vorwort

Als Mitherausgeber der Zeitschrift 'Bibel und Leben' mußte ich im Oktober 1973 mit einem Artikel aus dem Gebiet der neutestamentlichen Theologie in die Bresche springen. Ich beabsichtigte, einen Rundfunkvortrag zum Thema 'Wie kam es zur Artikulierung des Osterglaubens?' in etwas erweiterter Form vorzulegen. Nachdem das Manuskript des 1. Teils (BuL 14, 1973, 231—244) in Satz gegangen war, erschien in der 'Theologischen Quartalschrift' (3. Heft, 1973, 201—228) eine Tübinger Gastvorlesung von Rudolf Pesch zum gleichen Thema: 'Zur Entstehung des Glaubens an die Auferstehung Jesu'. Da diese gewichtige Veröffentlichung eine Reihe entscheidender Gesichtspunkte aufwarf und neu beleuchtete, mußte ich dieselben in die Diskussion miteinbeziehen, die schließlich zu drei Fortsetzungen auswuchs (15, 1974, 16—32; 102—120; 174—193). Trotz dieser bereits ungebührlichen Zahl von Fortsetzungen mußten einige Fragepunkte stark beschnitten werden. Nachdem sich der Patmos-Verlag in dankenswerter Weise zu einer monographischen Veröffentlichung bereit erklärte, habe ich mir deshalb erlaubt, außer der Anbringung einiger Verbesserungen für das Buch-Manuskript vor allem folgende Punkte noch etwas eingehender zu behandeln: die Funktion des 'er ließ sich sehen' von 1 Kor 15, die Bedeutung des paulinischen Zeugnisses für unsere Thematik sowie die These von der frühen Auffindung des geöffneten und leeren Grabes Jesu.

Da ich ahnungslos und ungewollt dazu gedrängt wurde, die neue Hypothese meines Meisterschülers mitzudiskutieren, freue ich mich besonders, daß dieser auf meinen Vorschlag einging, in fast unzumutbar kurzer Zeit eine kritische Stellungnahme zu meiner Artikel-Folge zu erarbeiten und mitzuveröffentlichen. Angesichts der schwierigen Thematik ist das um so mehr zu begrüßen, als ich meinerseits weitgehend auch nicht mehr als Möglichkeiten zur Erwägung stellen konnte. Für seinen guten Dienst sage ich dem Kollegen und Freund ganz herzlichen Dank.

Anton Vögtle

Der Beitrag, den ich auf Wunsch meines hochverehrten Lehrers zum vorliegenden Band beigesteuert habe, sammelt Früchte aus der Arbeit vieler Kollegen, deren Stimmen bei der Erörterung einer so wichtigen Frage Gehör verdienen. Einige Aspekte meiner Bemerkungen zu den gesammelten Materialien durfte ich anläßlich zweier Mainzer Gastvorlesungen — für die Einladung habe ich neben den Neutestamentler-Kollegen Wilhelm Pesch und Ludger Schenke insbesondere dem Dogmatiker Rudolf Haubst, einem meiner Bonner Lehrer, herzlich zu danken — und eines Heidelberger Kolloquiums — hierfür gebührt der Dank den Kollegen Heinz-Wolfgang Kuhn und Hartwig Thyen — im Kreise von Studierenden und weiteren Kollegen erörtern und kritischer Prüfung aussetzen. Ermutigende Erfahrungen lassen mich auf eine ebenso kritische wie konstruktive weitere Diskussion hoffen.

Rudolf Pesch

Anton Vögtle

Wie kam es zum Osterglauben?

I

Wie kam es zur Artikulierung des Osterglaubens? Die Aktualität dieser Frage läßt sich kaum bestreiten. Das Verständnis des Osterglaubens ist in den letzten Jahrzehnten mehr denn je „zu der alle anderen theologischen Aussagen bedingenden Schicksalsfrage“[1] geworden.

1. Eine ‚Schicksalsfrage‘ christlichen Glaubens

Wollten die Gläubigen des Alten Bundes vom entscheidenden Handeln Gottes in der Geschichte reden, so sprachen sie formelhaft von Jahwe, der Israel aus Ägypten, dem Sklavenhaus, herausgeführt hat (Ex 20,2; Dt 5,6 u.ö.). Auch dem heutigen christlichen Leser mag es nicht allzu schwer fallen, dieses Bekenntnis zu übernehmen. Die einstige Flucht Israels bzw. einer protoisraelitischen Gruppe aus Ägypten würde, in sich betrachtet, keineswegs als analogieloses Phänomen in der Geschichte stehen. Auch unabhängig von der Frage, ob das Geschehen damals bzw. in der späteren Überlieferung zu Recht als die heilsgeschichtliche Großtat Jahwes verstanden, ja auf massiv ‚wunderbare‘ Eingriffe des Gottes Israels zurückgeführt wurde, kann jenes als empirisches Faktum anerkannt werden, was denn auch unbedenklich geschieht. Sein fundamentum in re wurde ja auch von Profanhistorikern bezeugt. Die entsprechende Glaubensformel des Neuen Bundes, die offenbar ein neues entscheidendes Handeln Gottes behaupten will, stellt uns demgegenüber vor eine andere Situation. Die Gläubigen des Neuen Bundes greifen auch das formelhafte Bekenntnis zu dem Tote lebendig machenden Jahwe auf und sprechen nunmehr formelhaft, und zwar schon in vorpaulinischer Zeit,[2] von dem *„Gott, der Jesus von den Toten auferweckt hat“* – wie seit Gal 1,1, dem wohl zweitältesten Dokument unseres Neuen Testaments, öfters zu lesen ist. Diese Formulierung des Osterglaubens impliziert – jedenfalls für die neutestamentlichen Autoren selbst – die Behauptung, daß Jesus nicht im Tod geblieben ist, sondern nach seiner Hinrichtung als ansprechbare und wirkmächtige Größe existiert. Was hier als Tat Gottes behauptet wird, ist und bleibt, im Unterschied zu jenem Satz des alttestamentlichen Credo, von der uns

[1] *E. Koch*, Die Auferstehung Jesu Christi, Tübingen [2]1965, 1.
[2] Vgl. den Nachweis bei *B. Rigaux*, Dieu l'a ressuscité, Gembloux 1973, 113–117.

bekannten und vorstellbaren Geschichte her unglaubwürdig. Wir sehen uns einer Behauptung gegenüber, die als solche nur Widerspruch erregen kann, ja oft genug nur noch ein überlegenes Lächeln über die ewig Gestrigen auszulösen vermag. Die Rede von der Auferweckung Jesu von den Toten ist eine ‚Sprachbarriere' ersten Ranges.[3]

Und ich fürchte, es ist wirklich nichts damit gewonnen, wenn bis heute selbst namhafte Exegeten den Glauben an die Auferstehung Jesu als ein einerseits „durchaus innerweltliches, raumzeitliches, historisches Geschehen" und anderseits als „ein hyperhistorisches, die Geschichte aufhebendes, hyperphysisches, die Physis aufhebendes Ereignis" durch den Hinweis auf die Relativitätstheorie zu erleichtern versuchen. „Da die Naturwissenschaft nicht mehr nur die Gesetzmäßigkeit des Naturgeschehens propagiert, die Zufälle innerhalb des Weltlaufes ausschließt, sondern neben den gesetzmäßig verlaufenden Vorgängen sogenannte kontingente Ereignisse kennt, die spontan, zufallsbedingt, ohne wissenschaftlich erkennbare Ursachen geschehen, liefert sie zwar keine Beweise für die Faktizität der Auferweckung Jesu, sie bereitet dem Glaubenden aber keine unüberwindbaren Schwierigkeiten."[4] Die zu überwindenden Schwierigkeiten wären in diesem Fall ja immer noch groß genug, was auch G. Friedrich gewiß nicht bestreitet. Nicht nur weil der Angesprochene an eine in höchster Potenz unwahrscheinliche, im makromolekularen Bereich unerhörte Ausnahme ‚glauben' müßte. Er müßte außerdem an den unsagbar erstaunlichen Zufall ‚glauben', daß jener unerhörte Ausnahmefall ausgerechnet bei Jesus von Nazaret eintrat. Noch mehr, er müßte, so er zugleich zum neutestamentlichen Glauben, der ja die Auferweckung/Auferstehung Jesu als Effekt des Wollens und Handelns Gottes versteht, vorstoßen will, schließlich glauben, daß Gott im Hinblick auf die ‚Christusoffenbarung', wie ich einmal kurz formulieren darf, steuernd eingriff, nämlich das Wirken und Sterben Jesu dem Ausnahmefall des Naturverlaufs zuordnete oder umgekehrt. Und selbst damit wäre nichts gewonnen. Denn das dem Tod Jesu folgende Geschehen wird vom Neuen Testament, ganz sicher und eindeutig von Glaubenszeugen der ersten Generation, ja nicht etwa als bloße Wiederbelebung eines Toten, als Rückkehr in das bisherige Leben verstanden, sondern als ein das ‚natürliche' Dasein transzendierendes Geschehen.

Mit dem Osterglauben steht aber nun in der Tat *ungleich mehr* auf dem Spiel *als der Ärgernischarakter einer Randaussage des neutestamentlichen Glaubenszeugnisses* und des nachmaligen Glaubensbekenntnisses wie zum Beispiel des ‚hinabgestiegen in das Reich des Todes'. „Wenn du mit deinem Mund bekennst: Herr ist Jesus, und mit deinem Herzen glaubst, daß Gott ihn von den Toten auferweckt hat, wirst du gerettet werden" (Röm 10,9). Und Paulus ist ja keineswegs der einzige

[3] Zum Problem ‚Biblische Sprachbarrieren' sei auf den so betitelten Beitrag von *R. Schnackenburg* in: Bibel und Leben 14 (1973) 223-231 verwiesen.

[4] *G. Friedrich,* Die Auferweckung Jesu, eine Tat Gottes oder ein Interpretament der Jünger? in: Kerygma und Dogma 17 (1971) 186.

Autor des Neuen Testaments, der die Auferweckung Jesu mit der von ihm übernommenen ‚Überlieferung' 1 Kor 15,3–5 als einen der beiden Hauptinhalte des Christuskerygmas bezeichnet. Das Urteil über Herkunft und ursprünglichen Sinn des Osterglaubens entscheidet in der Tat über das Verständnis und den Stellenwert des Christuskerygmas überhaupt. Neuere Versuche einer für den heutigen Menschen ‚unanstößigen' Herleitung und Sinndeutung des Osterglaubens haben das zur Genüge illustriert. Indirekt dürfte dies nicht weniger bestätigt werden durch den wachsenden Trend der letzten Jahre, das Christuskerygma zugunsten des Jesuskerygmas, genauer zugunsten einer rational möglichst einsichtigen Gottes- und Gottesreichverkündigung Jesu, in den Hintergrund treten zu lassen oder gar faktisch zu ignorieren.[5]

2. *Zwei Formen vordergründiger Bezeugung des Osterglaubens*

Wie kam es zum Osterglauben? Und was will er von seinem Ursprung her genau besagen? Diese Fragen werden sich vermutlich überhaupt nie mehr mit voller Sicherheit beantworten lassen. Ihre Beantwortung fiele, zumindest in einer Hinsicht, leichter, wenn wir *die sogenannten Ostererzählungen* der Evangelien und der Apostelgeschichte als regelrechte Erlebnisberichte oder doch dem Gesamttenor nach als historische Überlieferung bewerten könnten. Das hat sich aber längst als zu riskant erwiesen. Bekanntlich sind generell zwei Formen der Bezeugung des Osterglaubens zu unterscheiden, nämlich *Kurzformulierungen des Kerygmas und der Bekenntnistradition* einerseits und ausgeführte Ostererzählungen anderseits; zu diesen gehören die Grabeserzählungen sowie die Erscheinungserzählungen (einschließlich der drei Inszenierungen der Damaskus-Christophanie der Apostelgeschichte)[6] bis hin zu den beiden Himmelfahrtszenen des lukanischen Doppelwerks (Lk 24,50–53; Apg 1,9 – 11).[7] Man ist sich fast allgemein darüber einig, daß die ältesten und ursprünglicheren Zeugnisse in Artikulierun-

[5] Man darf nur nicht meinen, das sei eine neue ‚Erfindung' der zweiten Hälfte unseres Jahrhunderts, wie *G. Friedrich* (a. a. O. 161 f) vor allem durch den Hinweis auf die Arbeiten von W. Herrmann geradezu amüsant belegt.

[6] Dazu vor allem *G. Lohfink*, Paulus vor Damaskus (SBS 4), Stuttgart 1965.

[7] Zu diesen beiden lukanischen Inszenierungen vgl. *G. Lohfink*, Die Himmelfahrt Jesu. Untersuchungen zu den Himmelfahrts- und Erhöhungstexten bei Lukas (STANT XXIV), München 1971.

gen des Osterglaubens zu suchen sind, die vor und außerhalb der Ostererzählungen begegnen.

Bei den sehr unterschiedlichen, ja gegensätzlichen *Erscheinungsszenen* der Evangelien und von Apg 1[8] handelt es sich nach wohlbegründeter Auffassung nicht um ursprüngliche Detailüberlieferungen, nicht um von Anfang an existierende und weitergegebene Erlebnisberichte der Erscheinungsempfänger, sondern um jüngere veranschaulichende Entfaltungen des Osterglaubens und der durch diesen ausgelösten Entwicklung. Das läßt sich, wie man U. Wilckens wohl beipflichten kann, auch „dadurch beweisen, daß wir im ganzen Neuen Testament über die älteste und kirchengeschichtlich fundamentale Erscheinung: die vor Petrus, durchweg nur Sätze über deren Faktum, aber keinerlei ausgebildete Erzählungen haben".[9] Die vorliegenden erzählerischen Ausgestaltungen setzen – vom Sonderfall der mit der Grabeserzählung verknüpften Christophanien abgesehen – bezeichnenderweise eine größere Zahl von Erscheinungsempfängern voraus: zum Beispiel „die elf Jünger" (Mt 28,16 ff.), „die Elf und ihre Gefährten" (Lk 24,33 ff.), „die Jünger" (Joh 20,19 ff.), 7 Jünger (Joh 21,1 ff.). Das erklärt sich gewiß vor allem aus dem späteren apologetischen Interesse an der Bestätigung von Erscheinungswiderfahrnissen durch eine Vielzahl von Zeugen, besonders durch die als ‚Apostel' geltenden Zwölf/Elf. Was aber nicht weniger beachtlich ist: Obwohl die drei erstgenannten Christophanien den Elf gelten oder diese doch einschließen und zugleich jeweils als Ersterscheinung (also als Ersterscheinung vor den Elf) gekennzeichnet werden, lassen sie sich unmöglich auf eine Urform zurückführen, die als Urüberlieferung gelten könnte, also als Beschreibung der 1 Kor 15,5 bezeugten Erscheinung vor ‚den Zwölf'. Man ist sich deshalb weithin darin einig, daß sich die Erscheinungserzählungen der Evangelien und von Apg 1 als Ausgangspunkt zur Beantwortung unserer Frage so wenig empfehlen wie die dreimalige Schilderung des Damaskuserlebnisses Pauli in der Apostelgeschichte.

Eine Sonderstellung unter den Ostererzählungen nehmen *die Grabeserzählungen* ein. Die Frage, ob diese wenigstens einem substantiellen Kern nach alt sind, ob dieser in die Urtage oder doch in die Frühzeit der Jerusalemer Gemeinde zurückreicht, wird bis heute indes verschieden beantwortet (s. u.).

[8] Vgl. etwa *H. Grass*, Ostergeschehen und Osterberichte, Göttingen ²1962, 113–256.

[9] Die Überlieferungsgeschichte der Auferstehung Jesu in: *W. Marxsen u. a.*, Die Bedeutung der Auferstehungsbotschaft für den Glauben an Jesus Christus, Gütersloh ⁷1968, 61.

3. *Die hauptsächlichen Artikulierungen des Osterglaubens*

G. Bornkamm prägte in seinem unübertroffenen Jesusbuch das Bonmot: „Zu der Eindeutigkeit der *Osterbotschaft* steht die Vieldeutigkeit und geschichtliche Problematik der *Osterberichte* in einer unverkennbaren Spannung."[10] Das ist in gewissen Hinsichten sicher richtig. Kann dieser Satz aber völlig uneingeschränkte Geltung beanspruchen? Zumindest drängt sich die Frage auf, worin diese Eindeutigkeit der *Osterbotschaft* besteht und etwa von Anfang an bestanden hat. Es wurde ja schon längst beobachtet, daß auch dort, wo der Osterglaube außerhalb der Ostergeschichten, besonders in kerygmatischen und bekenntnishaften Formulierungen (zum Teil sicher, zum Teil höchstwahrscheinlich schon vorpaulinischer Herkunft), zum Ausdruck kommt, verschiedene Kategorien für das dem Tod Jesu folgende Geschehen begegnen. Gerade im Hinblick auf unsere Fragestellung wird man sich deshalb vorweg immer wieder dem terminologischen Befund stellen müssen. Dieser könnte schon deshalb grundlegende Bedeutung bekommen, weil sich die verschiedenen Kategorien verschiedenen Verständnis- und Motivationshorizonten zuordnen lassen.

a) Die für unsere Frage gewiß wichtigen, außerhalb von Ostererzählungen aber seltener begegnenden Bezeichnungen für ‚Erscheinung(en)' seien erst noch zurückgestellt. Unter den übrigen hauptsächlichen Artikulierungen des Osterglaubens[11] dominiert schon rein zahlenmäßig die in den anerkannten Paulinen, und zwar zum Teil in längst verfestigten vorpaulinischen Überlieferungsstücken verwendete *Auferweckungsaussage*. So in dem formelhaften Satz „Gott hat Jesus[12] auferweckt (ἤγειρεν)" (1 Kor 6,14; 15,15; 2 Kor 4,14; Apg 5,30; 10,40; 13,37) bzw. „Gott hat Jesus von den Toten (ἐκ νεκρῶν) auferweckt"; so 1 Thess 1,10 (wohl schon als Bestandteil der vorpaulinischen Missionspredigt vor den Heiden); Gal 1,1; Röm 8,11; 10,9; Apg 3,15; 4,10; 13,30; 1 Petr 1,21. Gleichbedeutend mit diesen Formulierungen sind jene mit dem theologischen Passiv, die vom Auferwecktsein Jesu (1 Kor 15,4; ἐγήγερται) oder aoristisch von seinem Aufer-

[10] Jesus von Nazareth (Urban-Bücher 19), Stuttgart [5]1960, 166.

[11] Unter Berücksichtigung einer immensen Literatur werden alle einschlägigen Texte und ihre Gattungen in dem schon zitierten Werk von *B. Rigaux* diskutiert: Dieu l'a ressuscité 53–169.

[12] Statt des Eigennamens kann auch ein kontextlich bedingter christologischer Titel stehen: Vgl. *K. Wengst*, Christologische Formeln und Lieder des Urchristentums (StNT 7), Gütersloh 1972, 27–48.

wecktwordensein sprechen (zum Beispiel 1 Kor 15,12ab.13.14.16.17.20; Röm 4,25; 6,4; 7,4). Der Sache nach gehören hierher auch die Aussagen mit transitivem ἀνίστημι (Apg 2,24.32; 3,26; 13,33.34; 17,31), das in der Apostelgeschichte mit Formen von ἐγειρ- wechselt und wie diese Gott als handelndes Subjekt hat. Daß die ‚Auferweckungs'-aussage jedenfalls sehr alt ist, wird kaum bestritten,[13] auch wenn die von zahlreichen Autoren behauptete oder doch für möglich gehaltene Herkunft der vorpaulinischen Paradosisformel 1 Kor 15,3–5 (welche die Auferweckungsaussage mit der Deutung des Todes Jesu verbindet) aus der aramäisch sprechenden Urgemeinde nicht allgemein akzeptiert wird.[14]

1 Thess 4,14 läßt auf eine ebenfalls überkommene Glaubensformel (πιστεύομεν wie Röm 10,9) schließen. Jedenfalls liegt hier eine Doppelformel vor, die Jesus als handelndes Subjekt bezeichnet, nämlich von ihm aussagt, daß er ‚gestorben' (ἀπέθανεν) und ‚*auferstanden*' ist (ἀνέστη), ohne daß diese Prädikate, im besonderen die Sterbensaussage, näher bestimmt würden.[15]

Intransitiven Sinn haben ebenso die Formen von ἀναστῆναι (Mk 8,31 u. ö.) und ἀνίστασθαι (Mk 9,31 u. ö.) in den synoptischen Leidens- und Auferstehungsweissagungen. Die erwähnte Doppelformel von 1 Thess 4,14, der in Röm 14,9 das Gegenüber von ‚er starb' (ἀπέθανεν) und ‚*er wurde lebendig*' (ἔζησεν) entspricht (vgl. Offb 1,18), könnte auch im Hintergrund der Ausführungen von Röm 6,1–11 über das Sterben und Leben mit Christus stehen. Passivisch formuliert sind demgegenüber die beiden Antithesen 1 Petr 3,18: „Getötet nach dem Fleisch – lebendiggemacht (ζωοποιηθείς) nach dem Geist". Sie sind nach kaum bestrittener Auffassung der Tradition, näherhin einem Christuslied entnommen, worauf auch das der Sprache der Kult-Eulogie zugehörige Partizip ‚lebendiggemacht' hinweist. Von ihrem ursprünglichen Verständnis her sind sie wahrscheinlich, wenn auch meines

[13] Spezieller ist freilich die Hypothese von *K. Wengst*, die in der aramäisch sprechenden Urgemeinde entstandene Auferweckungsformel (Gott hat Jesus von den Toten auferweckt) impliziere, „daß Jesus durch diese Auferweckung zum Menschensohn erhöht wurde, als den ihn die Gemeinde in nächster Nähe erwartet, und daß sie auf ihre Rettung durch ihn bei dem stattfindenden Zornesgericht hofft" (Christologische Formeln 42).

[14] So besteht *K. Wengst* nachdrücklich darauf, daß 1 Kor 15,3–5 wie andere Formeln, welche die Auferweckungsaussage mit der Deutung des Todes Jesu als Sühne verbinden, als missionarisch veranlaßte „Leistung hellenistisch-judenchristlicher Gemeinden" zu gelten hat (Christologische Formeln 92–104).

[15] Es verdient vielleicht Beachtung, daß ἀνέστησεν innerhalb der Paulusbriefe nie allein in einer Formel vorkommt.

Erachtens nicht unbedingt sicher, der Auferweckungsvorstellung zuzuweisen.

b) Das dem Tod Jesu folgende Geschehen wird sodann als ‚*Erhöhung*' bezeichnet oder doch als solche verstanden, dies mehrfach ebenfalls in vorpaulinischem bzw. älterem Formelgut. Die in der Antike weit verbreitete Vorstellung von der ‚Entrückung' eines Menschen von der Erde an einen Ort, besonders in den Himmel,[16] kann zunächst völlig aus dem Spiel bleiben. Eine leibhaftige, und zwar sichtbare, von Augenzeugen wahrgenommene Entrückung wird selbstverständlich von den neutestamentlich singulären Himmelfahrtserzählungen des lukanischen Doppelwerks vorausgesetzt. Diese sind aber nicht nur anerkanntermaßen jüngeren Datums – wie auch die Vorstellung eines zeitweisen Erdenwandelns des Auferstandenen –, sondern so gut wie sicher erst von ‚Lukas' geschaffen worden.[17] Gerade auch jene Aussagen, die als ältere Formulierungen des Osterglaubens in Frage kommen, berechtigen nicht dazu, die Vorstellung eines sichtbaren Vorgangs der Erhöhung anzunehmen.[18]
An erster Stelle sei an Texte erinnert, die den Begriff ‚erhöhen' verwenden. Ohne Erwähnung der Auferweckung folgt in dem von Paulus übernommenen Christuslied *Phil 2,6–11* der Nennung des Todes unmittelbar die Aussage der Erhöhung durch Gott, die freilich durch das Motiv der Namengebung bereits in einem betont christologischen Sinn reflektiert und interpretiert, nämlich auf die universale, gottgleiche Herrscherstellung ausgerichtet wird.[19] Phil 2,9 würde als Beleg für das Alter der Erhöhungsvorstellung gewinnen, wenn in dem auf hellenistisch-judenchristlichem oder bereits hellenistisch-heidenchristlichem Boden entstandenen Christushymnus „zwei ehedem selbständige Bekenntnisfragmente bzw. -topoi zusammengewachsen" wären.[20] In diesem Fall hätte die Erhöhungsaussage ehedem ohne die

[16] Vgl. etwa *G. Friedrich*, Die Auferweckung Jesu, a. a. O. 170–178.

[17] Das hat *G. Lohfink* nachgewiesen: Die Himmelfahrt Jesu, bes. 242–245.

[18] Darauf hat schon *G. Lohfink* treffend hingewiesen: Die Himmelfahrt Jesu 81–98. Unabhängig von Lohfink kam *G. Friedrich*, was die Bedeutung der Entrückungsvorstellung für den neutestamentlichen Osterglauben angeht, im wesentlichen zum gleichen Ergebnis: Die Auferweckung Jesu 170–184.

[19] Das „einem Superlativ gleichkommende ὑπερυψοῦν könnte vorweg die anschließende Einsetzung in die Weltherrenstellung ‚veranschaulichen' wollen: *J. Gnilka*, Der Philipperbrief (Herders Theol. Kommentar zum NT X, 3), Freiburg 1968, 125.

[20] So *J. Gnilka* (a. a. O. 137 f.), der zur Begründung dieser Hypothese (133–147) u. a. auf den zweifellos auffälligen ‚Stilbruch' (Subjektswechsel: Eingreifen des handelnden Gottes) hinweisen kann (125).

einer späteren Reflexionsstufe zugehörige Präexistenz- und Inkarnationsaussage existiert.

Letztere ist selbstverständlich fundamentales Thema und Anliegen des *Johannes-Evangeliums*. Trotzdem steht dieses Phil 2 und anderen noch zu nennenden Texten nahe, insofern die Prädikation ‚auferweckt' – ‚auferstanden' nicht fällt, sondern vom ‚Erhöhtwerden' Jesu und des Menschensohns gesprochen wird (3,14; 12,32.34), das das ‚Verherrlichtwerden' (δοξάζεσθαι) Jesu bedeutet (12,23 u. ö.) und mit Begriffen wechselt, welche direkt oder zugleich die Bewegung in die himmlische Welt zum Ausdruck bringen: ἀναβαίνειν (3,13; 6,62; 20,17), πορεύεσθαι (7,35; 14,2 f. 12.28; 16,7.28), ὑπάγειν (7,33; 8,14.21 f.; 16,10). Die spezifisch johanneische Bezugsfülle doppelsinnigen Gebrauchs von ‚erhöhen' ist freilich sekundär, sicher und vor allem die Bezeichnung eines menschlichen Handelns (8,28) als ‚erhöhen'. Trotzdem könnte die Verwendung des Begriffs ‚erhöhen' — im Unterschied zu dem als Gegenbegriff zu ‚herabsteigen' (καταβαίνειν) gebrauchten ‚hinaufsteigen' (ἀναβαίνειν)[21] — auch insofern erhöhte Beachtung verdienen, als Joh 12,24–33 wie Hebr 5,7–10 Leiden und Sterben dem ‚Erhöht'- bzw. dem ebenfalls als Erhöhung verstandenen ‚Vollendet'-werden als Voraussetzung gegenüberstehen, also wie Phil 2,6–11 im biblischen Schema von Erniedrigung und Erhöhung bzw. von Leiden und Verherrlichung gedacht wurde.[22] Das Johannes-Evangelium wäre der geradezu wichtigste und eindeutigste Zeuge für das hohe Alter der Erhöhungsaussage, wenn die johanneische Wendung vom Erhöhtwerden-müssen (3,14; 12,34) gegenüber den synoptischen Worten vom Leiden- und Auferstehen-‚müssen' des Menschensohns die ältere und ursprünglichere Formulierung darstellen, ja möglicherweise auf ein authentisches Menschensohnwort Jesu selbst zurückgehen würde.[23] Der Annahme dieser beiden Möglichkeiten, auch der eines ursprüng-

[21] Nur dieses Begriffspaar entspricht dem Tenor der johanneischen Präexistenz- und Inkarnationschristologie.

[22] Das vertritt *H.-Th. Wrege* mit guten Gründen: Jesusgeschichte und Jüngergeschick nach Joh 12,20–33 und Hebr 5,7–10, in: E. Lohse u. a., Der Ruf Jesu und die Antwort der Gemeinde, Festschrift für J. Jeremias, Göttingen 1970, 259–288. 280.

[23] Mit dieser Möglichkeit rechnet „ernsthaft" *E. Schweizer* (Der Menschensohn, in: ders., Neotestamentica, Zürich 1963, 76–78) und noch entschiedener *M. Black*, vgl. zuletzt: The Christological Use of the Old Testament in the New Testament: NTSt 18 (1971) 5–8. Unter anderen Menschensohnworten, die zum Teil auch E. Schweizer geltend macht, wertet auch *J. Jeremias* die oben zitierten johanneischen Wendungen als Belege, daß Jesus seine (= des Menschensohnes) Erhöhung, genauer: seine ‚Entrückung' zu Gott erwartete: Neutestamentliche Theologie I, Gütersloh 1971, 260 f.

lichen Menschensohnwortes Jesu, lassen sich jedoch beträchtliche Bedenken entgegenstellen.

Das exakte Verbum ὑψόω ist schließlich in der *Apostelgeschichte* bezeugt. Es ist die Rede von der Erhöhung (2,33: ὑψωθείς; 5,31 ὕψωσεν) „durch die Rechte Gottes" bzw. – so wenigstens im lukanischen Verständnis — „zur Rechten Gottes". Im Unterschied zu den beiden vorigen Belegen steht die Erhöhungsaussage hier *neben*, näherhin *nach* der der Apostelgeschichte geläufigen Auferweckungsaussage (2,32: ἀνέστησεν bzw. 5,30: ἤγειρεν). Lukas selbst versteht die Auferweckung und die Erhöhung offensichtlich als zwei verschiedene Akte. Angesichts seiner Konzeption, die der Auferweckung ein vielmaliges Zusammensein des Auferstandenen mit den Aposteln innerhalb von 40 Tagen folgen und dieses mit einer sichtbaren Himmelfahrt beschließen läßt, versteht sich das von selbst. Uns interessiert aber, wie Lukas zu den beiden ὑψο-Aussagen kommt. G. Lohfink nannte starke Indizien dafür, daß die beiden Erhöhungsaussagen nicht etwa den von Lukas komponierten Himmelfahrtserzählungen verdankt werden, daß Lukas mit jenen vielmehr das urchristliche Erhöhungskerygma aufgreift, das von ihm freilich historisch konkretisiert, nämlich „auf die vor Zeugen geschehene Himmelfahrt uminterpretiert" wurde.[24] Möglicherweise hat Lukas in der Überlieferung auch bereits die Verknüpfung der Erhöhungsaussage mit τῇ δεξιᾷ τοῦ θεοῦ (als instrumentalem Dativ) vorgefunden; dafür könnte sprechen, daß der schon im klassischen Griechisch seltene Dativ des Orts, zu dem Lukas selbst von seinem Kontext her greifen mußte, im Neuen Testament praktisch keine Rolle mehr spielt.[25] Falls dem so wäre, würde hier – statt Ps 110,1 – Ps 117,16 LXX (δεξιὰ κυρίου ὕψωσέν με) als Schrifthintergrund sichtbar werden und könnte auch dieser implizite Schriftgebrauch für das Alter des Erhöhungskerygmas sprechen.

Eine weitere Gruppe von Texten verwendet andere Begriffe als ὑψόω. So das *1 Tim 3,16* übernommene Christuslied, in dem übrigens — im Unterschied zum Christushymnus Phil 2,6—11 — der Gedanke der Inkarnation des Präexistenten, falls er überhaupt vorausgesetzt ist,[26]

[24] Die Himmelfahrt Jesu 226—232. 240. 244.

[25] *G. Voss*, Die Christologie der lukanischen Schriften in Grundzügen (Studia Neotestamentica 2), Paris 1965, 313.

[26] Der Präexistenzgedanke ist an sich weder von der Stilform der Epiphanie gefordert (*H. Conzelmann*, Die Pastoralbriefe [Handbuch zum NT 13], Tübingen 1966, 51) noch von der Stilform des Inthronisationshymnus (*K. Wengst*, Christologische Formeln 160).

zumindest stark zurücktritt gegenüber dem Gedanken der Erhöhung aus der irdischen in die himmlische Existenz. Im Unterschied zu Phil 2 fehlt auch der Gedanke der Selbsterniedrigung, und die Darstellung verwendet, im Gegensatz zum Subjektwechsel zwischen Phil 2,8 und 2,9, in einheitlichem Duktus das Passiv des Aorists, was dem Epiphaniestil entspricht. Nachdem das erste Glied des Lieds das irdische Leben als „geoffenbart im Fleisch“, das heißt in irdischer Existenz, beschrieb – ohne das Todesleiden auch nur anzudeuten –, wird im folgenden zweiten Glied mit ἐδικαιώθη ἐν πνεύματι die Erhöhung ausgesprochen. Das trifft zu, ob man bei dieser Formulierung mit E. Schweizer im Sinn des Theologumenons vom verkannten und zu erhöhenden Gerechten an „die Rechtfertigung des Weges“, an die „göttliche Rechtfertigung“ Jesu im Bereich des Geistes denken läßt[27] oder unsere Wendung „in ungewöhnlicher, aber auch anderwärts belegter Diktion“[28] ohne Bezug auf jenes Theologumenon das Eingehen Jesu, „die Erhöhung in die Sphäre des πνεῦμα“ besagen läßt.[29] Der Gedanke der Erhöhung würde durch das Schlußglied „aufgenommen in Herrlichkeit“ (ἀνελήμφθη ἐν δόξῃ) noch eine Potenzierung erfahren, nämlich durch das Motiv der Thronbesteigung, wenn unser Hymnus mit der Stilform des altorientalischen Thronbesteigungshymnus (Erhöhung – Kundgebung der Erhöhung – Inthronisation) zu erklären ist.[30] Nur sind die Entsprechungen dieser Stilform zu den einzelnen Gliedern „nicht gerade deutlich“[31] und läßt sich gerade auch das Schlußglied kaum zwanglos als Artikulierung eines spezifischen Inthronisationsvorgangs verstehen. Insofern könnte es sich empfehlen, auf das Vorliegen einer logischen Entfaltung des Christusgeschehens zu verzichten und anzunehmen, daß bereits jede der drei Doppelzeilen „die volle Erhöhung“ im Blick hat, diese jedoch „in immer neuen Aspekten“ entfaltet. „Für diese Lösung spricht jedenfalls, daß das abschließende ἀνελήμφθη ἐν δόξῃ deutlich als Gegensatz zu dem ἐφανερώθη ἐν σαρκί formuliert ist; es bildet also eher eine ab-

[27] Erniedrigung und Erhöhung bei Jesus und seinen Nachfolgern, Zürich ²1962, 104 bis 106. 106; Der Menschensohn, in: ders., Neotestamentica 1963, 76.

[28] *N. Brox,* Die Pastoralbriefe (RNT 7,2), Regensburg 1969, 160.

[29] So vor allem *H. Conzelmann* (Past 50), dem zum Beispiel *W. Schrage* eindeutig beipflichtet: Das Verständnis des Todes Jesu Christi im Neuen Testament, in: E. Bizer u. a., Das Kreuz Jesu Christi als Grund des Heils, Gütersloh 1967, 62 Anm. 36; vgl. auch *K. Wengst,* Christologische Formeln 158 f.

[30] Wie vor allem *J. Jeremias* vorschlägt: Die Briefe an Timotheus und Titus (NTD 9), Göttingen 1963, 23–25; vgl. auch *K. Wengst,* Christologische Formeln 159 f.

[31] *N. Brox,* Past 161.

schließende Zusammenfassung des Ganzen, als daß es eine letzte Phase der Inthronisation Christi aussagt."[32] G. Lohfink hat ebenfalls schon mit Recht betont, der Zusatz ἐν δόξῃ zu ἀνελήμφθη mache deutlich, daß die Erhöhung hier nicht als sichtbarer Entrückungsvorgang verstanden ist und deshalb eine Beziehung zu dem ἀναλαμβάνεσθαι von Apg 1,2.10 nicht herzustellen ist.[33] Der Eindruck ist gewiß nicht unbegründet, daß die Christologie des Lieds 1 Tim 3,16 ganz von der Erhöhungsvorstellung her entworfen ist und die beiden besprochenen Artikulierungen des Erhöhungsgedankens auf relativ alte Formulierungen zurückgehen könnten.

Ausgesprochen problematisch erweist sich der Versuch einer traditionsgeschichtlichen Beurteilung von *1 Petr 3,18 f. und 3,21 f.* J. Jeremias' Urteil scheint nach wie vor zu gelten: Es sei nicht einmal sicher, ob 1 Petr 3,18 und 3,22 ursprünglich einen fortlaufenden Text, nämlich *eines* Christusliedes, bildeten; sicher sei nur, daß in diesen Versen ältere christologische Formeln verwendet wurden.[34] Diese zeigen vor allem Ähnlichkeiten zu denen des Hymnus 1 Tim 3,16. Kontrovers ist bis heute eben auch die Rekonstruktion des Umfangs des übernommenen Formelguts.[35] Allgemein wird zu diesem indes die uns interessierende eindeutige Erhöhungsaussage πορευθεὶς εἰς οὐρανόν, ‚aufgefahren in den Himmel' (3,22b) gerechnet, während die zuvor genannte ‚Auferstehung Jesu Christi' (3,21c) ebenso einmütig dem Verfasser des Briefs zugeschrieben wird. Auch der abschließende Partizipialsatz „wobei ihm Engel, Gewalten und Mächte unterworfen wurden" (3,22c) gehörte möglicherweise zur Vorlage.[36]

In diesem Fall hat schon das vorgegebene Christuslied die Erhöhung nach einer bestimmten und bekannten Richtung, nämlich als Unterwerfung der Mächte und Gewalten,[37] interpretiert. Jedenfalls hat der Verfasser des Briefs dem ‚aufgefahren in den Himmel' die traditio-

32 *G. Lohfink*, Die Himmelfahrt Jesu 89.

33 A. a. O. 89.

34 Zwischen Karfreitag und Ostern, in: ABBA, Göttingen 1966, 325. Im gleichen Sinn äußerte sich zuletzt auch *W. Schrage*, Der 1. Petrusbrief, in: Die Katholischen Briefe (NTD 10), Göttingen 1973, 102 ff.

35 Man vergleiche etwa die neueren, freilich hypothetisch gemeinten Rekonstruktionsvorschläge von *C.-H. Hunzinger* (Zur Struktur der Christus-Hymnen in Phil 2 und 1 Petr 3, in: E. Lohse, Der Ruf Jesu und die Antwort der Gemeinde, Festschrift für J. Jeremias, Göttingen 1970, 144), *K. Wengst* (Christologische Formeln 163) und *W. Schrage* (Der 1 Petr 102).

36 Vgl. *K. Wengst*, a. a. O. 162 f.; *W. Schrage*, a. a. O. 103. 105.

37 Vgl. bes. Eph 1,20 f.; Phil 2,10. Nicht sicher ist oft, ob ὤφθη ἀγγέλοις auch die Unterwerfung der Geistermächte meint.

nelle Bekenntnisaussage vom Sitzen zur Rechten Gottes vorangestellt, um das Ziel der Himmelfahrt zu nennen.[38] Auch hier besteht übrigens kein Grund zu der Annahme, ‚aufgefahren in den Himmel' wolle die Sichtbarkeit des Vorgangs insinuieren. Sofern 3,22c wahrscheinlich schon im vorgegebenen Christuslied mit 3,22b verbunden war, läßt sich die Wahl der eine aktive Rolle Christi ermöglichenden Ausdrucksweise – anstatt etwa ‚erhöht' oder ‚aufgenommen' – ungezwungen aus dem Interesse an der Aussage über die Unterwerfung der zwischen Erde und Himmel befindlichen Geistermächte erklären.[39] Das Liedfragment ‚aufgefahren zum Himmel' dürfte hinsichtlich der Formulierung gewiß jünger sein als Artikulierungen des Erhöhungsglaubens, in denen Gott direkt oder indirekt (theologisches Passiv) als handelndes Subjekt vorausgesetzt ist. Die ausdrückliche Aussage der Unterwerfung der Geistermächte würde das Christuslied ohnedies in den hellenistischen Raum verweisen.

Die Erhöhungsvorstellung ist des weiteren vorausgesetzt in der von Paulus – wenigstens in den entscheidenden Bestandteilen – übernommenen judenchristlichen Bekenntnisformel *Röm 1,3 f.*, die freilich nicht für die spezielle Antithese ‚Niedrigkeit-Erhöhung' beansprucht werden kann. Durch ὁ ὁρισθεὶς υἱὸς θεοῦ ist die Erhöhung, entsprechend dem ‚geworden aus dem Samen Davids', zugleich messianisch, nämlich als messianische Inthronisation bestimmt. Da dem ‚eingesetzt zum Sohn Gottes' schon in der Urfassung noch das ἐξ ἀναστάσεως νεκρῶν folgte,[40] hatte schon die ursprüngliche Formel die Verbindung von Auferweckungs- und Erhöhungsaussage, die seit Paulus ohnedies öfters anzutreffen ist, freilich in unterschiedlichen Formulierungen.[41]

Interessant ist der Vergleich von Röm 1,3 f. mit der Homologie 2 Tim 2,8, die ebenfalls die Verbindung der davidischen Abstammung mit der Auferweckungsaussage aufweist: „Denk an Jesus Christus, auf-

[38] *W. Schrage*, a. a. O. 102–106.

[39] Vgl. *G. Lohfink*, Die Himmelfahrt Jesu 90.

[40] Die übrigen Elemente des zweiten Gliedes dürften später hinzugefügt worden sein (so im Anschluß an O. *Michel* auch *B. Rigaux:* Dieu l'a ressuscité 118). Wann und durch wen, wird freilich noch unterschiedlich beantwortet. Während manche (z. B. *K. Wengst*, Christologische Formeln 112–114) alle erst von Paulus stammen lassen, konnte *H. Schlier* jüngst sehr eindrucksvolle Gründe geltend machen, daß (κατὰ σάρκα–) κατὰ πνεῦμα ἁγιωσύνης schon *vor* Paulus in die ursprüngliche Formel eingefügt wurde und dieser selbst nur noch „in Macht" (ἐν δυνάμει) hinzusetzte: Zu Röm 1,3 f., in: Neues Testament und Geschichte, Festschr. für O. Cullmann, hrsg. von H. Baltensweiler und Bo Reicke, Zürich-Tübingen 1972, 211–215. 204–211.

[41] Z. B. Röm 8,34; Apg 2,32 f.; 5,30 f.; Eph 1,20; 2,6; vgl. Kol 3,1; 1 Petr 3,21 f.

erweckt von den Toten, aus Davids Samen" (ἐγηγερμένον ἐκ νεκρῶν, ἐκ σπέρματος Δαυίδ). Die Auferweckungsaussage ist betont vorangestellt und damit noch nicht auf eine Zwei-Stufen-Christologie abgehoben. Das spricht für das höhere Alter dieser Formel.

Die Erhöhung Jesu ist selbstverständlich ebenso vorausgesetzt, wo die messianische Interpretation *das Motiv vom Sitzen oder auch Sich-Setzen zur Rechten Gottes* aus Ps 110,1 oder das im gleichen Ps-Vers nachfolgende Motiv von der Unterwerfung der Feinde (1 Kor 15,25) verwendet.[42] Dabei verdient der Hebräerbrief noch besondere Beachtung, der die Auferweckung Jesu bekanntlich nur einmal erwähnt, nämlich in einer dem Alten Testament folgenden formelhaften Wendung des Segenswunsches 13,20 f. (ἀναγαγὼν ἐκ νεκρῶν). Wie G. Lohfink gut beobachtete, ist jeweils an drei Stellen (1,3; 2,9; 12,2) sofort nach der Nennung des Kreuzestodes von der Inthronisation Jesu die Rede.[43] Während der Gottesspruch *Ps 2,7* in Apg 13,32 f. möglicherweise als Auferweckungsaussage verstanden wird, interpretiert der Hebräerbrief (1,5; 5,5) Ps 2,7 wie übrigens auch Ps 110,4 im Sinn des Erhöhungskerygmas.[44] Auch Lk 24,26 wird vielleicht nicht zu Unrecht als bereits überlieferte Erhöhungsaussage beansprucht.[45]

Schließlich dürfte noch ein Blick auf *die Jesusüberlieferung* nicht unangebracht sein. So gut wie sicher hat schon dieselbe palästinische Urgemeinde, die ihren Flehruf um das Kommen des Heils an den erhöhten Jesus richtete (‚maranatha'), diesen als ‚den Menschensohn' bezeichnet, ob sie nun – um einmal mit zwei hauptsächlich vertretenen Hypothesen zu rechnen – den in den Himmel erhöhten Jesus mit dem einst von Jesus selbst nur objektiv angekündigten Menschensohn-Endrichter identifizierte, oder ob überhaupt erst sie die apokalyptische Vorstellung von dem als Richter offenbar werdenden Menschensohn nachösterlich aufgriff, um den Glauben an die Parusie des erhöhten Jesus zum Gericht von einer verfügbaren Vorstellung der eschatologischen Erwartung her zu stützen. Zumindest ist meines Erachtens folgender einigermaßen konstatierbare Befund beachtlich. Gewiß läßt sich für die Logienquelle kein Spruch nachweisen, der Jesus im Ich-Stil oder mit ‚*bar nāschā*' (= der Menschensohn) als Subjekt seine ‚Erhöhung' oder auch sein Leiden- *und* Erhöhtwerden-müssen voraussagen ließe. Es kann aber kein Zweifel bestehen, daß die Logienquelle bzw. schon die

[42] Röm 8,34; Eph 2,20; 1 Petr 3,22; Hebr 1,3; 8,1 u. ö.; aber auch Mk 14,62 par.
[43] Himmelfahrt Jesu 91.
[44] Vgl. *G. Lohfink,* a. a. O. 232–236.240.
[45] Nachdrücklich von *H.-Th. Wrege,* Jesusgeschichte 266 Anm. 24.

von ihr gesammelte Überlieferung den Jesus des Erdenlebens mit ‚dem Menschensohn' identifizierte und ihn als den aus der Himmelswelt hervortretenden richterlichen Menschensohn erwartete, also an Jesu Erhöhung in den Himmel glaubte. Auf welche Weise kam der am Kreuz geendete Jesus für die hinter Q stehende Überlieferung in den Himmel? Etwa aufgrund seiner leibhaften Auferweckung? Man darf freilich hinzufügen, daß sich für die Logienquelle kein Spruch aufweisen läßt, der von der ‚Auferweckung' oder ‚Auferstehung' Jesu bzw. des Menschensohnes sprechen würde.

4. Die immer wieder sich aufdrängende Fragestellung

Was an diesem Befund auffallen muß, ist zunächst *die Pluralität der Kategorien,* mit denen der urchristliche Glaube das dem Tod Jesu folgende Geschehen bezeichnet. Auf der einen Seite steht vor allem die Aussage der Auferweckung, die meistens durch Formen von ἐγείρειν ausgedrückt wird, sich aber auch anderer Verben bedienen kann wie ἀνιστάναι, ζωοποιεῖν, ἀνάγειν ἐκ νεκρῶν u. a. Der Auferweckungsaussage entsprechen intransitive Begriffe wie ‚auferstehen'[46] bzw. ‚Auferstehung', ‚zum Leben kommen' u. a. Auf der anderen Seite findet sich die Aussage der ‚Erhöhung' Jesu durch Gott, die außer durch Verbformen des zuerst hymnisch belegten terminus ὑψόω auch durch andere Wendungen (‚gerechtfertigt im Geist', ‚aufgenommen in Herrlichkeit', ‚verherrlicht [werden]') zum Ausdruck kommt. Der Erhöhungsaussage entsprechen ebenfalls Begriffe, die Jesus zum handelnden Subjekt machen, wie ‚hinaufsteigen', ‚gehen (zum Himmel)'. Andere Formulierungen setzen jedenfalls unmittelbar die Erhöhungsvorstellung voraus. So das ‚eingesetzt zum Sohn Gottes', die Aussagen vom Sitzen oder Sich-setzen zur Rechten Gottes und von der Erhöhung durch die Rechte Gottes.
Zur Vielfalt der Artikulierungen kommt *die Vielfalt ihrer Verwendung.* Eine Reihe von Texten bietet nur die Auferweckungs/Auferstehungs-aussage, andere hingegen nur eine Erhöhungsaussage, ohne daß der Begriff ‚Auferweckung/Auferstehung' oder ein anderer Ausdruck, der als Äquivalent in Betracht kommt, erwähnt wird. In einer dritten Gruppe von Stellen finden sich schließlich Auferweckungs/Auf-

[46] Es ist zu beachten, daß ἀνέστη von vornherein den gleichen aramäischen terminus wiedergeben konnte wie ἠγέρθη.

erstehungs-aussage und Erhöhungsaussage (passivisch oder aktivisch formuliert) nebeneinander.

Wie ist dieser Befund zu erklären? Es geht naturgemäß vor allem um *das Verhältnis der beiden hauptsächlichen Kategorien, der Auferweckung und der Erhöhung,* die auch insofern Anspruch auf hohes Alter stellen können, als sie ein Handeln Gottes an Jesus aussagen. Daß Gott ‚auferwecken' und ‚erhöhen' kann, versteht sich in der alttestamentlich-jüdischen Welt von selbst; ebenso, daß in der durch die Hinrichtung Jesu geschaffenen Situation nur unmittelbar Gott – nicht etwa ein charismatischer Gottesmann – als handelndes Subjekt in Frage kam. Sind die beiden Aussagen nun gleich alt, und meinten sie – wie meist angenommen wird – von Anfang an dasselbe, denselben einheitlichen Vorgang, so daß jede der beiden Aussagen die andere vertreten konnte? Richtete sich die Wahl der einen oder anderen etwa allenfalls danach, ob man den terminus a quo (Auferweckung) oder den terminus ad quem (Erhöhung) im Blick hatte? Wie kam es dann zur Beanspruchung dieser beiden bedeutungsgleichen Artikulierungen des Osterglaubens? Oder ist eine der beiden Artikulierungen älter als die andere? Steht am Anfang die Aussage der Auferweckung, etwa im Sinn der endzeitlichen Auferweckung der Toten, die dann reflektiert und als Erhöhung interpretiert wurde bis hin zur messianischen Inthronisation? Wurde die ursprüngliche Auferwekkungs-/Auferstehungsaussage also zum Teil von der Erhöhungsaussage verdrängt oder auch absorbiert? Oder kommt die Priorität der Erhöhungsaussage zu, und wurde diese sekundär als ‚Auferweckung', als ‚Auferweckung von den Toten' interpretiert?

Daß es sich beim Verhältnis der beiden hauptsächlichen Artikulierungen des Osterglaubens um ein echtes Problem handelt, hat sich in der Diskussion erneut gezeigt, seitdem nach J. Weiß vor allem G. Bertram den Primat der Erhöhungsvorstellung befürwortete.[47] Namentlich darf hier an die jüngere Diskussion zwischen F. Hahn, Ph. Vielhauer, D. Georgi erinnert werden. Nicht zuletzt hat unsere Frage durch neuere Hypothesen zum Menschensohnproblem, vor allem durch die verwandten Hypothesen von E. Schweizer, M. Black und O. Michel, ebenso auch durch die anders ansetzende Interpretation von J. Jeremias neue Impulse erfahren.[48]

[47] Vgl. jetzt dessen vorsichtige Stellungnahme in seinem Art. ὑψόω: ThWNT VIII 606–611; andere Autoren bei *G. Lohfink,* Himmelfahrt Jesu 96.

[48] Einschlägig ist auch *W. Thüsing,* Erhöhungsvorstellung und Parusieerwartung in der ältesten nachösterlichen Christologie (SBS 42), Stuttgart 1969.

II

Die Frage, wie und in welchem Verstehenshorizont es zum Bekenntnis der Auferweckung/Auferstehung bzw. Erhöhung Jesu und den damit verbundenen Explikationen kam, ist unlöslich verquickt mit der *Frage nach der Bedeutung der sogenannten ‚Erscheinungen'*. Mit diesen stehen nach herkömmlicher Auffassung die jenes Bekenntnis auslösenden oder doch eigentlich begründenden ‚Erfahrungen', ‚Erlebnisse', ‚Widerfahrnisse' zur Diskussion.[1] Zunächst ist an die sehr variierende ‚Erscheinungs'-Terminologie zu erinnern.

5. Die ‚Erscheinungs'-Terminologie

Die bekenntnishaften Aussagen, die sich auf das der Hinrichtung Jesu folgende Geschehen beziehen, beschränken sich (was gewiß auffallen darf) fast ausnahmslos auf die Behauptung der Auferweckung (Auferstehung) oder (bzw. und) der Erhöhung Jesu. In den meisten Formulierungen, und zwar gerade auch den vermutlich ältesten, wird dieses Geschehen als Effekt des Handelns Gottes bezeichnet oder doch als solcher verstanden. Worauf sich die Behauptung dieses Handelns Gottes stützt, wird im allgemeinen nicht gesagt. Nur vereinzelt begegnen Aussagen, die als Erklärung oder Begründung jener Behauptung in Betracht kommen. Die gewichtigste dieser Ausnahmen ist die ὤφθη + Dativ-Wendung (*„er ist erschienen dem [den]"*) in 1 Kor 15,3b–8, vor allem in der vorpaulinischen Bekenntnistradition 15,3b–5. ὀφθῆναι + Dativ steht des weiteren zu lesen Apg 9,17; 26,16 und in der Doppelformel Lk 24,34; vgl. Apg 13,30 f.

In Erscheinungsweissagungen (Mk 16,7; Mt 28,7.10), noch öfters in Erscheinungserzählungen und in Verbindung mit solchen, aber auch

[1] Jeder Versuch einer Bezeichnung bringt naturgemäß die Gefahr eines die Auslegung präjudizierenden Vor-Verständnisses mit sich. In Verbindung mit seiner ‚Interpretament'-Hypothese hat speziell *W. Marxsens* Redeweise vom „Widerfahrnis *des Sehens*" verständliche Ablehnung erfahren (*K. Lehmann*, Auferweckt am dritten Tag nach der Schrift [QD 38], Freiburg 1968, 340 f.; *F. Mussner*, Die Auferstehung Jesu, München 1969, 76–80; *G. Friedrich*, Die Auferweckung Jesu 153–160). Aber auch der Ausdruck ‚Widerfahrnis' als solcher erfährt Widerspruch, weil dessen Verwendung schon vor aller Exegese Interpretation fordere. Ohne hier auf die Diskussion des Gegen und Für eingehen zu können, meine ich freilich, daß er im Grunde nicht mehr präjudizierend wirken muß als andere Behelfsbegriffe wie ‚Erfahrung', ‚Geschehen' u. ä.

in der autobiographischen Notiz 1 Kor 9,1 (ἑώρακα) begegnen noch andere Formen von ὁρᾶν, ἰδεῖν bzw. auch andere *Verben des Sehens* (θεωρεῖν, βλέπειν, θεᾶσθαι, ἀτενίζειν), die gewissen Personen und Personengruppen ein Sehen bzw. Gesehenhaben im aktiven Sinn zuschreiben (z. B. Mk 16,7; Mt 28,7.10.16; Lk 24,37.39; Apg 1,9; 9,27; Joh 20,18.20.29). Dabei setzen diese Stellen und zahlreiche andere Angaben der zitierten Kapitel sowie des Nachtragskapitels Joh 21 und des längeren Mk-Schlusses eindeutig das Sehen einer leibhaftigen Gestalt voraus.
Angesichts dieses Befundes kann es nicht überraschen, daß es seit *H. Grass* weithin als ‚gesichert' gilt, „daß das entscheidende Erlebnis primär in den Bereich des ‚Sehens', des ‚Sichtbarwerdens' gehört".[2]

6. *Die umgreifende Alternative*

Diese Auffassung tangiert bereits den entscheidenden Frage- und Streitpunkt, dem sich jede Hypothese zur Entstehung des Osterglaubens und zu dessen ursprünglichem Sinn stellen muß. Vergegenwärtigen wir uns sofort die umgreifende Alternative, welche die heutige Diskussion bestimmt.

a) Die Vertreter der *mehr traditionellen Erklärungsrichtung* stimmen überein in der Auffassung, daß der Osterglaube entscheidend auf einer neuen ‚Erfahrung' (bzw. auf ‚Erfahrungen') der Jünger beruht, ja daß er sich ohne eine zum Kreuz hinzukommende neue ‚Erfahrung' nicht erklären lasse. Bei dem Versuch, das glaubenbegründende Widerfahrnis näher zu bestimmen, treten die Autoren freilich zu unterschiedlichen Auffassungen oder auch nur Vermutungen auseinander. Wenn wir von der Voraussetzung der frühen Entdeckung des leeren Grabes, die bei manchen Autoren eine gewisse Rolle spielt, erst noch absehen, wird vielfach, wenn nicht meist, ein Sich-sehenlassen und ein durch dieses ermöglichtes Sehen als konstitutives Moment verteidigt.

b) Die Vertreter der *neueren Erklärungsrichtung* stimmen hingegen darin überein, daß sie mit einer aus der Situation der Jünger nicht

[2] Ostergeschehen und Osterberichte 188; vgl. als neuere Belege nur etwa *A. Kolping*, Wunder und Auferstehung Jesu Christi (Theologische Brennpunkte 20), Frankfurt 1969, 33 f.: *K. Dahn*, Art. ‚Sehen, Gesicht', in: L. Coenen, Theologisches Begriffslexikon zum Neuen Testament III, Wuppertal 1972, 1132.

erklärbaren ‚Erfahrung' nicht rechnen. Die herkömmlich als ‚Erscheinungen' beanspruchten Widerfahrnisse spielten ihnen zufolge für die Entstehung des ‚Osterglaubens' – besser gesagt: für die Entstehung der Auferweckungs- und Erhöhungsaussage – überhaupt keine oder jedenfalls keine konstitutive, keine notwendige Rolle. Angefangen mit ihren unterschiedlichen Ansätzen unterscheiden sich die hierher zu zählenden Lösungsvorschläge nicht zuletzt in dem, was sie zur Erklärung der ‚Erscheinungen' bzw. der diesbezüglichen Redeweisen der neutestamentlichen Überlieferung anführen.

Als besonders exemplarische und längst diskutierte Lösungsversuche sind die Hypothesen von R. Bultmann und W. Marxsen kurz in Erinnerung zu rufen. Nach *R. Bultmann* haben die Jünger die durch die Hinrichtung des Gottesboten neu gestellte Entscheidungsfrage beantwortet mit dem das Ärgernis des Kreuzes überwindenden Entschluß, den gekreuzigten Jesus als das letzte Wort Gottes anzuerkennen. Wie sich diese Entscheidung der Jünger nach dem Karfreitag im einzelnen vollzog, sei in der neutestamentlichen Überlieferung durch die Legende verdunkelt. Da die Geschichte sehr wohl Visionen kenne, habe sich jene Neuentscheidung der Jünger möglicherweise zu (ganz und gar natürlich erklärbaren) visionären Reflexen verdichtet, die von ihrer einstigen Begegnung mit dem auf Erden wandelnden Verkünder der Gottesforderung herrührten. Solche Visionen kommen nach R. Bultmann jedenfalls nicht als aus der Situation der Jünger unerklärbare Erlebnisse in Betracht, aufgrund deren die Jünger ein intervenierendes Handeln Gottes am toten Jesus behauptet haben würden. Indem diese Jesus als den gekreuzigten und auferweckten Messias verkündeten, wollten sie ja nur ihr eigenes, ihrem willentlichen Entschluß verdanktes Verständnis der Hinrichtung des Gottesboten aussprechen; durch mythologische Sprachmittel ihres Erwartungshorizonts wollten sie zum Ausdruck bringen, daß die Kreuzigung Jesu nicht als das Ende eines Menschen ins Auge gefaßt, sondern als Heilsereignis, als das ‚befreiende Gericht Gottes' über den der vergänglichen Welt verfallenen Menschen, verstanden werden soll.

Die zum Verzicht auf das Christus-Kerygma führende Version von *W. Marxsen*[3] erblickt demgegenüber den entscheidenden Kontext der Aussage von der Auferweckung Jesu nicht im Faktum der Kreu-

[3] Nach seiner zweiten Fassung in: Die Auferstehung Jesu von Nazareth, Gütersloh 1968. Zur kritischen Auseinandersetzung mit W. Marxsen jetzt besonders *G. Friedrich*, Die Auferweckung Jesu 153–187.

zigung, sondern im Rückbezug auf das Kerygma Jesu. Nach der Hinrichtung Jesu sei Simon als erster in denselben Glauben gestellt worden, in den Jesus bis zum Karfreitag die Menschen gerufen hatte. Warum Simon zum Glauben an die Weitergeltung des Wortes Jesu kam – ob etwa aufgrund eines Sehens Jesu oder nicht –, lasse sich nicht mehr feststellen. Die Möglichkeit, daß bei dem Zum-Glauben-Kommen Simons ein wiederum ganz und gar natürlich erklärbares Sehen, nämlich ein Sehen des irdischen und gekreuzigten Jesus im Spiel war, will Marxsen jedenfalls nicht ausschließen. Sicher ist ihm nur, daß Simon aufgrund dieses eventuell erfolgten Sehens nicht auf den Gedanken kam, Jesus sei auferweckt worden; zum anderen steht für ihn fest, daß das Zum-,Glauben'-Gekommensein Simons jedenfalls von anderen damit erklärt wurde, er habe Jesus ‚gesehen'. Als auch andere an sich erlebten, daß Jesus noch nach seinem Tod in den Glauben ruft, habe man sich diese als wunderbar empfundene Tatsache schließlich mit Hilfe der im Judentum bekannten Vorstellung von der Auferweckung von den Toten erklärt, nämlich mit dem ‚Interpretament': Jesus ist nicht im Tod geblieben, Jesus lebt, Gott hat ihn von den Toten auferweckt! Weil die Auferweckungsaussage als ein für die damalige Zeit und Situation verständliches und verzeihliches Interpretament lediglich auf die Weitergeltung des einstigen Wortes Jesu hinweise, wird jene und mit ihr das Kerygma vom gestorbenen und auferweckten Christus überhaupt zu einem sachlich völlig verzichtbaren Element der neutestamentlichen Botschaft. Was auch nach dem Karfreitag gilt, ist einzig das Kerygma Jesu: „das Sich-Einlassen auf Gott in diesem Leben, die Befreiung zum Lieben, das Sich-Verlieren um den Nächsten willen".[4]

Der traditionelle Stellenwert der ‚Erscheinungen' für die Entstehung des Osterglaubens wird auch im englischen Sprachraum bestritten. Nach der ‚theologischen Theorie' von *Don Cupitt* führte die theologische und existentiale Reflexion der Jünger über das Leben Jesu und die Art seines Todes zur Überzeugung von seiner Auferweckung und fortdauernden Existenz. Diese Überzeugung habe sodann durch die nachfolgenden Erscheinungen die Gültigkeitserklärung erfahren.[5]

Auch *katholische Autoren* erklärten schon vor bald einem Jahrzehnt

[4] Die Auferstehung 150.

[5] Christ and the Hiddenness of God, 1971, 133–167; *ders.*, The Resurrection: a Disagreement: Theology 75 (1972) 502–519. Zu der dadurch ausgelösten Diskussion vergleiche *M. Perry*, Easter: Debate and Faith: The Expository Times 85 (1973/74) 136–139; 164–167.

die Reflexion über Jesu Verkündigung und Todesschicksal als den entscheidenden Vorgang, der die Jünger Jesu zum Glauben an seine Auferstehung kommen[6] bzw. das zeitgenössisch bedingte ‚Interpretament' der Auferweckungsaussage gewinnen ließ.[7] Die Möglichkeit von „begleitenden Zeichen und Geschehnissen", die als Fingerzeig Gottes gedeutet wurden, brauche dabei nicht ausgeschlossen zu werden; „aber" – fährt R. Schlette fort – „auch ohne solche Zeichen ist nachvollziehbar, daß eine Atmosphäre entstand, in der die Erfahrung reift: es ist nicht aus mit Jesus und seiner Sache".[8] In sehr positiver Auseinandersetzung mit dem aufsehenerregenden Versuch R. Schlettes formulierte auch M. Brändle S. J. sehr bestimmt: „Waren die Erscheinungen Jesu für die Apostel ein Widerfahrnis, das Evidenz und Zuverlässigkeit nicht in sich selber trug, sondern diese Evidenz aus etwas bezog, das außerhalb des Widerfahrnisses selbst lag? Eben aus der Heiligen Schrift! Haben die Apostel erst aus der Heiligen Schrift ersehen, daß das, was ihnen widerfahren war, die Auferweckung Jesu bedeutete? War das Sehen des Auferstandenen Ursache des Glaubens oder Bestätigung des Glaubens, der selbst aus der von der Gnade erleuchteten Meditation der Heiligen Schrift erwuchs?" M. Brändle bejaht offensichtlich diese zweite Möglichkeit: „Der Glaube an das Neue, die Auferweckung Jesu, stützt sich auf den Glauben an das Alte, nämlich den Glauben an die Verheißungen der Propheten."[9]

Durch einen neuen Ansatz überraschte uns die Tübinger Gastvorlesung ‚Zur Entstehung des Glaubens an die Auferstehung Jesu' von R. Pesch, die Ende 1973 in der ‚Theologischen Quartalschrift' veröffentlicht wurde (1973, 201–228). Die – wie die geistige Potenz des Autors nicht anders erwarten läßt – ausnehmende Gewichtigkeit dieses *neuesten Lösungsvorschlags* dokumentiert sich bereits darin, daß im selben Heft vier Diskussionsbeiträge von W. Kasper, K. H. Schelkle, P. Stuhlmacher, M. Hengel (229–269) zusammen mit einer abschließenden Stellungnahme von R. Pesch (270–283) mitveröffentlicht wurden.[10] Um es vorweg – nicht nur meinem ehemaligen Schüler zuliebe – zu sagen: Der vorgelegte Entwurf ist allen bisherigen Lösungsvorschlägen dieser

[6] So *H. Ebert*, Die Krise des Osterglaubens: Hochland 60 (1967/68) 320.
[7] *R. Schlette*, Epiphanie als Geschichte, München 1966.
[8] A. a. O. 71.
[9] Zum christlichen Verständnis der Auferstehung Jesu: Orientierung 31 (1967) 70 f.
[10] Der Kürze halber werden die Beiträge im folgenden jeweils bloß mit den Seitenzahlen zitiert.

Erklärungsrichtung besonders in einer ganz entscheidenden Hinsicht überlegen. Was R. Pesch zur Möglichkeit der Überwindung des Skandalon des Kreuzes seitens der Jünger vorträgt, könnte überzeugen – freilich unter der Bedingung, daß gleichzeitig seine Voraussetzungen hinsichtlich der jüdischen Religionsgeschichte und nicht weniger hinsichtlich der Historie Jesu und seiner Jünger zutreffen.

Kurz nun die These selbst, zunächst vor allem in Hinblick auf die von der neutestamentlichen Überlieferung beanspruchten ‚Erscheinungen', ‚Christusvisionen', ‚Christusoffenbarungen'. Mit solchen hat die Entstehung der Auferweckungs- und Erhöhungsaussage nach R. Pesch nichts zu tun. Für Jesus selbst wie für seine Jünger läßt sich die Vertrautheit mit dem Martyrerschicksal der Propheten, insbesondere mit der zeitgenössischen Vorstellung von prophetisch-messianischen Gestalten, die aus dem Tod auferweckt werden und in den Himmel aufsteigen,[11] voraussetzen. Für die Jünger, die ihren Meister, dessen eigenem Sendungsverständnis entsprechend, als „den eschatologisch-prophetischen Gesalbten" bekannten (Mk 8,27–30: 221), war der Streit um Jesu Messianität schon vor dem Karfreitag, „vor Ostern entschieden: In ihrem durch Jesus begründeten Glauben" (227). Die Jünger waren somit imstande, das von Jesus angekündigte gewaltsame Sterben als das Geschick des messianischen Propheten zu interpretieren und dadurch seine eschatologische Sendung und Heilsbedeutung zu proklamieren. Mit der Auferweckungsbotschaft „behaupteten sie die Legitimität seiner Sendung, seine gerechtfertigte eschatologische Autorität ‚als des einzigen und maßgeblichen Boten Jahwes' ..." (225). Auch hier wird die Auferweckungsaussage der Sache nach als Interpretament verstanden; im Gegensatz zu Marxsen aber als eine Deutekategorie, die im Sendungsanspruch Jesu selbst verwurzelt war. Die so verstandene Aussage der Auferweckung und Himmelfahrt Jesu war die Voraussetzung dafür, daß die vorpaulinische ὤφθη + Dativ-Aussage (1 Kor 15,5) möglich wurde: nicht als Auskunft über die Entstehung des Glaubens an die Auferweckung Jesu, sondern als ‚Legitimationsformel'. Als solche hat sie die Funktion, die besondere Autorität Simons (als des ‚Felsens' der Urgemeinde) und der Zwölf durch den Auferweckten legitimieren zu lassen (bes. 212–218). Bei dieser Hypothese und der Erklärung des „er erschien ..." darf es als konsequent gelten, daß unser Autor im Unterschied zu anderen Auto-

[11] Für diese Vorstellung beruft sich *R. Pesch* vor allem auf zur Zeit noch unveröffentlichte Arbeiten von *K. Berger*.

ren, auf möglicherweise erfolgte ‚Visionen' der Jünger, auf ein mögliches ‚Sehen' Simons als eventuelles fundamentum in re für die ‚Erscheinungs'-Überlieferung völlig verzichtet.

7. Warum zwei gegensätzliche Erklärungsrichtungen?

a) Welche hat denn nun recht? Jede der beiden Erklärungsrichtungen beansprucht für sich selbstverständlich *die korrektere Praktizierung der historisch-kritischen Methode,* wie der jüngste Schlagabtausch in der Theologischen Quartalschrift ausgesprochen exemplarisch, um nicht zu sagen stellenweise amüsant, illustriert. R. Pesch wittert im herkömmlichen Glaubwürdigkeitsbeweis für den Osterglauben – von der Argumentation mit dem leeren Grab bis zu der mit dem unüberwindlichen Ärgernis des Kreuzes – apologetisch befangene Textinterpretation, die sich nach dem Maßstab historisch-kritischer Fragestellung als recht zweifelhaft ausnehme. Seine Tübinger Kollegen vom Neuen Testament, die im Sinn der älteren Auslegungsrichtung die Begründung des Osterglaubens in einem neuen, zur Erfahrung des Todes Jesu hinzukommenden Widerfahrnis erblicken, kontern mit dem Vorwurf der Verfolgung „eines ausgesprochen dogmatischen Anliegens" (P. Stuhlmacher 244); sie reden u. a. von der „Apologetik" der „Fortschritts"-Theologie (M. Hengel 254.253–256), von der „ausgesprochen spekulativ-konstruierende(n) religionsgeschichtliche(n) Methode, deren sich Pesch im Anschluß an U. Wilckens und vor allem Kl. Berger bedient" (P. Stuhlmacher 246).
In seiner ‚Stellungnahme zu den Diskussionsbeiträgen' zahlt R. Pesch seinen exegetischen Kontrahenten mit gleicher Münze zurück. Ihre Einwände, Fragestellungen und Argumentationen erscheinen ihm unberechtigt oder unzureichend (271.277–283), weshalb jene die an ihn gerichtete Mahnung nicht weniger zu Herzen nehmen mögen: „Kritischer müßten mir die Historisch-Kritischen sein!" (281).
Einen Stoß des Systematikers pariert er desgleichen unter dem Aspekt der Forderung historisch-kritischer Fragestellung. Die Hypothese von R. Pesch scheint W. Kasper, „wenngleich in modifizierter und manchmal etwas verschleierter Weise, im Prinzip auf die liberale Position hinauszulaufen" (232). Der Eindruck besteht in einem wesentlichen Punkt durchaus zu Recht, antwortet der so Attackierte. Bedenklich sei aber in Wirklichkeit ein anderer Eindruck: daß nämlich W.

Kasper die Position der autoritär an einem circulus vitiosus festhaltenden Kerygma-Theologie teile. Wenn er (R. Pesch) demgegenüber mit der kritischen Frage nach Jesus als dem Grund des Glaubens das unverlierbare Erbe der liberalen Theologie aufnehme und mit dieser Frage jenen Zirkel durchbreche, so stelle er doch gerade die historisch notwendige und der Überlieferung angemessene Frage, nämlich die: „Warum findet Jesus über seinen Tod hinaus Glauben?" (273 f.).

b) Daß sich auch völlig gegensätzliche Erklärungsrichtungen auf dieselbe historisch-kritische Fragestellung berufen und jede Seite nachdrücklich die je korrektere Handhabung derselben für sich in Anspruch nimmt, darf gerade auch im vorliegenden Fall nicht sonderlich überraschen, sofern man den theologischen Rang und noch mehr *die Besonderheit des Forschungs- und Streitobjekts* im Auge behält. Es geht nun einmal um „ein Grenzproblem",[12] bei dem unweigerlich Voraussetzungen des Wirklichkeits- und Geschichtsverständnisses ins Spiel kommen.

In unserer neuesten Diskussion stößt man denn auch auf Schritt und Tritt auf *diese Problematik.* In seinen kritischen Erwägungen zu R. Peschs Formulierung der Fragestellung – nämlich als Frage nach einer „vernünftige(n) Überzeugung vom Grund des Glaubens" – richtet M. Hengel an R. Pesch die Frage: „Ist denn das Selbstverständnis Jesu als eschatologischer messianischer Prophet, der dem Martyrium entgegeneilt, für den heutigen Menschen als Ausweis einer einzigartigen Sendung und Grund unseres Heils wirklich einsichtiger als die Berichte über das Grab Jesu und die Erscheinungen des Auferstandenen?" (257). Diese Frage ist gewiß nicht unberechtigt; und so gestellt, darf man ihre Verneinung erwarten. Man sollte aber doch nicht übersehen, daß hier sehr ungleiche Phänomene miteinander verglichen werden. Setzen wir einmal mit R. Pesch die jüdische Vorstellung vom messianischen Propheten, der getötet, danach aber auferweckt werden soll, voraus; setzen wir ebenfalls voraus, daß sich Jesus für den eschatologisch-prophetischen Gesalbten hielt und seine Jünger ihn ebenfalls als solchen bekannten. Daß Jesus zu dieser Selbsteinschätzung kam, wäre unter diesen Voraussetzungen aus geschichtlichen Prämissen ableitbar, also ‚geschichtsimmanent' erklärbar, zumal dieser Fall eines exzeptionellen religiösen Sendungsbewußtseins wahrhaftig nicht analogielos in der Geschichte dastünde. Dieses Sendungsbewußtsein Jesu könnte also von der uns bekannten und vorstellbaren Geschichte her sehr wohl als historisches Faktum anerkannt werden.[13] Das wäre hingegen nicht der Fall, wenn die Jünger nach der Kreuzigung Jesu aufgrund der Vorstellung vom messianischen Propheten (oder auch von ‚Erscheinungen', Offenbarungsvor-

[12] *H. Schlier,* Über die Auferstehung Jesu Christi (Kriterien 10), Einsiedeln 1968, 69.

[13] Was freilich noch keineswegs implizieren würde, daß ich dieses Sendungsbewußtsein für ‚wahr' halte, demselben eine für mich gültige, mich engagierende Bedeutung zuschreibe.

gängen u. ä.) zu der persönlichen Überzeugung, zum festen Glauben an ein das Schicksal des toten Jesus wendendes Eingreifen Gottes gekommen wären und behaupteten, Gott habe den toten Jesus wieder lebendig gemacht und in den Himmel erhöht. Eben diesen Unterschied hinsichtlich der historischen Glaubwürdigkeit respektiert die Hypothese von R. Pesch. Denn ihr zufolge wollten die Jünger ja gerade nicht die Faktizität der Auferweckung Jesu behaupten, sondern „die Bedeutung Jesu, seine Sendung samt seinem Martyrium, seine Autorität und eschatologische Qualität ... mit der Verkündigung seiner Auferweckung *interpretieren* ...".[14] Und dieser Interpretationsvorgang eines Jüngerkreises war, wie R. Pesch weiter argumentiert, in jenen Tagen nicht einmal etwas Einmaliges. „Wenn die Täuferjünger das gewaltsame Todesgeschick ihres Meisters als das messianische Geschick des eschatologischen Propheten mit der Auferweckungsvorstellung interpretieren konnten, warum sollte das dann etwa den Jesusjüngern ... nicht möglich sein?" (221)

So abgedroschen der Gemeinplatz klingen mag: Wenn die ‚Wunder'-frage, die Transzendierung des Bereichs des historisch-analogisch Wahrscheinlichen, an einem Punkt brisant werden und fundamentale Bedeutung gewinnen kann, dann eben bei der Frage nach der Entstehung und dem ursprünglichen Sinn des Osterglaubens. Wie nicht anders zu erwarten, erinnern denn auch fast alle Stellungnahmen der Sache nach an *„hohe systematische Implikationen"*, mit denen auch die historisch-kritische Exegese arbeitet.[15] Der Systematiker W. Kasper sieht Peschs Hypothese „auf einer systematisch-theologischen Voraussetzung" basieren, die dieser „nicht diskutiert und mit Hilfe seiner historischen Methoden auch gar nicht adäquat diskutieren kann" (230).

Abgesehen davon, daß Letzteres auch für Pesch eine Binsenweisheit ist, dürfte er freilich die systematisch-theologische Voraussetzung der Gegenseite für diskussionsbedürftiger halten als die seinige. Diese hat er immerhin mit hinreichender Deutlichkeit zu erkennen gegeben, wenn ihm „für modernes, historisch-kritisches Bewußtsein eine historisierende Mythologisierung dieses Ursprungs [des Ursprungs des Glaubens] abgeschnitten (ist)".[16] Und er scheint einen Vorzug seiner Hypothese

[14] Hervorhebung von mir.

[15] *P. Stuhlmacher:* „Die historisch-kritische Exegese ist eine Arbeit mit hohen systematischen Implikationen und fordert von uns stets dogmatische und historische Wachsamkeit zugleich" (244). Zur Rolle der systematischen Implikationen äußerte sich auch sehr treffend *H. von Campenhausen,* Tod und Auferstehung Jesu als „historische Fakten", in: P. Bläser u. a., Moderne Exegese und historische Wissenschaft, Trier 1972, 94 f. 100–103.

[16] 218; vgl. auch Sätze seiner Antwort an *W. Kasper:* er meine, „ohne eine Mythologie des Kreuzes ... auskommen zu müssen"; das Neue Testament wehre „eine(r) Mythologie des Erhöhten" (275 f.).

eben darin zu erblicken, daß diese eine „auch heute mögliche ‚Christologie als denkende Bemühung um die Glaubensbedeutung Jesu' [ermöglicht], ohne daß sie ein unserem Denken nicht mehr akzeptables ‚theistisch-supranaturalistisches Offenbarungs- und Vermittlungsschema' zugrunde legen müßte".[17] Hinzuzufügen ist nur, was sich ohnedies von selbst versteht: Die Gesprächspartner betreiben ihre historische Exegese nicht weniger mit systematischen Implikationen, wenn sie, mit unterschiedlicher Schärfe in der Formulierung, Peschs Position als die der liberalen Theologie ablehnen,[18] den christlichen Glauben jedenfalls auch auf „die Gottestat der Auferweckung Jesu" gegründet sehen[19] bzw. die Realität der „leiblichen Auferstehung" Jesu als ein „alle menschlichen Möglichkeiten" übersteigendes Geschehen verteidigen.[20]

8. Keine aprioristischen Erledigungen!

Zu fragen wäre somit allenfalls, ob Lösungsvorschläge der neueren Erklärungsrichtung bereits ihrer systematischen Implikation wegen apriori aus der historischen Diskussion ausscheiden müssen. Die Bejahung dieser Frage würde, wie ich uneingeschränkt einräume, zu *einer methodisch bedenklichen Konsequenz* führen.

Bleiben wir beim neuesten Versuch. Mag sein, daß R. Pesch vor wenigen Jahren noch starke Bedenken gehabt hätte, den Sendungsanspruch Jesu und die Bedeutung seiner Person so völlig zu formulieren[21] und auch die wesentliche Historizität des Messiasbekenntnisses Mk 8,27–30 zu verteidigen (221.225). Daß in den genannten Punkten ‚konservativer' Kurs eingeschlagen wird, steht zweifellos in innerstem Zusammenhang mit seiner Erklärung der Entstehung des Osterglaubens. Ein tragender Pfeiler seiner Erklärung ist ja der von Jesus gestiftete Glaube der Jünger an Jesus als den (prophetischen)

[17] 227. In Anm. 90 merkt *Pesch* an, daß die Zitate einer brieflichen Mitteilung vom Kollegen *M. Seckler* anläßlich der Einladung nach Tübingen entnommen sind.

[18] *W. Kasper* 231–233; *P. Stuhlmacher* 244 f.; *M. Hengel* 255–257; vgl. mehr indirekt auch *K. H. Schelkle* 243.

[19] *P. Stuhlmacher* 244.

[20] *M. Hengel* 255 f. mit der Zusammenfassung 268 f.

[21] Zum Beispiel auch: „. . . den Bringer der Gottesherrschaft . . ." (225); nach 220 scheint er damit zu rechnen, daß Jesus nicht nur seinen kommenden Tod als notwendiges Prophetenschicksal begriff, sondern auch seinen Tod „seinen Jüngern spätestens ‚in der Abschiedsstunde des letzten Mahles heilsbedeutsam artikuliert hat'".

Messias. Hat nun die Erarbeitung der Daten hinsichtlich der Historie Jesu im Verein mit den von seinem wichtigsten Gewährsmann, K. Berger, geltend gemachten religionsgeschichtlichen Voraussetzungen unseren Autor auf die Idee gebracht, die Entstehung des Osterglaubens in der vorliegenden Weise zu erklären? Oder war das eigentliche Prius umgekehrt die Absicht, „ein geschichtliches Verständnis" des Ursprungs des Glaubens zu gewinnen, „das Offenbarung in Geschichte und als Geschichte gläubig zu denken und ihr forschend nachzudenken vermag"? Hat erst dieser Hintergedanke dazu geführt, die Jesusüberlieferung nach Voraussetzungen zu befragen, die eine entsprechende Erklärung der Entstehung des Osterglaubens ermöglichen? Abgesehen davon, daß strikte Alternativen dieser Art für den praktischen Prozeß der Erkenntnisfindung meist nicht vorauszusetzen sind, ist die Frage nach dem Prius und Posterius auch völlig belanglos. Die an zweiter Stelle genannte Möglichkeit des Vorgehens wäre nicht weniger legitim als die erstgenannte. Wenn gilt, daß die historisch-kritische Fragestellung zwar sehr wohl auf Grenzen objektivierender Betrachtung und Feststellbarkeit stoßen kann, jedoch an keiner Stelle einem bestimmten Ergebnis zuliebe restringiert werden darf,[22] muß selbstverständlich auch die Frage legitim sein, ob sich die Aussage der Auferweckung/Erhöhung Jesu im Sinn von R. Pesch „als vertiefte Form des schon durch Jesus in seinen Jüngern begründeten Glaubens"[23] erklären läßt, ob die einschlägigen, besonders auch ältesten neutestamentlichen Texte wirklich bezeugen und besagen wollen, daß jene Aussage durch zur Erfahrung des Todes Jesu hinzutretende neue Erfahrungen, durch ‚Erscheinungen', ‚Christusvisionen' u. ä. vermittelt wurde.

Ein weiterer Umstand sollte zusätzlich bedacht werden. Unsere neutestamentlichen Quellen sind keineswegs so bestellt, daß sie die Frage, wie es zur Artikulierung des Osterglaubens kam, in halbwegs eindeutiger Konkretion beantworten ließen. Das ist gewiß der Hauptgrund für den gegenwärtigen Stand der Diskussion, der als solcher zu weiteren Bemühungen geradezu herausfordert. Es sind *nicht einfach reine Erfindungen,* wenn R. Pesch im Gefolge anderer Autoren (wie W. Marxsen, U. Wilckens) und über diese hinaus bei Versuchen der herkömmlichen Erklärungsrichtung (Begründung des Osterglaubens durch

[22] Vgl. *A. Vögtle,* Historisch-objektivierende und existentiale Interpretation, jetzt in: Das Evangelium und die Evangelien, Düsseldorf 1971, bes. 10–15.

[23] Formulierung nach *P. Stuhlmacher* 244.

Erscheinungen) „Aporien“ und „große Schwierigkeiten“ zutage treten sieht (209–212); noch weniger, wenn er von „... volltönenden ‚Leer-Formeln‘“ spricht, „die bei Äußerungen zu den sogenannten Ostererscheinungen und zur Auferstehungswirklichkeit allzu häufig begegnen“ (221).
Sofern die geschichtswissenschaftliche Bemühung um die Klärung des Wie der Entstehung des Osterglaubens überhaupt einen gewissen Erfolg erwarten läßt, kann jene deshalb in der Tat nur als „Kampf um die besseren Argumente zur Sache“ (R. Pesch 283) verstanden werden. Freilich erfordert dieser Kampf ehrliche Bereitschaft, ‚Vorurteile‘ in Frage stellen, korrigieren zu lassen.

9. Ein Kardinalpunkt: „er erschien“ (dem Kephas ...)

Im Mittelpunkt der Diskussion stehen nach wie vor die vorpaulinische Glaubensformel 1 Kor 15,3b–5[24] und einschlägige Aussagen Pauli als des authentischen Zeugen einer Christophanie (1 Kor 15,3b–8; 9,1; Gal 1,12 ff.; 2 Kor 4,1–6; 5,16). Über Ursprache, Herkunft und Alter der vorpaulinischen Formel gehen die Auffassungen freilich noch auseinander.[25] Als ernsthafte Alternative zu der überwiegend befürworteten Herkunft aus Palästina kommt nur griechisch sprechendes Judenchristentum in Betracht.[26] Im einen wie im anderen Fall ist „damit zu rechnen, daß in der Formulierung von 1 Kor 15,3–5 schon von ihrem Ursprung her verschiedene Deutungslinien des Christusgeschehens zusammengefügt und als zueinander gehörig begriffen worden sind“.[27]
Für unseren Aspekt ist zunächst die Übersetzung des ὤφθη + Dativ der

[24] Im Hinblick auf seine später zu nennende Gesamtthese dürfte die Meinung von *C. Bussmann,* der die vorpaulinische Aussage mit der Auferweckungsaussage, also mit V. 4 schließen läßt (Themen der paulinischen Missionspredigt auf dem Hintergrund der spätjüdisch-hellenistischen Missionsliteratur [Europäische Hochschulschriften XIII, Theologie 3], Frankfurt 1971, 101–107), kaum ins Gewicht fallen.

[25] Literatur zur neueren Diskussion bei *R. Pesch* 213 Anm. 45; dazu etwa noch *J. Gnilka,* Jesus Christus nach frühen Zeugnissen des Glaubens, München 1970, 44–66; *K. Wengst,* Christologische Formeln 92–104; *B. Rigaux,* Dieu l'a ressuscité, Gembloux 1973, 119–132.

[26] Vgl. zuletzt *T. Holtz:* „denn daß die Formulierung des ganzen Wortlautes von 1 Kor 15,3-5 der Frühzeit, zumindest der Gemeinde im außerpalästinisch-judenchristlichen Bereich zugehört, kann schwerlich in Frage gestellt werden“: Zur Interpretation des Alten Testaments im Neuen Testament: ThLitZ 99 (1974) 19–32; hier 20.

[27] *T. Holtz,* a. a. O. 21.

Person (1 Kor 15,5 ff.) von grundlegender Bedeutung. Drei Übersetzungen stehen zur Diskussion:[28]

1. Passivisch: *er wurde* von Kephas ... *gesehen;*
2. Deponential: *er ließ sich* dem Kephas ... *sehen;*
3. Theologisches Passiv: *er wurde durch Gott* dem Kephas ... *sichtbar gemacht;* Gott hat den Kephas ... ihn sehen lassen.

Die Übersetzung Nr. 1, die einzig den Akt des Sehens zum Ausdruck bringt – daß Kephas den Auferweckten sah, wie man einen beliebigen Menschen oder Baum sehen kann –, ist unbedenklich auszuscheiden, da sie nach griechischem Sprachgebrauch ein ‚*von* (Kephas ...)' erfordern würde.

ὀφθῆναι mit dem Dativ bedeutet im Profangriechischen hingegen ‚sich jemandem vorstellen' oder – vor allem von überraschenden, ja mirakelhaften Größen ausgesagt – ‚sich den Augen jemandes zeigen', ‚sich jemandem sehen lassen'.[29] Weil diese intransitive Verwendung von ὀφθῆναι + Dativ in der Profangräzität nur relativ selten vorkommt, rechnet man seit längerem wohl zu Recht mit dem Einfluß eines Sprachgebrauchs des Alten Testaments, speziell der Septuaginta, wo ὤφθη + Dativ in Theophanietexten[30] theologisches Gewicht erhält und darüber hinaus formelhaft wird.[31] Indem die Septuaginta das hebräische Original zum Beispiel in Gen 12,7 (u. ö.) mit καὶ ὤφθη κύριος τῷ (᾽Αβραμ) übersetzt, wahrt sie pedantisch exakt die Stellung und Anzahl der Worte sowie die grammatikalischen Charakteristika des Verbums (Niphal von ‚sehen').[32] Zur Verdeutlichung des Sinns ist also zu übersetzen: *„Und es machte sich sehen Jahwe dem Abram."* Daß im griechisch-heidnischen Bereich eine volle Entsprechung zu dem Sich-sichtbar-Machen = Erscheinen des Engels Jahwes bzw. Jahwes nicht begegnet, braucht nicht zu verwundern. Wenn zum Beispiel unter den seltsamen Zeichen, die den Ägyptern die Eroberung ihres Landes anzeigten, u. a. „sich ihnen plötzlich ein übergroßer Drache zeigte" (σφίσιν ὀφθείς),[33] duldet dies keinen Vergleich hinsichtlich der prinzipiellen Verborgenheit, Unverfügbarkeit und Freiheit des Sich-sehen-Lassens im Fall der alttestamentlichen Theophanie.

[28] Vgl. *K. Lehmann,* Auferweckt 100 f.; *G. Friedrich,* Auferweckung 156 f.

[29] Vgl. die Belege bei *A. Pelletier,* Les apparitions du Ressuscité en termes de la Septante: Biblica 51 (1970) 77 f.

[30] Vor allem in Gen (12,7; 17,1; 18,1; 26,2; 35,1.9; 48,3) und Ex (3,2.16; 4,1; 6,3).

[31] Vgl. *J. Blank,* Paulus und Jesus (StANT 18), München 1968, 157 f.

[32] „C'est un des cas où le *niphal,* qui est essentiellement le réfléchi direct du verbe simple, sert de réfléchi direct au factitif *(hiphil)*", in: *A. Pelletier,* a. a. O. 76.

[33] Cassius Dio 51,17,5.

Muß es aber nicht stutzig machen, daß vor kurzem wieder *G. Friedrich* mit K. H. Rengstorf[34] erneut für die Übersetzung Nr. 3 plädiert, in der die speziellen Aussagemomente der beiden anderen mitenthalten wären? „Da ὤφθη 1. Kor 15 parallel zu ἐγήγερται steht und bei ἐγήγερται Gott handelndes Subjekt ist, ist die Annahme nicht ausgeschlossen, daß es auch in dem viermaligen ὤφθη ganz ähnlich heißen muß: Gott hat den Aposteln den Auferstandenen gezeigt. Das ist die umfassendste Bedeutung, in der die anderen mit enthalten sind; denn wenn Gott Christus sichtbar macht, dann erscheint er, so daß er gesehen werden kann."[35] Die Entscheidung für die Übersetzung Nr. 3 dürfte so gut wie sicher fehlgehen. ὤφθη + Dativ erfordert Christus als handelndes, sich zeigendes Subjekt. Wenn G. Friedrich zur Begründung seines Vorschlags, die Aussagemomente aller drei Übersetzungen zum Zug zu bringen, andere und spätere Aussagen heranzieht (zu Nr. 1: 1 Kor 9,1; zu Nr. 2: Apg 1,3; zu Nr. 3: Gal 1,15 f.), wenn er also speziell die Deutung des ὤφθη als theologisches Passiv mit dem Pauluswort „Gott hat mir seinen Sohn offenbart" begründet, schien mir das eine bedenklich vorgreifende ‚Harmonisierung' zu sein, die das sprachlich Begründbare übersteigt. Ist es übrigens bloßer Zufall, daß G. Friedrich, soviel ich sehe, den Vergleich des ὤφθη von 1 Kor 15 mit der Gotteserscheinungsformel nirgends in Betracht zieht? Wäre diese nämlich geflissentlich verwendet worden, würde die sprachliche Auflösung „Gott hat Christus dem Kephas ... sichtbar werden lassen" o. ä. (Nr. 3) nicht zutreffen. Denn unter der Voraussetzung, daß die Gotteserscheinungsformel verwendet wurde, hätten die für die ὤφθη-Aussage von 1 Kor 15,5 Verantwortlichen ja vom auferweckten Christus ein Handeln, eine Initiative, eine bestimmte Weise der Selbstoffenbarung ausgesagt, die das Alte Testament ‚dem Boten Jahwes' (Ex 3,2) bzw. ‚Jahwe', dem ‚κύριος', zuschreibt.

Man darf sich also mit gutem Gewissen für die heute meist gewählte Übersetzung Nr. 2 entscheiden, bei der vor allem das ‚factitivum' zu unterstreichen ist: *„Er ließ sich* (dem Kephas) . . . *sehen"*, „er gab sich . . . zu sehen", „er hat sich sehen lassen", wofür beispielsweise auch die beiden Sachbearbeiter (J. Blank/F. Hahn) im ‚Neuen Glaubensbuch' eintreten.[36] Diese Auflösung ist gemeint, wenn ich im folgenden auch kürzer von ‚er erschien' oder von ‚Erscheinungen' spreche.

10. Das Problem der hermeneutischen Relevanz der Gotteserscheinungsformel

Mit dieser sprachlich sicher korrekten Wiedergabe sind nach wie vor freilich mehr Fragen aufgeworfen als beantwortet. Seitdem man auf

[34] Die Auferstehung Jesu, Witten ^{5}1967, 57.117–124.
[35] Auferstehung 156 f.
[36] *J. Feiner / L. Vischer,* Neues Glaubensbuch, Freiburg/Zürich ^{3}1973, 179 f.

die sprachliche Gleichheit des ὤφθη + Dativ von 1 Kor 15,5 ff. mit der alttestamentlichen Gotteserscheinungsformel aufmerksam wurde und man meistens, wohl mit Recht, mit der bewußten Verwendung derselben rechnet, hat die Interpretation des vorpaulinischen ‚er erschien' *eine neue Komplikation* erfahren. Dabei ist auch im Hinblick auf die Frage nach einer eventuellen hermeneutischen Relevanz jener Formel die Beachtung des gedanklichen Duktus der (durch die parallele Struktur bestimmten) Formelsätze von 1 Kor 15,3b–5 von grundlegender Bedeutung. Die Vertreter aller Erklärungsrichtungen dürften sich anstandslos auf die jüngste Formulierung von R. Pesch einigen können: „daß in 1 Kor 15 jeweils eine bestätigende Folge: ‚gestorben → begraben; auferweckt → erschienen' formuliert ist ..." (214 Anm. 49). Wie ist diese „bestätigende Folge" aber nun gemeint? Was soll eigentlich bestätigt werden: die Auferweckung Jesu oder die Autorität des Kephas und der Zwölf oder beides zugleich? Bereits hier scheiden sich die Geister.

a) Für die Hypothese, daß die ὤφθη-Aussage ihrer Intention nach nicht auf ‚Erscheinungen', ‚Christusvisionen' o. ä. als Grund der Auferweckungsaussage hinweisen, sondern lediglich die *Legitimierung* des Kephas und der Zwölf aussprechen will, beruft sich die jüngste Form der neueren Erklärungsrichtung auch auf das formelhafte ὤφθη + Dativ der Septuaginta. Dieses sei „nicht Visions-, sondern Epiphanieformel, Offenbarungsformel" (R. Pesch 218) und fungiere auch 1 Kor 15,5 als „Legitimationsformel".[37]

b) Im Gegensatz dazu lassen die Befürworter der mehr traditionellen Auffassung die vorpaulinische ὤφθη-Aussage sehr wohl *eine Auskunft über die Vermittlung und Begründung der Auferweckungsaussage* geben. Sie unterscheiden sich indes beträchtlich hinsichtlich des Verständnisses des ‚er erschien'. Als charakteristische Varianten heben sich vor allem heraus:

α) Auch und besonders unter Berufung auf den Sinn der alttestamentlichen Erscheinungsformel möchte W. Michaelis das Moment des

[37] *C. Bussmann,* Themen 97–103; *R. Pesch* 214 f. Die Kennzeichnung des ‚er erschien' als ‚Legitimationsformel' wird vor allem *U. Wilckens* verdankt, wie später noch zu vermerken ist. Er selbst nimmt jedoch an, daß „faktisch" die Erscheinungen, wenn auch „wahrscheinlich einzig" die vor Petrus, den Glauben der Zeugen begründet haben: Auferstehung. Das biblische Auferstehungszeugnis historisch untersucht und erklärt (Themen der Theologie 4), Stuttgart/Berlin 1970, 148.

Sehens einer „(mehr sinnlichen oder mehr geistigen) Wahrnehmung“[38] bis zur Bedeutungslosigkeit reduzieren und 1 Kor 15,5 im Anschluß an Gal 1,16 geradezu übersetzen: Gott hat ihn in ihm [Kephas, in den Zwölfen] geoffenbart.[39] Die ‚Erscheinungen‘ sind nach Michaelis somit »nicht als Sichtbarmachung, sondern als *Offenbarwerden* zu bestimmen“.[40]

β) Eine zweite Richtung läßt 1 Kor 15,5 wie W. Michaelis mit ‚er erschien‘ zwar sehr wohl die alttestamentliche Gotteserscheinungsformel aufnehmen und durch dieselbe einen Offenbarungsvorgang im strengen Sinn beanspruchen. Im Unterschied zu Michaelis möchten ihre Vertreter auf seiten der Offenbarungsempfänger jedoch *ein Sehen als ein konstitutives Moment* voraussetzen, das freilich erst sowie ganz und gar durch die Initiative und Aktivität des Sichtbar-werdenden ermöglicht wurde.[41]

Neuere Äußerungen bringen die Verwendung der Gotteserscheinungsformel noch stärker zur Geltung, nämlich als *Mittel der Interpretation und ‚Beschreibung‘* des den Jüngern zuteil gewordenen Sich-zu-sehen-Gebens. Ausgehend von „der unbestrittenen Wahrheit“, daß es nie bloße Wahrnehmung gibt, sondern daß das Wahrgenommene immer aus dem schon Gewußten gedeutet wird, betont K. H. Schelkle in unserem Zusammenhang, daß die ὤφθη-Aussage „nicht nur Bericht, sondern schon Deutung“ ist – insofern sie das Wahrgenommene eben mit der ‚Theophanie‘-Formel beschreibe.[42] J. Blank und F. Hahn wollen im ‚Neuen Glaubensbuch‘ offensichtlich dasselbe sagen. Sie erinnern zunächst generell an „die Grenzen der menschlichen Sprache“, mit denen gerade hier zu rechnen sei, und votieren sodann: „Die

[38] Art. ὁράω: ThWNT V 358,26 ff.

[39] A. a. O. 359,9 ff.

[40] A. a. O. 360,9 ff. Von neueren Arbeiten scheint dieser Auffassung am nächsten *X. Léon-Dufour* zu kommen. Unter Berufung auf die alttestamentliche Erscheinungsformel betont er den Offenbarungscharakter des Vorgangs und möchte trotz 1 Kor 9,1 den „caractère *‚visible‘*“, „une vision *sensible*“ als unzureichend, ja als unzutreffend ausschalten. Seine von ihm selbst als notwendig ‚inadäquat‘ bezeichnete Definition der ‚Erscheinungs‘-Widerfahrnisse und der Artikulierung des Osterglaubens, die er ‚riskieren‘ möchte, leitet er ein mit den Worten: „Die geistige Erfahrung (l'expérience spirituelle) der Jünger, die nicht rein subjektiv war, die wiederholt und unter ihnen ausgetauscht wurde . . .“ (Résurrection de Jésus et message pascal, Paris 1971, 275).

[41] So zum Beispiel *F. Hahn,* Hoheitstitel 206 f.; *J. Blank,* Paulus und Jesus 158 f.; *J. Gnilka,* Jesus Christus 55 f.; vgl. auch *J. Pfammatter,* Die Auferstehung Jesu Christi (Christ in der Zeit), Luzern/München 1968, 20 f.

[42] Theologie des Neuen Testaments 2, Düsseldorf 1973, 129–131, zuletzt auch: ThQ 243.

Glaubensformel in 1 Kor 15 hat offenbar bewußt die Erscheinung des Auferstandenen nach dem Theophanie-Modell beschrieben."[43]

c) Zahlreiche Autoren ignorieren die alttestamentliche ,Erscheinungs'-Formel oder sind doch der Meinung, daß sich derselben *keine entscheidende Auskunft über die urchristliche Erscheinungsaussage* abgewinnen läßt. Sie lassen mit ὤφθη + Dativ jedoch nicht weniger ein als Offenbarungsakt verstandenes Sichtbarwerden, ein Sich-zu-sichtbarer-Erscheinung-Bringen des Auferweckten meinen und bringen auf seiten der Erscheinungsempfänger das Moment des ,Sehens', meist ausdrücklich im Sinn einer Wahrnehmung mit den Augen, eher noch stärker, zur Geltung.[44]

11. Nicht ,Sichtbarmachung', sondern ,Offenbarwerden'

Versuchen wir, die vorliegenden Erklärungsrichtungen auf ihre Beweiskraft und Leistungsfähigkeit hin zu befragen. Ein Sehen, sei es mehr sinnlich oder mehr geistig, war nicht im Spiel – lautet also eine erste Auffassung. Ihr zufolge muß die vorpaulinische Erscheinungsformel schon deshalb nicht auf ein ,Sehen' bzw. ,Gesehenhaben' abheben wollen, weil das ,er erschien' schon im Alten Testament nicht die Aussage intendiere, daß Gott gesehen wurde. Es ist verständlich, daß dieser für die neutestamentliche Thematik aktuell gewordene Fragepunkt den Kommentatoren noch nicht sonderlich auf

43 A. a. O. 177 f. 179 f.

44 So mit unterschiedlichen Nuancierungen z. B. *H. Grass*, Ostergeschehen 188 f.; *G. Delling*, Die Bedeutung der Auferstehung Jesu für den Glauben an Jesus Christus, in: *W. Marxsen* u. a., Die Bedeutung der Auferstehungsbotschaft für den Glauben an Jesus Christus, Gütersloh ³1966, 72 f.; *F. Mussner*, Die Auferstehung Jesu, München 1969, 63–74; *W. G. Kümmel*, Die Theologie des Neuen Testaments, Göttingen 1969, 87.91 f.; *H. Schlier*, Über die Auferstehung Jesu Christi, Einsiedeln 1968, 31–34.38 f.; *J. Jeremias*, Neutestamentliche Theologie I, Gütersloh 1971, 292: Die Jünger „sahen Jesus im Lichtglanz"; *G. Friedrich*, Auferstehung 155–157 bzw. 157 ff.; *B. Rigaux*, Dieu l'a ressuscité 343–346; *P. Stuhlmacher* (ThQ 249). In seinem neueren Beitrag wird von *K. Lehmann*, freilich vor allem im Hinblick auf die Begrifflichkeit der Evangelien und der Apg, nach Unterstreichung des Offenbarungscharakters ,der Erscheinungen' erklärt: „Das geschichtlich-ereignishafte Sichtbarwerden gewährt demjenigen, dem die Erscheinung zuteil wird, eine echte Möglichkeit *aktiven* ,Sehens', die im Neuen Testament verschieden formuliert wird, ohne daß diesem allerdings an einer genaueren Kennzeichnung gelegen ist . . .": Die Erscheinungen des Herrn. Thesen zur hermeneutisch-theologischen Struktur der Ostererzählungen, in: H. Feld/J. Nolte, Wort Gottes in der Zeit (Festschrift für K. H. Schelkle), Düsseldorf 1973, 370.

den Nägeln brannte. Während sich G. von Rad in seinem Genesis-Kommentar weder zu Gen 12,7 noch an späterer Stelle direkt äußert, bemerkt M. Noth zu Ex 3,2, daß Gott nach dem Zusammenhang „als in irgendeiner sichtbaren Weise erschienen gedacht ist ...".[45] Die freundliche Auskunft meines Fakultätskollegen A. Deissler kann diese Meinung nur bestätigen: „r'h heißt im Hebräischen fast immer ‚schauen mit den Augen'; doch manchmal weitet sich die Bedeutung zu ‚wahrnehmen überhaupt' bzw. ‚erfahren' (cf. Gen 2,19; 42,1 u. a.). Das Niphal bedeutet auch bei einer ‚Gottes-Erfahrung' grundsätzlich: *sich zur (sichtbaren) Erscheinung bringen.* Man muß annehmen, daß sowohl J wie E damit ‚Jahwe-Erscheinungen' im engeren Sinn des Wortes meinten, wenn auch schon bei ihnen – wie später bei den Propheten – die Audition die ‚Sinnspitze' der Vision darstellt. Bei Gen 18,1 f. ist in jedem Fall die ‚Augenfälligkeit' der Gottesbegegnung unterstrichen." Im gleichen Sinn stimmt, wie ich nachträglich entdeckte, R. Knierim der Auffassung R. Rendtorffs zu: Es gehe bei der Niphal-Form (als Ausdruck für Gotteserscheinungen), die nicht als Ausdruck für eine ‚Theophanie' Jahwes übernommen wurde, „um das Sehen ... des sich Offenbarenden durch den Menschen", um die „Offenbarung Jahwes als einer sinnfälligen Erscheinung".[46]

Natürlich hat es auch seinen Vorteil, mit W. Michaelis das urchristliche ‚er erschien' *unter Ausschluß oder doch Ignorierung des Moments der Sichtbarmachung als ‚Offenbarwerden'* zu interpretieren, das sich sinnvollerweise nicht mehr hinterfragen läßt. In diesem Fall kann man sich von einer weiteren Frage nach dem Wie der Entstehung des Osterglaubens, insbesondere nach dem Objekt des Sehens dispensieren. Diese Interpretation ist aber möglicherweise doch zu kurzschlüssig. Sofern die Jünger Jesu bzw. die für das ‚er ließ sich sehen' Verantwortlichen bei dieser Formulierung an die alttestamentlichen Gotteserscheinungen dachten, muß es als möglich, ja als höchstwahrscheinlich gelten, daß sie das Moment des Sich-sichtbar-Machens zum Ausdruck bringen wollten. Die alttestamentlichen Gotteserscheinungen rechtfertigen jedenfalls nicht die Schlußfolgerung, die urchristliche Verwendung des ὤφθη + Dativ wolle und würde das Moment des durch ein Sich-sichtbar-Machen ermöglichten Sehens ignorieren bzw. ausschließen.

[45] Das 2. Buch Mose, Exodus (ATD 5), Göttingen 1959, 25; im übrigen spricht *M. Noth* öfter von der ‚Gottesbegegnung', 28.40.43.

[46] Offenbarung im Alten Testament, in: *H. W. Wolff*, Probleme biblischer Theologie (G. von Rad zum 70. Geburtstag), München 1971, 216 f.

12. *‚Er erschien' als reine ‚Legitimationsformel'*

Damit entfällt auch ein Anhaltspunkt der neueren Hypothese, die in Übereinstimmung mit W. Michaelis das neutestamentliche ‚er erschien' zwar auch als ‚Offenbarungsformel' erklärt (R. Pesch 218), diese im Unterschied zu jenem aber nicht als Aussage über die Herkunft des Osterglaubens, sondern ausschließlich als *Legitimationsaussage* verstehen läßt. Für dieses Verständnis beruft sich R. Pesch ebenfalls auf die alttestamentliche Wendung, näherhin auf den Exkurs von C. Bussmann über die Formel ὤφθη κύριος (θεός) in der Septuaginta (215). Dazu ist allerdings verdeutlichend zu bemerken, daß Bussmann selbst das alttestamentliche ‚er erschien' nicht schon als ‚Legitimations'-Formel im engeren Sinn beansprucht, die sozusagen direkt und stets die Legitimierung von Personen aussprechen würde – in dem engeren Sinn also, in dem dann freilich auch er durch ‚er erschien' die Legitimierung des Kephas und anderer als ‚Verkünder' aussprechen läßt.[47] Die verschiedenen alttestamentlichen Zusammenhänge lassen ihn ‚jedenfalls' – aber auch nur – „erkennen, daß ein ὤφθη κύριος u. ä. außerordentliche Punkte der alttestamentlichen Geschichte markiert und jeweils etwas Neues legitimiert (Altar, Namen Gottes, Weisung, Propheten)".[48] Dieser Formulierung, die den Ausdruck ‚legitimiert' zudem in einem sehr weiten Sinn gebraucht, mag man durchaus zustimmen können. Obwohl man bezüglich der Gotteserscheinungen wohl besser ganz allgemein von einer ‚Offenbarung', besonders von einer Wortoffenbarung spricht, deren Voraussetzung und Beginn das ‚er erschien' bildet, darf man sich auch im Blick auf die alttestamentlichen Analogien im vorhinein für die Möglichkeit offenhalten, daß mit neutestamentlichen ‚er erschien'-Aussagen auch der Gedanke der Legitimierung bestimmter Personen verbunden sein kann.

a) Auch ich bezweifle nicht, daß die vorpaulinische Fomel 1 Kor 15,3b–5 seit je auch den Gedanken an die Sonderstellung und besondere Autorität des Kephas und der Zwölf mitklingen ließ. Das gilt vor allem für die Nennung des Kephas-Namens. Der ursprüngliche Personenname ‚Simon' wäre, historisch gesehen, wahrscheinlich zutreffender, insofern als Jesus selbst dem Jünger den Beinamen ‚Kefa' nicht verheißen haben dürfte, dieser also auch nicht durch die

[47] Themen 101.
[48] A. a. O. 100.

Protophanie bestätigt werden konnte. Anderseits wird man die Verwendung des ‚Kephas' in unserer Formel auch nicht überbewerten dürfen. Zwischen der – einmal als historisch vorausgesetzten – Protophanie und der Bildung unserer Formel 1 Kor 15,3b-5 kann sehr wohl die Bezeichnung Simons als Kefa aufgekommen sein, vielleicht – ja wahrscheinlich – aufgrund seiner Auszeichnung durch die Ersterscheinung und seine dadurch eingeleitete Sonderrolle. Unter dieser Voraussetzung wäre die Bezeichnung, und zwar die alleinige Bezeichnung des Jüngers als Kefa, auch dann voll begreiflich, wenn das ‚er ließ sich sehen' unmittelbar als Bestätigung, ‚Legitimierung' der Auferweckungsbehauptung verstanden wäre. *Der kritische Punkt ist eben die Hypothese, das vorpaulinische ‚er erschien'* wolle überhaupt keine Aussage über Grund und Gültigkeit der Auferweckungsaussage machen, sondern *sei ausschließlich als Legitimationsformel gebraucht,* um die besondere Autorität des Kephas und der Zwölf durch den längst oder doch bereits aus einem anderen Grund als ‚auferweckt' bekannten Jesus legitimieren zu lassen.

b) Diese Alternativ-These läßt sich sicher nicht schon durch die *Berufung auf Gotteserscheinungserzählungen des Alten Testaments* beweisen. Abgesehen davon, daß die Gotteserscheinungsformel außerhalb des Pentateuch (Patriarchenerzählungen) nur noch vereinzelt begegnet,[48a] kann H. W. Bartsch[48b] mit Recht darauf hinweisen, daß keine Offenbarung oder Sendung, die den klassischen Propheten widerfährt, mit der Gotteserscheinungsformel dargestellt wird. Gemäß der Vorstellung von der Korrespondenz zwischen Urzeit und Endzeit wird wohl die Heilszeit als Erscheinung Jahwes verheißen (Jes 40,5: καὶ ὀφθήσεται ἡ δόξα κυρίου, καὶ ὄψεται πᾶσα σάρξ . . .; vgl. 60,2; 2 Makk 2,8). Diese Verheißung, die zudem nicht die exakte Formel (mit Dativ) verwendet, hat ohnedies nichts mit der Legitimierung von Personen zu tun. Gewiß geht es auch bei den Gotteserscheinungserzählungen nicht einfach darum, daß eine verborgene, unzugängliche Wirklichkeit enthüllt und als solche wahrgenommen wurde. Das Reden Jahwes, sein Abraham, Mose usw. anredendes, kontaktschaffendes und engagierendes Wort wurde ja schon in der alttestamentlichen Überlieferung immer stärker als Sinnspitze des

[48a] Von Gideon (Ri 6,12) und Salomo (1 Kg 3,5; 9,2; vgl. 2 Chr 1,7; 7,12).

[48b] In dem mir freundlicherweise zugesandten Manuskript eines Aufsatzes „Der Ursprung des Osterglaubens". Dieser wird in der „Theol. Zeitschrift" 31 (1975), Heft 1 erscheinen.

Sich-sichtbar-Machens Jahwes empfunden. Seinem Inhalt nach kann dieses Reden, was nicht zu übersehen ist, sehr mannigfaltig sein: offenbarende Mitteilung, Verheißung, konkreter Auftrag. Auf das ‚er machte sich sichtbar' kann sehr wohl unmittelbar und zunächst als Wortoffenbarung ein konkreter Auftrag folgen (Gen 26,2; 35,1; vgl. 35,9). Es kann aber auch unmittelbar eine Verheißung folgen (z. B. Gen 12,7; vgl. 48,3 f.). Einer Verheißung (Gen 26,24) oder Aufforderung (vor Gott zu wandeln: 17,1) kann sodann als erstes die verbale Selbstvorstellung Jahwes voraufgehen: „Ich bin El, Schaddai" (Gen 17,1); „Ich bin der Gott deines Vaters Abraham" (26,24). Einem Befehl (nicht näher heranzutreten: Ex 13,5) kann der Anruf „Mose, Mose" und dessen „Hier bin ich" (3,4) voraufgehen und die Selbstvorstellung Jahwes („Ich bin der Gott deiner Väter usw.": 3,6) nachfolgen. Die verbale Selbstvorstellung ist auch in anderen Erscheinungserzählungen bzw. Hinweisen auf Erscheinungen verankert (Gen 35,11; Ex 6,2 f.; vgl. Gen 3,16; Ex 4,5). Das Moment des Sich-Manifestierens Jahwes, das unbestreitbar in dem ‚er ließ sich sehen dem ...' ausgesprochen ist, wird somit noch ergänzt und unterstrichen durch die ebenfalls formelhafte verbale Selbstvorstellung Jahwes. *Der Vorstellung, daß eine verborgene Wirklichkeit, der von Natur unsichtbare Gott, sich in Wahrheit präsentiert, läßt sich ein grundlegendes Eigengewicht* also doch *nicht absprechen.* Ein entsprechendes Eigengewicht legt sich erst recht für die Übertragung der Gotteserscheinungsformel auf den erhöhten Jesus nahe. Daß man die für Jahwe bzw. den Engel Jahwes charakteristische Macht, sich sichtbar in Erscheinung zu bringen, einem anderen zuschrieb, der im Tod, sogar im Verbrechertod endete, war doch alles andere als selbstverständlich! Unter der Voraussetzung jedenfalls, daß die vorpaulinische Formel von 1 Kor 15 die Gotteserscheinungsformel aufgriff, wird man X. Léon-Dufour recht geben müssen, wenn er für das ‚er erschien' der vorpaulinischen Bekenntnistradition an erster Stelle den Aspekt der ‚présentation', des Sich-Manifestierens nennt,[49] eines Sich-Manifestierens selbstverständlich, das einen Dialog eröffnet, das sich aufdrängt, das ganz und gar auf eine zu hörende und zu beantwortende Mitteilung, Offenbarung, auf ein Engagement der Betroffenen hinzielt.

c) Worin das Engagement der Erscheinungsempfänger im Sinn der vorpaulinischen Formel 1 Kor 15,3b–5 besteht, ist eine Frage, die sich

[49] Résurrection de Jésus 78.

aufgrund der alttestamentlichen Gotteserscheinungen allein nicht beantworten läßt. Weil ein Entweder-Oder eine differenzierende Antwort a priori ausschließt, fragen wir sicher besser: *Will die Formel mit dem ‚er ließ sich sehen' unmittelbar und fundamental eine autoritätsbegründende oder auch funktionsauslösende Wirkung* (Beauftragung zur Verkündigung) *oder primär eine glaubenbegründende Wirkung behaupten, die Auslösung einer Aussage, die unmittelbar Jesus selbst betrifft?* Mit anderen Worten: Zielt das ‚er erschien' unmittelbar auf ein ‚ekklesiales' oder auf ein ‚christologisches' Bekenntnis? Entscheidende Bedeutung wird man der Struktur der Bekenntnisformel zuerkennen müssen. Und diese spricht nach gut begründeter und meist akzeptierter Auffassung entschieden dafür, daß das ‚er wurde begraben' das wirkliche, endgültige Totsein Christi erweisen und das ‚er erschien' dementsprechend als Bestätigung der Auferweckungsaussage dienen soll.

Letzteres wäre selbstverständlich auch der Fall, wenn das ‚und wurde begraben' der Formel als eigenständige Aussage wichtig wäre, so daß das nachfolgende ‚auferweckt' gedanklich unmittelbar mit dieser zu verknüpfen wäre und damit auf die Auferweckung des im Grab liegenden Jesus abgehoben werden sollte.[50] Selbst für den unwahrscheinlichen Fall, daß die Formel überhaupt lediglich enumerativ sukzessive Etappen eines Geschehens aufführen will,[51] wäre nicht zu bezweifeln, daß der Ton auf dem Christus betreffenden Geschehen liegt.

Übrigens ist auch R. Pesch „klar, daß die ὤφθη-Formel in der Bekenntnistradition neben der ἐτάφη-Aussage beglaubigend-bestätigende Funktion hat. Aber" – so möchte er der Funktion einer Bestätigung der Auferweckungsaussage entrinnen – „sie beglaubigt die Auferweckung nicht durch ein historisches Beweismittel, also den Verweis auf eine Vision oder ein Widerfahrnis, sondern durch die Autorität der Verkündiger: Kephas, die Zwölf usw." (215). Wenn man schon sicher zutreffend die Entsprechung ‚er wurde begraben' – ‚er erschien' und die beglaubigende Funktion des ‚er erschien' anerkennt, muß man doch wohl auch zugeben: Der ὤθφη-Satz will die behauptete Auferweckung durch den Hinweis auf erfolgte Erscheinungen beglaubigen; und zwar nennt er die Leute, denen höchstwahrscheinlich die beiden ersten Christophanien zuteil wurden und die als erste Autoritäten be-

[50] So z. B. auch *B. Rigaux,* Dieu l'a ressuscité 123 mit Anm. 64.
[51] So *F. Mussner,* Die Auferstehung 61 f.

sonders gewichtige Zeugen von Erscheinungswiderfahrnissen waren. Ich fürchte, C. Bussmann ist aus einem richtigen Empfinden für die Logik unserer Bekenntnistradition konsequenter verfahren, um das ‚er erschien' als bloße Legitimationsformel zu retten. Er stellt die Frage: „Was hat eine Legitimationsformel in einer Glaubensformel zu tun?"[52] Und er sucht durch weitere Indizien den früher von U. Wilckens geäußerten Verdacht, V. 5 habe ursprünglich nicht zur Glaubensformel gehört,[53] zu verstärken, um zu dem Ergebnis zu kommen, daß die vorpaulinische Formel nur 1 Kor 15,3 f. umfaßte und erst von Paulus mit den ὤφθη-Aussagen 5–8 verbunden wurde.[54]

d) In der Tat sollte auch wegen des Kontextes von 1 Kor 15,3–8 nicht bezweifelt werden, *daß Paulus das ‚er erschien' der von ihm verwendeten Bekenntnistradition 1 Kor 15,3b–5 ebenfalls als Bestätigung der Auferweckungsaussage verstand.* Dieses Verständnis brauchte ihn, wie gleich hinzugefügt sei, keineswegs daran zu hindern, angesichts seines immer wieder bemängelten Ausnahmestatus als Apostel auch ausdrücklich auf die apostolatsbegründende Wirkung der ihm als letztem zuteil gewordenen Christophanie hinzuweisen. Entscheidend ist, daß er nach der Apologie seines Apostolats (15,8–10) mit V. 11 *das eigentliche Beweisanliegen* seiner Erinnerung an die durch weitere Erscheinungen ergänzte Bekenntnistradition wieder aufnimmt und deutlich genug zu erkennen gibt: „Ob es nun ich bin oder jene sind, so verkündigen wir, und so seid ihr zum Glauben gekommen. Wenn aber von Christus verkündigt wird, daß er von den Toten auferweckt worden ist . . ." (15,11 f.). Es duldet keinen vernünftigen Zweifel, daß Paulus mit seiner Aufzählung von Erscheinungsempfängern einschließlich seiner selbst die Wahrheit der von ihm und anderen verkündigten Auferweckung Christi bezeugen lassen will.[55] Würde Paulus das ‚er ließ sich sehen' der tradierten Formel bzw. seiner ganzen Liste ausschließlich oder doch unmittelbar als apostolatsbegründend, als Legitimation besonderer Autorität bestimmter Personen und Personengruppen verstehen, hätte er auf die Nennung der „mehr als 500 Brüder" verzichten müssen. Wenn er von diesen „ausdrücklich

[52] Themen der paulinischen Missionspredigt 103.
[53] Die Missionsreden 76.
[54] Themen 103–107
[55] Durchaus lehrreichen Versuchen, die im ganzen und in Einzelheiten neue Akzente setzen (vgl. zuletzt *P. von der Osten-Sacken,* Die Apologie des paulinischen Apostolats in 1 Kor 15,1–11: ZNW 64, 1973, 245–262), will es nicht gelingen, diese Absicht zu beseitigen.

sagt, daß die meisten von ihnen noch leben, so kann das nur den Sinn haben, daß man diese noch lebenden Zeugen befragen könnte“[56].

e) Nun bringt R. Pesch auch *den formelhaft klingenden Satz Lk 24,34* ins Spiel, freilich überaus vorsichtig. „Insofern Lukas eine Überlieferungsvariante zu 1 Kor 15,5 aufgegriffen und umformuliert hätte, böte Lk 24,34 einen Beleg für den zusammengesetzten Charakter der vorpaulinischen Überlieferung“ (213 Anm. 44) und – so ist im Sinne seiner Argumentation fortzufahren – damit einen Beleg für die anfänglich isolierte Existenz der zwei-gliedrigen und nur zweigliedrigen Formel: ‚er wurde auferweckt und er erschien‘.
Selbstverständlich müßte die Formel als möglicher Beleg für die Legitimations-Hypothese ausscheiden, wenn jene den Lk 24,34 gebotenen Wortlaut gehabt hätte: „Wahrhaft auferweckt worden (oder: auferstanden) ist der Herr und dem Simon erschienen.“ Denn dieser Wortlaut legt, vor allem noch durch das zusätzliche ‚wirklich‘ (ὄντως), den Akzent zu eindeutig auf die Wahrheit des Auferwecktwordenseins, die sich in der Erscheinung vor Simon erwies. Deshalb möchte Pesch „die apologetische Bekräftigungsformel ὄντως“ sowie den Namen Simon (statt Kephas) und den christologischen Kyrios-Titel traditionsgeschichtlich als sekundär bezeichnen (212 f.). Daß zur Gewinnung der ursprünglichen Fassung gerade jene Elemente des vorliegenden Wortlauts (‚wirklich‘ – ‚Simon‘) als sekundär betrachtet werden müssen, die dem anvisierten Verständnis der gesuchten Urform (Legitimationsaussage) entgegenstehen, wirkt freilich nicht sonderlich sympathisch. Aber auch wenn wir einmal als ursprünglich isolierte Bekenntnisaussage etwa voraussetzen „Auferweckt wurde Jesus (Christus, unser Herr o.ä.) und erschien dem Kephas“ oder auch: „Jesus wurde auferweckt und erschien dem Kephas“, erweckt das nicht ohne weiteres den Eindruck, das erste Glied wolle die Auferweckung Jesu lediglich als selbstverständliche Voraussetzung für die Legitimierung Simons als Kephas nennen, so daß zu betonen wäre, der auferweckte Jesus erschien *dem Kephas,* also gemeint wäre, Jesus selbst hat Simon als den Felsen der Urgemeinde legitimiert. Selbst unter dieser, für die Legitimationshypothese günstigsten Voraussetzung würde sich der Eindruck aufdrängen, daß auch das ‚er wurde auferweckt‘ Eigengewicht

[56] *W. G. Kümmel,* Die Theologie des NT 87. Vgl. auch *B. Rigaux*' Urteil zur ganzen Liste: „Vouloir attribuer une valeur représentative à deux ou plusieurs groupements communautaires concurrentiels est une tentative sans fondement“: Dieu l'a ressuscité 129; vgl. auch 122; 140 Anm. 55.

besitzt. Und damit wäre wiederum ernstlich zu fragen, ob das ‚er ließ sich sehen' nicht doch grundlegend als Bestätigung der voraufgehenden Behauptung des Auferwecktwordenseins verstanden wäre, wobei auch in diesem Fall sehr wohl der Gedanke an die besondere Auszeichnung Simons und die Bestätigung seiner Kephasrolle hätte mitschwingen können.

f) Nun besteht auch R. Pesch ja keineswegs darauf, aus Lk 24,34 auf eine ältere anderslautende Formel schließen zu können, welche die Verwendung des ‚er erschien + Dativ' als bloße Legitimationsformel bezeuge. Um so mehr legt er Wert auf die These, daß in der Bekenntnistradition 1 Kor 15,3–5 „das ὤφθη Κηφᾷ nicht unter dem Gesichtspunkt der Entstehung des Auferstehungsglaubens, sondern unter dem Aspekt der Legitimation des Kephas als des Felsen der Urgemeinde mitgeteilt (ist)" (213) – und zwar nur unter diesem Aspekt, wie seine Hypothese zu verdeutlichen erfordert. Das hat sich aber meines Erachtens als unhaltbar erwiesen. Ich würde selbstverständlich zugeben, es werde vermutlich nie als unmöglich erwiesen werden können, daß ‚er ließ sich sehen' ursprünglich lediglich als Legitimationsformel verstanden und erst später, gegen deren Ursinn, als Aussage über Grund und Herkunft der Auferweckungsbehauptung verstanden und verwendet wurde. Damit ist aber kaum etwas gewonnen. In unserem Fall steht ja doch wohl zur Debatte, ob sich jener angeblich ursprüngliche Sprachgebrauch einigermaßen wahrscheinlich machen läßt. Im Blick auf die uns verfügbare Überlieferung kommt man meines Erachtens nicht darum herum, *daß sowohl die vorpaulinische Bekenntnistradition als auch Paulus selbst das ‚er ließ sich sehen dem . . .' jedenfalls unmittelbar und grundlegend nicht als Legitimation von Autoritätspersonen, sondern als die Auferweckungsaussage bestätigendes Widerfahrnis verstehen.*

Das gilt, obwohl gleichzeitig zutrifft, was R. Pesch des weiteren zugunsten der ‚Legitimationsformel'–Hypothese geltend macht: Paulus spreche von seiner Christusvision ausdrücklich in der Terminologie alttestamentlich-prophetischer Berufungsvisionen und lege 1 Kor 15,8–11 das ‚er erschien auch mir' deutlich „im Blick auf sein Apostolat, also auf seine Berufung hin" aus (208–212).[57] Das ist einer von drei Gesichtspunkten, die vor allem unserem Autor die Fragestellung aufdräng-

[57] Vgl. dazu außer den Stellungnahmen von *P. Stuhlmacher* (248–251) und *M. Hengel* (264–268) auch den späteren Abschnitt e.

ten, ob das ‚er erschien' wirklich als ‚Zeugnis' und nicht als ‚Legitimationsformel' gemeint ist.[58]

Um kein falsches Bild von der neuen Hypothese aufkommen zu lassen, muß an dieser Stelle unbedingt noch *die innere Logik des Gesamtentwurfs* in Erinnerung gebracht werden. In diesem steht die These, mit der Gotteserscheinungsformel ‚er erschien' habe die Urgemeinde ihre Autoritäten legitimieren wollen, keineswegs isoliert im Raum. Der ekklesialen Legitimationsaussage ging nach R. Pesch eine christologische voraus. Ihm zufolge ist es nach dem Karfreitag zuerst zu dem – durch die jüdische Vorstellung vom getöteten und auferstehenden messianischen Propheten sowie durch den Sendungsanspruch Jesu selbst ermöglichten – legitimierenden Bekenntnis gekommen, daß Jesus auferweckt wurde, d. h., daß er der letzte Bote Gottes war und bleibt. Diese ohne ‚Erscheinungen', ‚Christusvisionen', ‚Offenbarungsvisionen' u. dgl. zustande gekommene Legitimationsaussage sei die geschichtliche Voraussetzung für die Bildung der zweiten Legitimationsaussage ‚er erschien dem Kephas . . .'. Insofern diese Hypothese die Jünger Jesu mit den Interpretationskategorien ‚Auferstehung' und ‚Himmelfahrt' ein wirklich erfolgtes intervenierendes, Jesu Todesschicksal aufhebendes Handeln Gottes nicht behaupten läßt, ist es nur folgerichtig, daß sie die Jünger auch nicht behaupten läßt, der auferstandene und in den Himmel aufgestiegene Jesus sei ihnen erschienen, habe sich ihnen zu sehen gegeben. Diese Folgerichtigkeit hatte freilich auch den eben schon besprochenen Versuch des Nachweises gefordert, daß die Formulierung ὤφθη + Dativ nicht Auskunft über ein Offenbarungsgeschehen als Grund und Herkunft des Osterglaubens geben will, sondern als Legitimationsformel verstanden wurde (212–218). Aber, und das ist nicht zu übersehen: daß das ‚er erschien' schon von Haus aus keine Aussage über die Herkunft des Osterglaubens machen will, wird auch für R. Pesch erst durch seine nachfolgende Erklärung des Osterglaubens bestätigt oder doch wahrscheinlich gemacht. Diese Erklärung ist aus Zweckmäßigkeitsgründen erst in einem späteren Zusammenhang zu würdigen.

[58] Zur genannten Frage sieht er sich des weiteren gedrängt durch die (weder erstmalige noch vorweg ablehnbare) Erwägung, daß – unter der Voraussetzung, Erscheinungen, ‚Offenbarungsvisionen' hätten den Osterglauben begründet – glaubenbegründend im eigentlichen Sinne nur die erste Erscheinung, die vor Simon, hätte sein können (210) und das so verstandene ‚er erschien' somit nur von ihm ausgesagt werden dürfte. Sodann würden die Erscheinungserzählungen kein Wissen davon verraten, daß Jesu Jünger durch Erscheinungen zum Osterglauben gekommen wären (216).

13. Die Sichtbarmachungs-Hypothese

Zahlreiche Erklärer setzen, wie oben belegt, ein wunderbar ermöglichtes Sehen als ausschließliches oder doch als konstitutives Moment des den Osterglauben auslösenden Widerfahrnisses voraus. Besonders Autoren, die auf eine hermeneutische Relevanz der Gotteserscheinungs-Formel für die Auslegung des vorpaulinischen ,er erschien' verzichten, betonen gern *die ,unverkennbare Sonderstellung' der Christophanien, speziell hinsichtlich der Voraussetzung für ein Sichtbarwerden.* Im Unterschied zur alttestamentlichen Gotteserscheinung spreche 1 Kor 15,3b ff. von einem leibhaftigen Menschen, der lebte und getötet wurde und sich lebend sehen ließ.[59] Der Gedanke einer sichtbaren Leiblichkeit wird bisweilen noch unterstrichen durch die ausdrückliche Einbeziehung des im Grab liegenden Leichnams Jesu.[60] Für alle Vertreter dieser Erklärungsrichtung steht es, zumal im Hinblick auf Gal 1,12.16, außer Zweifel, daß es sich bei den Erscheinungen um ,Offenbarungen' im strengen Sinn des Wortes handelte. Sie verweisen aber ebenso nachdrücklich auf das aktivisch formulierte „Habe ich nicht Jesus, unseren Herrn, gesehen?" von 1 Kor 9,1 als Entsprechung zu 1 Kor 15,8; überhaupt auf *das Vokabular des ,Sehens'* (einschließlich anderer Ausdrücke des Wahrnehmens) *als einmütige Ausdrucksweise der Urkirche,* im besonderen auch auf die Erscheinungserzählungen der Evangelien, die eindeutig eine visuelle Wahrnehmung voraussetzen und im übrigen weder des Nachts noch im Traum erfolgen.[61] „L'essentiel est d'admettre avec Michaelis que le Ressuscité s'est révélé, car les apparitions sont des révélations. Enlever le fait de la vision dans ceux qui sont bénéficiaires des apparitions, le fait que leurs yeux ont été l'instrument de leur nouvelle connaissance ou reconnaissance, serait contredire les plus claires affirmations des évangiles."[62] Man befürwortet also entschieden „ein eigentliches Sehen",[63] „une perception visuelle"[64]. Das ist gewiß nicht unbegründet.

[59] *K. H. Rengstorf,* Die Auferstehung Jesu 118; *F. Mussner,* Die Auferstehung Jesu 64; *B. Rigaux,* Dieu l'a ressuscité 343; vgl. *G. Delling,* Die Bedeutung der Auferstehung 73 Anm. 20.

[60] „Gerade das leere Grab Jesu schließt die *Leib-Identität* beim Gekreuzigten und Auferstandenen in sich, wenn man sich nur der qualitativen Andersheit des verklärten Leibes Jesu bewußt bleibt": *F. Mussner,* Auferstehung 134.128–135; *B. Rigaux,* Dieu 301.352 f.

[61] Vgl. zuletzt *B. Rigaux,* Dieu 343–346 mit weiteren Literaturhinweisen.

[62] *B. Rigaux,* a.a.O. 345.

[63] *G. Delling,* Bedeutung 73.

[64] *B. Rigaux,* a.a.O. 345.

Ebensowenig wird man aber auch die *besondere Schwierigkeit dieser Sichtbarmachungs-Hypothese* leugnen können. Zuweilen beruft man sich vor allem auf die ‚klassische' Formulierung Apg 1,3 dafür, daß „nach dem Zeugnis des Neuen Testaments das Widerfahrnis des Sehens zugleich auch schon das Interpretament" war; „der ihnen im Sehen widerfuhr, legte sich selbst ihnen im Sehen als den von den Toten Erweckten aus"[65]. Als Vision ließe sich durchaus noch vorstellen: daß die Jünger den toten Meister als wieder lebend, etwa als sich bewegend, sich mit Gesten kenntlich machend, sahen oder zu sehen meinten. Man könnte etwa an Gesten denken, welche die evangelischen Erscheinungserzählungen beanspruchen: daß der Erscheinende die Hand zum Gruß und Segen erhob, daß er auf seine Wundmale hinzeigte. Nun lassen ja auch die Befürworter dieser Erklärungsrichtung Simon und andere Jünger mehr sehen als einen Wiederbelebten, wie sie selbst bald mehr, bald weniger deutlich zu erkennen geben. Beispielsweise lassen sie Jesus sehen „in seiner neuen, pneumatischen Seinsweise", als δεύτερος ἄνθρωπος ἐξ οὐρανοῦ, als „den auferweckten Kyrios und Sohn Gottes".[66] Sie sprechen von „Begegnungen mit Jesus in seiner pneumatisch-realen, österlichen Daseinsweise";[67] davon, daß die Christophanie vor Paulus klar den pneumatischen Charakter (2 Kor 4,6; Apg 9,3 u. ö.) als für alle Christophanien typisch bezeugt.[68] Die Jünger „sahen Jesus im Lichtglanz. Sie waren Zeugen seines Herrschaftsantritts".[69] In gleicher Weise scheint für H. Schlier festzustehen, „... daß der sich Zeigende als der von den Toten Erweckte, bzw. Erhöhte wahrgenommen wurde von Zeugen". „Gesehen wird also in der Doxa des Erhöhten die Doxa des am Kreuz Gestorbenen."[70] Oder nach anderer Formulierung: In den Erscheinungen „(wurde) der Gekreuzigte gerade in der göttlichen Lebenskraft und Herrlichkeit geschaut . . ., von der er kraft seines Kreuzestodes auf immer ausgeschlossen schien".[71]

Sehen wir hier völlig davon ab, daß man vom künftigen ‚pneumatischen Leib' der Christen in 1 Kor 15,35–53 bekanntlich nicht schon auf

[65] *F. Mussner,* Die Auferstehung 78.

[66] *F. Mussner,* Auferstehung 73.110.75.

[67] *Ph. Seidensticker,* Die Auferstehung Jesu in der Botschaft der Evangelisten (SBS 26), Stuttgart 1967, 46.

[68] *J. Jeremias,* Theologie I 292.

[69] A. a. O. 294.

[70] Über die Auferstehung 33.35.

[71] *P. Stuhlmacher,* Das Bekenntnis zur Auferweckung Jesu von den Toten und die Biblische Theologie: ZThK 70 (1973) 381.

einen ebensolchen des auferweckten Jesus schließen kann. Es geht hier ja speziell um den Gesichtspunkt, wie unanschaubare Sachverhalte wie die genannten, die der Begriff ‚auferweckt' im jüdischen Raum ja keineswegs implizieren muß, sogar sicher nicht implizierte, Gegenstand visueller Wahrnehmung gewesen sein können. In dieser Hinsicht hilft auch die Berufung auf 1 Kor 15,43b nicht weiter: Paulus sei vor Damaskus „der zweite Mensch vom Himmel" erschienen. Diese ‚Erscheinungserfahrung' ließ ihn „seine Anschauung über die Auferstehungsleiblichkeit gewinnen", nämlich über das übernatürliche, verklärte Wesen des Auferweckungsleibes Jesu.[72] „Die Frage, von der Paulus schon in seiner jüdisch-pharisäischen Vergangenheit leidenschaftlich bewegt wurde und die ihm zur Lebensfrage geworden war, war ... die: *Wie kann das Todesverhängnis, das auf der ganzen Welt lastet, überwunden werden?* Als Jude glaubte er: mit Hilfe des Gesetzes. Vor Damaskus jedoch erkannte er: Es gibt jemanden, über den der Tod keine Macht hat: Jesus Christus, den Gott von den Toten auferweckt hat (vgl. Röm 6,9). Wer sich an diesen Christus im Glauben anschließt, findet durch den Glauben die Rechtfertigung vor Gott und damit das Leben; er kann einmal dem endgültigen Todesschicksal entrinnen."[73] Das hier vorausgesetzte Vor-verständnis ist aber doch kaum diskutabel, so verständlich der auch sonst zu beobachtende Versuch sein mag, im Interesse einer heute glaubhaften Verkündigung der Auferstehung Jesu den Horizont im Dasein des Menschen aufzuweisen: „Der Mensch ist das Wesen der *Erwartung der Zukunft*, die *Vollendung* ist."[74] Sowenig wie die einstigen Jesusjünger am Karfreitag war der nach Damaskus reitende Paulus von der Frage bewegt, wie das auf der ganzen Schöpfung lastende Todesverhängnis überwunden werden könne, so daß er die Christophanie als Beantwortung dieser Frage hätte verstehen können.

Sehen wir aber ab von Artikulierungen wie ‚pneumatische Seinsweise', ‚verklärtes Wesen des Auferweckungsleibes' u. ä., welche die Qualität des Auferweckungsleibes Jesu meinen. Belassen wir es bei der Vorstellung, daß die Erscheinungsempfänger Jesus als Auferweckten und zu Gott Erhöhten, daß sie den erhöhten Kyrios und Sohn Gottes sahen, daß sie den Herrschaftsantritt Jesu, die Doxa, die

[72] *F. Mussner*, Die Auferstehung 110 f.

[73] A. a. O. 85.

[74] *K. Rahner*, Art. Auferstehung Jesu, in: Sacramentum Mundi I 403; im gleichen Sinne *R. Baumann*, Was heißt Auferstehung Jesu?: Herder-Korrespondenz 27 (1973) 194 f.

Machtherrlichkeit des auferweckten Jesus und dergleichen gesehen haben sollen. Könnte man, vor allem im Hinblick auf den palästinisch-apokalyptischen Denkhorizont, *etwa eine Möglichkeit wie folgende* in Erwägung ziehen? Angenommen, Jesus selbst habe das heute vorliegende Davidsohn-Gespräch geführt, er habe sich vor allem vor dem Synedrium als Messias bekannt und sich ausdrücklich mit dem kommenden Menschensohn-Richter identifiziert. Setzen wir weiter voraus, nicht die Mk-Fassung dieses Menschensohn-Wortes, die den Synedristen androht, den Menschensohn mit Himmelswolken kommen, also zum Gericht kommen zu sehen (14,62), bezeuge den authentischen Wortlaut, sondern Lk 22,69: „Von jetzt an wird der Menschensohn zur Rechten Gottes sitzen." Unter der zusätzlichen, ohnedies nicht sonderlich problematischen Voraussetzung, daß die Anhänger Jesu schon bald von diesem Synedriumsbekenntnis erfuhren, wären somit alle Voraussetzungen für ein bestimmtes Bild, das sozusagen eine Gottes- und Christus-Vision vereinigte, vorgegeben gewesen. Könnten Simon und die Zwölf/Elf somit Jesus als zur Rechten des thronenden Gottes Sitzenden ‚gesehen' haben? – wobei es sich im Sinne der Befürworter der Sichtbarmachungshypothese selbstverständlich um ein striktes Offenbarungsgeschehen gehandelt hätte, bei dem die Sichtbarmachung wie das Sehenkönnen ganz und gar von Gott gewirkt und geschenkt gewesen wäre. „La vision est un don de Dieu", so daß Pilatus und Herodes, wenn sie unter den Jüngern gestanden hätten, nichts gesehen hätten.[75] Jede weitere Diskussion dieser Möglichkeit[76] wird man sich aber schon deshalb schenken dürfen, weil die genannten Voraussetzungen bis hin zu der letzten und wichtigsten (Lk 22,69) nicht nur unsicher, sondern höchst unwahrscheinlich sind. Wie soll man dann also weiterkommen? Der einfachste Ausweg wäre natürlich die Annahme, *der Erscheinende habe zugleich sprechend sich vorgestellt und ausgelegt,* was manche Autoren unserer Gruppe denn auch ausdrücklich voraussetzen.[77] Der sich Zeigende hätte also

[75] Wie zuletzt auch *B. Rigaux* betonte: Dieu l'a ressuscité 364.

[76] In seinem erwähnten Beitrag ‚Der Ursprung des Osterglaubens' scheint *H. W. Bartsch* an eine ähnliche, jedoch von Mk 14,62 ausgehende Möglichkeit zu denken. Er nimmt „eine Erscheinung des Christus, wie sie Mk 14,62 angesagt ist, als den Ursprung des Auferstehungsglaubens" an, als „jenes ‚Etwas', das M. Dibelius als den historischen Kern bezeichnet hat".

[77] Vgl. besonders *F. Mussner,* Auferstehung 146 f. Die Verbindung des In-Erscheinung-Tretens Jesu mit der Wortoffenbarung scheint sich *G. Friedrich* sogar aus der Bedeutungsgleichheit des ὤφθη mit „offenbaren" (Gal 1,16) zu ergeben: Die Auferweckung 158.

selbst sagen können, was trotz seiner Hinrichtung mit ihm geschah, daß er von Gott auferweckt und zu ihm erhöht wurde, daß er in die messianische Machtstellung u. ä. eingesetzt wurde. Muß es aber nicht bereits zu denken geben, daß selbst in den späteren Erscheinungserzählungen die Selbstauslegung des Erscheinenden als des Erhöhten, als des gottgleichen Kyrios[78] gegenüber anderen Wortmotiven stark zurücktritt? Abgesehen davon, daß die meisten Worte des Erscheinenden unverkennbar den Stempel späterer theologischer, ekklesiologischer und missionarischer Entwicklung, nicht zuletzt auch späterer Osterapologetik (so Worte, die mit dem Identitäts- und Realitätsnachweis zusammenhängen) tragen, lassen sich Urworte des Erscheinenden – etwa ein Sendungswort, um das zentralste Motiv zu nennen[78a] – nun einmal nicht überzeugend rekonstruieren und können im besonderen auch die zitierten Worte nicht als solche gelten.[79] Wir scheinen uns deshalb die Annahme versagen zu müssen, was dem Sehen abging, habe das Sprechen des Erscheinenden ergänzt und eindeutig zu verstehen gegeben.

Damit bleibt die Sichtbarkeits-Hypothese eben mit der genannten Aporie behaftet. Dieses Empfinden lassen bezeichnenderweise auch Befürworter dieser Hypothese da und dort durchblicken. So, wenn H. Schlier anmerkt, „daß das ‚Sehen', so sehr es das Wahrnehmen des sich Zeigenden meint, in seinem Begriff vollständig gesprengt wird. ‚Sehen' geht in die Richtung von ‚erfahren'".[80] Was soll ‚erfahren' hier dann heißen? Wodurch und wie kam diese ‚Erfahrung' zustande? Jener Satz kann doch wohl nur als Eingeständnis ver-

[78] So eindeutig in Mt 28,18b; Ansätze in Lk 24,26 f. und Jo 20,17.

[78a] Ich selbst meinte früher, das pluralische Binde- und Lösewort (Mt 18,18) als ipsissima vox des Erscheinenden befürworten zu können: Art. Binden u. Lösen: LThK² II (1958) 480; Ekklesiologische Auftragsworte des Auferstandenen, jetzt in: Das Evangelium und die Evangelien 243–252.

[79] Auch *J. Jeremias* zählt dieselben nicht zu den kurzen Wortelementen, mit deren Ursprünglichkeit er zu rechnen scheint: Theologie I 286.

[80] Über die Auferstehung 36. Dieselbe Problematik bringt *R. Baumann* zum Ausdruck, wenn er vor allem mit K. Rahner u. a. betont, es handle sich bei der Auferstehung Jesu von ihrem Wesen her um „einen Erkenntnisgegenstand absolut einmaliger Art", dessen Erkenntnis unter die sonstige Erfahrung, ihre Bedingungen und Möglichkeiten, nicht subsumiert werden könnte. „Glaube und Erfahrung, Bezeugung und Bezeugtes liegen hier vom Wesen der Sache her in einer einmaligen Weise ineinander, ohne daß deshalb diese Einheit eine undifferenzierte Einerleiheit würde und man so sagen dürfte, wir erreichten nichts als das Zeugnis selber und allein und nicht seine eigene Struktur, in der die Differenz zwischen Erfahrung und ‚objektiv' Erfahrenem erkennbar ist": Was heißt Auferstehung Jesu?, in: Herder-Korrespondenz 27 (1973) 191. Hier erhebt sich wiederum die Frage: Was meint diese „seine eigene Struktur"?

standen werden, *daß die Beanspruchung eines Sehens zu einer befriedigenden Erklärung der Entstehung des Osterglaubens nicht ausreicht.* Noch eindeutiger bestätigte das zuletzt X. Léon-Dufour, der anstelle eines ‚Sehens', einer ‚perception visuelle',[81] für eine nicht rein subjektive geistige Erfahrung (‚expérience spirituelle') der Jünger plädiert.[82] Mit dem häufigen Hinweis, daß Paulus das ‚er erschien' und seinen Satz vom Gesehenhaben unseres Herrn als durch Gott erfolgte Offenbarung interpretiere, scheinen manche Autoren auf die Kategorie ‚Offenbarung' ausweichen zu wollen. In seinem eingehenden Galater-Kommentar machte jüngst F. Mussner geltend, daß Paulus aufgrund des semantischen Befunds zur hebräischen bzw. aramäischen Entsprechung zu ἀποκαλύπτειν „mit Blick auf dasselbe Ereignis ohne weiteres von ‚sehen', ‚erscheinen' (‚sich zeigen') und ‚offenbaren' (‚Offenbarung') sprechen (konnte)".[83]

Nur ist damit das hier angesprochene Problem gelöst. Offenbar soll bei dem von Paulus beanspruchten Offenbarungsgeschehen am Moment des Sich-sehen-Lassens festgehalten werden. Solange dies geschieht, bleibt eben die Schwierigkeit, wie sich die Offenbarung der für den Osterglauben beanspruchten Inhalte als Sichtbarmachung und als ein durch diese ermöglichtes Sehen vollzogen haben könne.

14. ‚Er ließ sich sehen' als Mittel der Beschreibung und Deutung.

Einer weiteren Auffassung zufolge hat die Bekenntnisformel 1 Kor 15,3b–5 „offenbar bewußt die Erscheinung des Auferstandenen nach dem Theophanie-Modell beschrieben". Oder nach anderer Formulierung: weil das ‚er ließ sich sehen' das Wahrgenommene mit der Gotteserscheinungsformel beschreibe, sei jenes *„nicht nur Bericht, sondern schon Deutung"* (s. o. 10b). Die Entwicklung des Kerygmas kann nach K. H. Schelkle vielleicht so dargestellt werden: „Das Urerlebnis wird bezeugt als Erscheinung Jesu (a), wobei deren Beschreibung mit ὤφθη (1 Kor 15,3-8 u. a.) die Erscheinung als göttliche Epiphanie deutet (b). Eine andere Interpretation mittels der Apokalyptik sagt: Er wurde auferweckt, er ist auferstanden (c) . . ."[84] Worin soll das als ‚Erscheinung' bezeugte Urerlebnis aber nun bestanden haben? Offen-

[81] So *B. Rigaux*, Dieu l'a ressuscité 355.
[82] Résurrection de Jésus 275 (vgl. o. Anm. 35).
[83] Gal 84 Anm. 38.
[84] Theologie des NT 2, 129.

bar in einer Wahrnehmung, wenn im unmittelbar voraufgehenden Satz an „die unbestrittene Wahrheit“ erinnert wird, „daß es nie bloße Wahrnehmung gibt, sondern daß das Wahrgenommene immer gedeutet wird aus dem schon Gewußten“.[85] Was soll aber in unserem Fall der ‚Wahrnehmung‘ und was der Deutung zugeschrieben werden? Auch und gerade in unserem Fall können wir unmöglich der Frage ausweichen: Welche ‚Wahrnehmung‘, welches ‚Wahrgenommene‘ ermöglichte und erklärt die vorliegende ‚Deutung‘ und ‚Beschreibung‘ nach dem alttestamentlichen Erzählmodell?

Wenn die vorpaulinische Traditionsformel 1 Kor 15,3b–5 zur Kennzeichnung des die Auferweckungsaussage begründenden Widerfahrnisses bewußt das ‚er erschien‘ der alttestamentlichen Gottesoffenbarung aufnahm, kann meines Erachtens *kein Zweifel* bestehen, *daß dieser Schritt bereits den Glauben an die Erhöhung Jesu in den Himmel voraussetzt, und zwar nicht etwa zu einem rein passiven, sondern zu einem höchst aktionsmächtigen Status.* Nur unter der Voraussetzung, daß der Auferweckte als im Himmel befindliche und mit gottgleicher Aktionsmacht ausgestattete Größe vorgestellt ist, konnte man sinnvollerweise auf die Idee kommen, das ‚er ließ sich sehen‘ der Gotteserscheinungen vom auferweckten Jesus auszusagen. Ein Hinweis auf die Erhöhung in den Himmel läßt sich übrigens in dem durativen Perfekt ἐγήγερται entdecken, das gegenüber der Aoristform der übrigen Verben sehr auffällig wirkt. Während ‚gestorben‘, ‚begraben‘ und ‚erschien‘ ein für allemal der Vergangenheit angehörende Geschehnisse meinen, dauert das Auferwecktwordensein Christi an: Er wurde auferweckt und ist seitdem der Auferweckte und bleibt es. Damit stellt sich die Frage des (ständigen) ‚Aufenthaltsorts‘ dieses Auferweckten. Als solcher kam für die urchristliche Vorstellung doch wohl seit je nur der Himmel in Betracht.[86] Der urgemeindliche Flehruf „Unser Herr, komm!“ setzt ja auch eindeutig die Erhöhung Jesu zu Gott, und zwar zu eschatologischer Funktionsfähigkeit voraus. Aber *der Kernpunkt des Problems* ist ja nicht, ob der so verstandene Glaube

[85] *K. H. Schelkle*, a. a. O. 129.

[86] Deshalb kann der Umstand, daß ὤφθη (σαν) + Dativ in ohnedies sicher jüngeren Aussagen außer von Gott (Apg 7,2) dem Engel Jahwes (7,30.35), einem Engel [des Herrn] (Lk 1,11; 22,43), von Feuerzungen als Erscheinungsform des Gottesgeistes (Apg 2,3) oder von Mose und Elia bei der Verklärung (Mk 9,4 par), vereinzelt auch von einem auf Erden lebenden Menschen wie von dem seine ‚Brüder‘ beim Streit überraschenden Mose (Apg 7,26) gebraucht wird, nicht schon die Auffassung widerlegen, daß 1 Kor 15,5 der Auferweckte als im Himmel befindliche Größe vorgestellt ist und daselbst die Gotteserscheinungsformel zur Verwendung kommt.

an die Auferweckung und Erhöhung Jesu zum Zeitpunkt der Bildung der Bekenntnistradition 1 Kor 15,3b–5 schon existierte[87] – was sich meines Erachtens sinnvollerweise nicht bezweifeln läßt –, sondern zunächst die Frage: Wie sollen Simon und die Zwölf ‚gesehen', ‚wahrgenommen' haben können, daß Jesus nicht nur wieder lebendig gemacht wurde, sondern bei Gott im Himmel ist und sich im Besitz gottgleicher Aktionsfähigkeit vom Himmel her zu sehen gibt? Es ist ebenso verständlich wie bezeichnend, daß die zuständigen Verfasser im ‚Neuen Glaubensbuch' erklären: „Wir werden uns hüten, dieses ‚Sehen' der Erscheinungen psychologisch genauer auszumalen. Darüber sagt uns die Formel nichts."[87a] Dieser bewußte Verzicht kommt eben doch auch wieder auf das Eingeständnis hinaus, daß die Geltendmachung eines ‚Sehens' der Jünger nicht ausreicht, um die Entstehung des in der vorpaulinischen Bekenntnisformel vorausgesetzten Osterglaubens verständlich zu machen. Daran ändert sich auch nichts, wenn offenbar der Gedanke mitspielt, zur Beanspruchung der Gotteserscheinungsformel sei es deshalb gekommen, weil der Osterglaube im Bewußtsein der Überlieferung tatsächlich auf einem – wenn auch unbestimmbaren – ‚Sehen', auf einer irgendwie gearteten ‚Wahrnehmung' gründete. Denn das ist eine Erklärung, die im Grunde nichts ‚erklärt' und der auch die Berufung auf das im biblischen Bereich wohlbekannte Phänomen der ‚Vision' nicht zu Einsichtigkeit verhelfen kann.
Das Ergebnis ist alles andere als ermutigend. Anstatt uns eine in sich plausible Auskunft über die Entstehung des Osterglaubens zu liefern, entläßt uns auch das Bekenntnis 1 Kor 15, 3b–5, in dem wir sicher eine vorpaulinische Artikulierung des Osterglaubens greifen können, mit *der durchaus offenen Frage,* worauf der Osterglaube eigentlich gründete, wie es zu diesem kam.

15. Was ergibt sich aus dem Vergleich von 1 Kor 15,3 ff. mit anderen paulinischen Zeugnissen?

An dieser Stelle erscheint es angebracht zu prüfen, was sich aus dem Gesamtzeugnis Pauli für die Frage nach der Entstehung des Osterglaubens ergibt oder auch nicht ergibt. *Ein authentisches Zeugnis von*

[87] Anerkanntermaßen setzt die Bekenntnisformel 1 Kor 15,3b–5 in geradezu jeder Hinsicht schon einen hohen Grad an Reflexion voraus, wie besonders *K. Lehmann* in seinem Buch „Auferstanden am dritten Tage" zeigte.
[87a] S. 180.

Leuten wie besonders Simon und den Zwölf/Elf kann Paulus nicht ohne weiteres ersetzen. Denn er war sicher nicht der erste Empfänger einer ‚Christophanie', seinem eigenen glaubwürdigen Zeugnis zufolge vielmehr der letzte. Wenn wir bei *einem* Erscheinungsempfänger voraussetzen dürfen, daß ihm eine Christophanie zu einem Zeitpunkt zuteil wurde, als die Behauptung der Auferweckung und Erhöhung Jesu schon existierte und dem Betreffenden auch bekannt war, ist es der Rabbi Schaul. Insofern ist für Paulus eine ‚Vorprogrammierung' – wenn auch nur als Kenntnis eines von ihm abgelehnten Glaubens – vorauszusetzen, die für die ersten Erscheinungsempfänger, vor allem für Kephas, jedenfalls nicht mit gleichem Recht vorausgesetzt werden kann. Unter diesem Gesichtspunkt kann die vorpaulinische, wenigstens der Sache nach in die Urgemeinde zurückreichende Bekenntnistradition 1 Kor 15,3b–5 für die Frage nach der Herkunft des Osterglaubens höheren Zeugniswert beanspruchen.

Anderseits wird man nicht einfach ignorieren können, *daß in den anerkannten Paulusbriefen ein Mann authentisch zu Wort kommt, der den Empfang einer Christophanie für sich beansprucht.* Nach geradezu allgemein akzeptierter Auffassung meint Paulus mit Gal 1,12.15 f.; 1 Kor 9,1 und 15,8 (als den entscheidenden einschlägigen Aussagen) dasselbe Ereignis, nämlich sein Damaskuserlebnis. Dann aber steht fest, daß Paulus durch die Verwendung des überlieferten ὤφθη die qualitative Gleichheit des Damaskuserlebnisses mit dem ‚er ließ sich sehen dem Kephas' usw. beansprucht. Würde er diese Ausdrucksweise auch an den anderen Stellen gebrauchen, würde die bekannte Problematik entfallen, was es zu bedeuten hat, daß er die von ihm beanspruchte Christophanie auch mit einem schlicht aktivischen ‚ich habe gesehen' (1 Kor 9,1) beschreiben, ja auf den terminus ‚sehen' sogar völlig verzichten kann.

In der neueren Diskussion läßt sich *eine an sich sehr verständliche Alternative* beobachten. Autoren, denen am Moment des ‚Sehens' liegt, betrachten 1 Kor 15,8 und 9,1 als die auch für Paulus maßgebenden Formulierungen, die durch die Formulierungen von Gal 1,12.15 f. erläutert und bestätigt, keinesfalls aber in Frage gestellt werden. Autoren, die daran interessiert sind, Paulus als authentischen Zeugen für ein Sich-sehen-Lassen und Sehen auszuscheiden, befürworten hingegen Gal 1,12.15 f. als die wohl eigentlich authentische Kennzeichnung des Damaskuserlebnisses und erklären die Formulierungen von 1 Kor als lediglich apologetisch bedingte „Angleichung an den wahrscheinlich üblichen Sprachgebrauch".[88] Im ersten Moment möchte man diese zweite Hypothese uneingeschränkt akzeptieren. Schon deshalb, weil Paulus in dem ohnedies vor 1 Kor geschriebenen Galaterbrief das ihm gewiß schon damals bekannte formelhafte ‚er ließ sich sehen dem ...' nicht aufgreift, sondern ohne Rücksicht auf eine traditionelle Formulierung, also sozusagen spontan von seinem Damaskuserlebnis spricht oder doch zu sprechen scheint. Trotzdem scheint auch hier eine differenziertere Beurteilung am Platz zu sein.

a) Ohne auf die schwierige Frage nach Herkunft und Sinn des Aposteltitels eingehen zu müssen,[89] ist unbestritten, daß Paulus das Damaskuserlebnis bzw. die von ihm beanspruchte ‚Christophanie' als apostolatbegründendes, jedenfalls auch als zur Verkündigung berechtigendes und verpflichtendes Widerfahrnis verstand. Das bestätigen alle drei zitierten Stellen. Es ist aber gut darauf zu achten, *wie sein Interesse an dieser apostolatbegründenden Wirkung an den einzelnen Stellen zum Ausdruck kommt.* Im Sinne einer Arbeitshypothese meine ich bei *1 Kor 15,3 ff.* einsetzen und an das oben gewonnene Ergebnis (Nr. 12 f.) erinnern zu sollen. In der vorpaulinischen Bekenntnistradition 15,3b–5 wurde das Ostergeschehen unter christologischem Aspekt, als Moment des Christuswegs, gesehen: gestorben für unsere Sünden – auferweckt. Das ‚er erschien dem Kephas, sodann den Zwölf' ist, wenn nicht einzig, so sicher unmittelbar und primär als Bestätigung der Auferweckungsaussage verstanden. Auch Paulus selbst zitiert diese Bekenntnistradition sicher nicht aus der primären Absicht, sich als geringsten „aller Apostel" bezeichnen und gleichzeitig die alle übrigen Apostel übertreffende Fruchtbarkeit seiner Apostelgnade betonen zu können (1 Kor 15,9 f.). Der eigentliche Grund, aus dem er die Bekenntnistradition 1 Kor 15,3b–5 mit der ‚er erschien'-Aussage übernahm und durch weitere Erscheinungen ergänzte – wobei er, zumal in der Situation von 1 Kor, sich selbst unmöglich auslassen konnte –, war doch offensichtlich *die Bezeugung der Wahrheit der Verkündigung der Auferweckung Christi.* Paulus zitiert das ‚er erschien' und verwendet dieses als Bezeichnung seines Damaskuserlebnisses somit in einem Kontext, in dem es auch ihm um die Bestätigung der Wahrheit der Auferweckung Christi geht.

In *Gal 1* steht demgegenüber nicht die Verteidigung des Auferweckt-

[88] *W. Marxsen,* Die Auferstehung Jesu 108.

[89] Vgl. dazu zuletzt *F. Hahn,* Das Apostolat im Urchristentum. Seine Eigenart und seine Voraussetzungen: Kerygma und Dogma 20 (1974) 54–77.

wordenseins Christi, die durch die korinthische Leugnung künftiger Auferstehung der Christen provoziert wurde, zur Debatte. Hier geht es vielmehr um *die Gültigkeit, nämlich um die Gott- und Christusunmittelbarkeit des Evangeliums und Apostolates Pauli.* „Paulus, Apostel, nicht von Menschen, auch nicht durch einen Menschen, sondern durch Jesus Christus und Gott, den Vater, der ihn von den Toten auferweckt hat" (1,1). Mit gleicher Nachdrücklichkeit besteht er zehn Verse später darauf, daß er das von ihm verkündigte Evangelium „nicht von Menschen empfangen oder gelernt hat, sondern durch (eine) Offenbarung Jesu Christi" (δι' ἀποκαλύψεως Ἰησοῦ Χριστοῦ: 1,12). Durch die Beanspruchung des strengsten Begriffs für Offenbarung[90] konnte Paulus am stärksten zum Ausdruck bringen, daß sein Evangelium nicht Menschenwerk ist, sondern unmittelbar von oben stammt. Insofern ist die Verwendung des Begriffs ‚Offenbarung' hier voll verständlich.[91]

Anstatt sofort auf den Gegensatz zwischen Gal 1 und 1 Kor 15,3–8 loszusteuern,[92] ist zunächst auch nach *der möglichen ideellen Nähe der Aussageweisen* zu fragen. Da das ‚er erschien' von 1 Kor 15 höchstwahrscheinlich die Gotteserscheinungsformel aufnimmt, ist daselbst ebenfalls ein ‚offenbarendes' Erlebnis vorgestellt, insofern sich der Auferweckte gleich dem unsichtbaren Gott zur sichtbaren Erscheinung bringt. Diese Offenbarung ist freilich – jedenfalls unmittelbar – als Selbstoffenbarung des erhöhten Christus begriffen. Das Sinnmoment der Selbstoffenbarung ist indes auch für die Ausdrucksweise von Gal 1,12 nicht rundweg auszuschließen. Einmal ist diese grammatisch für den Gedanken der Selbstoffenbarung Christi offen. In der einleitenden Versicherung Pauli, daß er Apostel ist „durch Jesus Christus und Gott, den Vater ..." (1,1), dürfte „Jesus Christus" zwar auch und vor allem deshalb an erster Stelle genannt werden, weil Paulus zu „Gott, den Vater" die Gottesprädikation „der ihn von den Toten auferweckt hat" hinzufügen wollte. In Verbindung mit dem

[90] Zum Begriff ‚Offenbarung' vgl. etwa *F. Mussner*, Gal 67 mit Anm. 119.

[91] *K. Kertelge* dachte jüngst an einen noch spezielleren apologetischen Grund, der Paulus zur Wahl des Begriffs ‚Offenbarung', ‚offenbaren' veranlaßt habe. Dem apostolischen Sendungsbewußtsein urchristlicher Wandermissionare, mit denen sich Paulus auf seinem Missionsfeld nicht nur in Galatien auseinandersetzen mußte, sei das in Mt 11, 25–27 par vorausgesetzte Verständnis von ἀποκάλυψις zugrundegelegen: Apokalypsis Jesou Christou (Gal 1,12) in: J. Gnilka, Neues Testament und Kirche (Festschrift für R. Schnackenburg), Freiburg 1974, 266–281.

[92] Diskussion und Literatur zur Gesamtproblematik bei *F. Mussner*, Gal 66 f., bes. Anm. 115.

einen, vor „Gott“ nicht wiederholten ‚durch‘ (διά) ist das bedeutsam genug. Paulus bringt auf diese Weise die Aktionseinheit zwischen dem auferweckten Christus und Gott zum Ausdruck. Das macht es immerhin sehr wohl möglich, daß er den Gedanken der Selbstoffenbarung Jesu Christi auch in 1,12 eingeschlossen, an dieser Stelle sogar in erster Linie intendiert haben will. Selbstoffenbarung Christi und Offenbarung Christi durch Gott schließen sich zudem nicht gegenseitig aus. Für jüdisches Denken hätte es sich von selbst verstanden, daß auch das Sich-sehen-Lassen Jesu vom Himmel her (1 Kor 15) letztlich nur durch Gott ermöglicht wurde, also zugleich ein offenbarendes Handeln Gottes voraussetzt. Aber auch dann, wenn ‚Jesu Christi‘ in Gal 1,12 als Genitivus obiectivus verstanden ist, also schon hier wie 1,16 die Offenbarung Jesu Christi durch Gott gemeint wäre, kennzeichnen Gal 1 und 1 Kor 15 das die Bekenntnisaussage begründende Widerfahrnis *übereinstimmend als Offenbarungsgeschehen, als Aufdeckung eines unzugänglichen Sachverhalts.*

Die Fortsetzung Gal 1,13 ff. bzw. 1,15 f. duldet ja keinen Zweifel, daß Paulus im Interesse seiner Rechtfertigung im Folgenden (auch) *das Handeln Gottes selbst als Tiefendimension seiner Berufung zum Glauben und zur Verkündigung* zur Geltung bringen und als letzten Trumpf ausspielen will, was seine Vorgeschichte und angefochtene Sondersituation wahrhaftig verständlich machen. Den konkreten Ansatz- und Anknüpfungspunkt liefern ihm offensichtlich alttestamentliche Texte der Prophetenberufung, von denen hier (Gal 1,15) Jer 1,5 und Jes 49,1 herangezogen werden. F. Hahn, der jüngst auf die Bedeutung von Theophanie und Sendung der Propheten für das Apostelverständnis, speziell auch in Gal 1,15 f., hingewiesen hat,[93] beobachtete darüber hinaus gut, daß die Verbindung von Berufung und Evangeliumsverkündigung ebenfalls in einem prophetischen Text (Jes 6,1) „terminologisch direkt vorgegeben (ist)“.[94] Wollte der Apostel an dem ihm wichtigen Themabegriff ‚Offenbarung‘ von 1,12 festhalten und das Damaskuserlebnis auf das Eingreifen Gottes selbst zurückführen, war ein Verbum mit Gott als Subjekt erforderlich, eben ἀποκαλύπτειν bzw. ἀπεκάλυψεν.

Damit kommen wir zu *der unterschiedlichen Kennzeichnung des Inhalts der Offenbarung.* Paulus verwendet hier ja nicht den Begriff ‚Auferwecktsein‘ (oder/und ‚Erhöhtsein‘, der 1 Kor 15,5–8 zwar

[93] Der Apostolat 68 f.

[94] A. a. O. 70f.

auch nicht fällt, in der Gesamtaussage aber impliziert ist). Trifft jener bekannte Satz W. Marxen's also doch zu? „Paulus läßt nirgendwo [nämlich: außerhalb der Formel 1 Kor 15] erkennen, daß ihn dieses Widerfahrnis vor Damaskus zur Überzeugung gebracht habe, Jesus sei auferstanden."[95] Das stimmt doch wohl nur, solange man beim Wortlaut von Gal 1,16 (und 1 Kor 9,1) stehenbleibt. Daß der Apostel als Inhalt des Damaskuswiderfahrnisses Gal 1,16 die Offenbarung „seines (Gottes) Sohnes" nennt, wird zunächst und grundlegend verständlich als Konsequenz der kontextbedingten und ihm wichtigen Artikulierung „Gott hat mir geoffenbart". Die Streitfrage, ob Paulus spezieller sagen will, Gott habe ihm (den am Kreuz hingerichteten) Jesus als seinen Sohn im Sinne von Ps 2,7, also als den in die messianische Machtstellung Eingesetzten, geoffenbart,[96] oder ob er das „seinen Sohn" im weiteren, umfassenden Sinn verstanden haben will, als „das die himmlische und irdische ‚Existenz' Jesu Christi umfassende Prädikat",[97] ist nicht so entscheidend, wie es erscheinen mag. Zunächst ist zu beachten, wie Paulus fortfährt. Er fügt ausdrücklich hinzu, die ihm zuteilgewordene Offenbarung des Sohnes Gottes sei auf die Aufgabe der Verkündigung ausgerichtet gewesen: „damit ich ihn [den Sohn Gottes] unter den Heiden als Evangelium verkündige". Die Hinzufügung dieser Zweckbestimmung entspricht folgerichtig dem kontextlichen Anliegen Pauli, die Echtheit, die Gott- und Christusunmittelbarkeit seines Evangeliums und Apostolats zu begründen. Wenn Paulus an unserer Stelle als Inhalt seiner Evangeliumsverkündigung den ihm geoffenbarten Sohn Gottes nennt, ist für sein Verständnis zweifelsohne die Auferweckung, und zwar die als Erhöhung in den Himmel begriffene Auferweckung Jesu als zentrale Aussage eingeschlossen. Das bestätigt nicht nur etwa die Kennzeichnung der Bekenntnistradition 1 Kor 15,3b ff. als seinerzeitige ‚Ersteinführung' (15,3a), sondern auch die schon erwähnte Gottesprädikation zu Beginn des Gal (1,1) selbst: „der ihn [Jesus Christus] auferweckt hat von den Toten". Wenn sich Paulus an dieser Stelle die Hinzufügung dieser ‚formelhaften' Gottesprädikation, die die Bezeichnung des Absenders spürbar verlängert, nicht versagt, geschieht das sicher „nicht floskelhaft", wie H. Schlier mit

[95] Die Auferstehung Jesu 109.

[96] So z. B. auch *P. Stuhlmacher*, Das Evangelium I 81: „. . . das Sehenlassen des Auferstandenen als des von Gott inthronisierten und also zum Herrscher eingesetzten Gottessohnes".

[97] *F. Mussner*, Gal 86 Anm. 43.

Recht anmerkt.[98] Dann steht eben schon hier der Gedanke im Hintergrund, daß die ihm zuteilgewordene Aufdeckung Jesu als des Sohnes Gottes und des Inhalts seines Evangeliums das Auferwecktsein Jesu als wesentliches Moment beinhaltet.

b) Was läßt sich aus Gal 1 und einem Vergleich mit 1 Kor 9,1 und 15,3–8 folgern?

α) Die in *1 Kor 9,1* unmittelbar voraufgehende rhetorische Frage „Bin ich nicht Apostel?" beantwortet Paulus mit der ebenso rhetorisch gemeinten Frage: *„Habe ich nicht Jesus, unseren Herrn, gesehen?"* So gut wie sicher denkt Paulus hier vorab an den Gekreuzigten als den Auferweckten, zum gottgleichen Herrn Erhöhten. Dabei geht es ihm offensichtlich nicht um die Legitimierung dieses Bekenntnisses, sondern um seine Legitimierung als Apostel. Es liegt die Argumentation zugrunde: Wer Apostel sein will wie ich, muß Jesus, unseren Herrn, gesehen haben, oder auch umgekehrt: gilt dieses Gesehenhaben als Kriterium, dann bin ich Apostel. Die Artikulierung von 1 Kor 9,1 unterscheidet sich beträchtlich nicht nur von Gal 1, sondern auch von 1 Kor 15,8, wie man unumwunden zugeben sollte. Denn die Aktivform bringt nicht die Vorstellung zum Ausdruck, daß es sich um ein ganz und gar durch ‚unseren Herrn' ermöglichtes Sehen, um ein Offenbarungsgeschehen handelte. Insofern ist in der Tat die Frage berechtigt, ob, wenigstens zur Zeit der Abfassung von 1 Kor, von Aposteln als von Leuten gesprochen wurde, die den Auferweckten, den Herrn o. ä. gesehen haben und Paulus aus apologetischen Gründen an dieser Stelle einfach von seinem Gesehenhaben sprach. Wenn diese Voraussetzung nicht zuträfe, ist gewiß auch die Frage berechtigt, ob Paulus so von seinem Damaskuserlebnis gesprochen hätte, wenn er die Gotteserscheinungsformel ‚er ließ sich sehen' der alten Bekenntnistradition, die ja den Begriff des Sehens darbot, nicht gekannt hätte. Da Paulus nach Ausweis von Gal 1,15 f. seine Berufung zum Apostel auf dem Hintergrund der prophetischen Berufung reflektiert und als Analogie zu derselben versteht, darf man – weil es ihm im Zusammenhang von 1 Kor 9,1 ja ausschließlich um die apostolatbegründende Wirkung des Damaskuserlebnisses geht – weiterfragen, ob sich die personalisierende Formulierung überhaupt oder doch auch aus bewußter Aufnahme einer Ausdrucksweise prophetischer Beru-

[98] Der Brief an die Galater (Krit.-Exeget. Kommentar über das NT), Göttingen 1962, 28 Anm. 3.

fung erklärt, nämlich von Jes 6,1.5: εἶδον τὸν Κύριον. Die angeführten Möglichkeiten mahnen jedenfalls zur Vorsicht gegenüber dem Versuch, 1 Kor 9,1 als geradezu ursprüngliche oder doch adäquate Kennzeichnung des Damaskuserlebnisses seitens des Apostels zu werten.[99]

β) Daß Paulus anfänglich von sich aus, unabhängig von einer vorgegebenen Formulierung, sein Damaskuserlebnis mit *‚er ließ sich sehen'* kennzeichnete, ist eine Möglichkeit, die sich weder einigermaßen beweisen noch widerlegen läßt. Fest steht jedoch, daß er die Bekenntnistradition 1 Kor 15,3b–5 mit ihrem ‚er ließ sich sehen dem Kephas und hernach den Zwölf' übernommen hatte und diese Artikulierung auch auf sein Damaskuserlebnis anwandte. Ebenso *sicher läßt sich die Rezeption dieser Formulierung nicht abwerten durch die Hypothese, Paulus habe dieselbe aus Gründen der Apostolatsapologie übernommen,* um seine Berufung zum Apostel verteidigen zu können. Denn als primärer Grund, aus dem Paulus die Bekenntnistradition zu Beginn von Kap 15 zitiert und ergänzt, erwies sich ja nicht der apostolatsapologetische Exkurs 15,8–10, sondern die allgemeine Anerkennung der von ihm verkündigten Auferweckung Christi, also die glaubenbegründende Wirkung der aufgezählten Christophanien. Im Fall von 1 Kor 15 sind wir deshalb nicht oder jedenfalls weniger als im Fall 1 Kor 9,1 berechtigt, zu bezweifeln, daß Paulus das ‚er [der auferweckte und in den Himmel erhöhte Christus] ließ sich sehen dem . . .' als vollgültige Kennzeichnung auch seines Damaskuserlebnisses ansah.

γ) Wenn die Formulierung der vorpaulinischen und von Paulus übernommenen Bekenntnistradition 1 Kor 15,3b–5 höchstwahrscheinlich die Gotteserscheinungsformel aufnahm, setzt jene Formulierung nicht nur bereits den durch sie zum Ausdruck gebrachten Osterglauben, sondern auch *die Reflexion* auf die Gotteserscheinungsformel als Deute- und Beschreibungsmodell voraus. Einen hohen Grad an Reflexion verraten unbestreitbar aber auch die apologetischen Ausführungen von Gal 1 über die Gültigkeit des von Paulus verkündigten Evangeliums und seines Apostolats. Dieser Umstand berechtigt uns meines Erachtens jedoch noch nicht dazu, zu bestreiten oder auch nur zu bezweifeln, daß Paulus die Kennzeichnung des Damaskuserlebnisses als ‚Offenbarung', als Selbstoffenbarung Jesu Christi und – sicher – als

[99] Entschieden vertritt *X. Léon-Dufour,* daß 1 Kor 9,1 nicht die älteste Artikulierung darstellt: Résurrection 42 f.

Offenbarung des Sohnes Gottes durch Gott für sachgemäß erachtet, für nicht weniger vollgültig als mittels der Gotteserscheinungsformel. Können wir noch weitergehen? „Man kann" nach W. Marxsen „mindestens vermuten, daß Paulus sein Erlebnis früher unreflektiert allgemein als Offenbarung bezeichnet hat" und nicht etwa mittels des Begriffs Sehen bzw. durch ‚er ließ sich sehen'.[100] Das kann man sehr wohl. Nur läßt sich auch diese Vermutung ebensowenig verifizieren wie widerlegen.

δ) Einigermaßen sicher gehen wir jedenfalls mit der Annahme, *daß Paulus sowohl den strikten Begriff ‚Offenbarung' als auch die Gotteserscheinungsformel als sachgemäße Kategorien erachtet und verwendet.* Dafür spricht auch eine wesentliche sachliche Übereinstimmung zwischen Gal 1 und 1 Kor 15, die hier nochmals in Erinnerung zu bringen ist. Hier wie dort ist das Damaskusereignis der Sache nach als Offenbarungsgeschehen, als unmittelbare Erfahrung eines unzugänglichen Sachverhalts gekennzeichnet, wobei einerseits das ‚er ließ sich sehen' ideell Gott als die Selbstoffenbarung Christi bewirkende Ursache nicht ausschließt und Gal. 1,1.12 anderseits den gleichzeitigen Gedanken der Selbstoffenbarung Christi sogar einschließen könnte. Hier wie dort ist sodann das unmittelbare logische Objekt der Offenbarung nicht die Sendung, der Auftrag zur Verkündigung, sondern ein Jesus selbst betreffender Sachverhalt.

ε) Mit diesen beiden Beobachtungen ist schon eine weitere Folgerung angesprochen, die sich unbedenklich ziehen läßt. Mit Gal 1 liefert Paulus *eine zusätzliche Bestätigung des früher zu 1 Kor 15,3b ff. gewonnenen Ergebnisses,* daß nämlich das schon vorpaulinische ‚er ließ sich sehen' auch nach Pauli eigenem Verständnis grundlegend und unmittelbar nicht die besondere Autorität bestimmter Personen und Personengruppen legitimieren, sondern über Grund und Herkunft der Behauptung des Auferweckt- und Erhöhtseins Jesu Auskunft geben will. Auch Gal 1 ist ja die Eröffnung der heilsgeschichtlichen Bedeutung Jesu, die Aufdeckung des von Gott auferweckten Jesus Christus, des Sohnes Gottes, das Grundlegende und logisch Primäre gegenüber dem Auftrag zur Verkündigung (1,16). Das wird noch unterstrichen durch die früheren Verse 1,11 f. In diesen geht es ja speziell um das paulinische Evangelium als solches, um die Frage, von wem und auf welche Weise das von ihm verkündigte Evangelium ihm zugekommen ist: eben „durch (die) Offenbarung Jesu Christi", wobei allen-

[100] Die Auferstehung Jesu 108.

falls unsicher bleibt, ob Paulus an dieser Stelle an eine Selbstoffenbarung des erhöhten Jesus Christus denkt oder schon die Aufdeckung des Jesus betreffenden Sachverhalts durch Gott im Auge hat (1,16).

Die durch Gal 1 und 1 Kor 15 gesicherte *paulinische Vorstellung von der unmittelbar und primär das christologische Bekenntnis vermittelnden Wirkung des Damaskuserlebnisses* kann auch durch 1 Kor 9,1 nicht in Frage gestellt werden, obwohl der Ton hier eindeutig nicht auf dieser Wirkung liegt. Mit seiner rhetorischen Frage zielt Paulus ja nicht ab auf die spezielle Behauptung, daß das Bekenntnis zu Jesus, unserem Herrn, auf dem Gesehenhaben beruhe, daß jenes Bekenntnis gültig sei, weil er (und andere) ‚Jesus, unseren Herrn' gesehen hat. Vielmehr liegt ihm an der Feststellung, daß er durch das Gesehenhaben Bedingung und Kriterium der Apostelwürde erfüllt. Was Paulus 1 Kor 15 (nämlich im eingeschobenen apologetischen Apostolats-Exkurs) und Gal 1,16 an zweiter Stelle zum Ausdruck bringt, daß nämlich das Sichsehenlassen des auferweckten und erhöhten Christus, die Offenbarung des Sohnes Gottes in seinem Fall auf die Berufung zum Verkündiger, zum Apostel hinzielte, ist im Zusammenhang von 1 Kor 9,1 die einzig intendierte Aussage.

ζ) Worin bestand nun eigentlich das Damaskusereignis? *Auf welcher Erfahrung beruht der Osterglaube im Verständnis Pauli?* Ich sehe nach wie vor keine Möglichkeit, auf diese uns im besonderen beschäftigende Frage eine weiterführende Antwort zu gewinnen. Geht man von Gal 1 aus, bleiben wir auf die Behauptung einer unmittelbaren göttlichen ‚Offenbarung' verwiesen, die sich in keiner Weise konkretisieren läßt. Gehen wir von der schon vorpaulinischen und zugleich von Paulus als gewiß vollgültig akzeptierten Artikulierung von 1 Kor 15 aus, werden wir der Sache nach ebenfalls auf einen Offenbarungsvorgang verwiesen, der aber trotz der konkretisierenden Kennzeichnung als Sich-sichtbar-Machen keine nachvollziehbare Vorstellung ermöglicht und deshalb nicht als Information über die Entstehung des daselbst ausgesprochenen Glaubens an die Auferweckung und himmlische Erhöhung Christi zu gottgleicher Aktionsmacht gelten kann, wie ich schon zu Ende des voraufgehenden Abschnitts konzedieren zu müssen meinte. Angesichts der Schwierigkeit der Sichtbarmachungshypothese wäre eben auch, ja erst recht nicht gedient, wenn man auf 1 Kor 9,1 als ursprüngliche und adäquate Artikulierung Pauli bestehen wollte.

III

16. *Die Erfahrung der Hinrichtung Jesu am Kreuz*

Wir sehen uns somit einer schwierigen Situation gegenüber. Auch unter der Voraussetzung, daß der Osterglaube durch ein neues bzw. durch neue, zum Kreuz hinzukommende Widerfahrnisse ermöglicht und aufgedrängt wurde, ist Paulus ein Sonderfall, da er nicht zu den Männern der ersten Stunde zählt. Aber auch die vorpaulinische Bekenntnistradition 1 Kor 15, 3b–5 liefert aus den besprochenen Gründen keineswegs eine Auskunft, die vom Standpunkt historischer Betrachtung als Erklärung der Entstehung des Osterglaubens dienen kann, so eindeutig die Verwendung der Gotteserscheinungsformel ein offenbarendes Geschehen als Grund des Glaubens an den auferweckten und erhöhten Christus beansprucht. Weil die Frage nach dem Woher des Osterglaubens durch 1 Kor 15,3b–5 entschieden mehr herausgefordert als beantwortet wird, mag man sehr wohl die Möglichkeit zur Diskussion stellen, *ob es zur Entstehung des Osterglaubens überhaupt einer neuen, zur Kreuzigung Jesu hinzukommenden Erfahrung der Jünger bedurfte.* Beim Versuch einer Prüfung dieser Möglichkeit spielt naturgemäß eine entscheidende Rolle die Frage, wie das unbestrittene Faktum der Hinrichtung Jesu am Kreuz von den Anhängern Jesu beurteilt wurde.

a) Das Kreuz Jesu – ein unüberwindliches Ärgernis?

Für das Synedrium und die jüdische Öffentlichkeit war der eschatologische Sendungsanspruch Jesu – wie dieser auch im einzelnen verstanden und ausgelegt wurde – durch seine Hinrichtung erledigt. Das bedarf kaum einer weiteren Diskussion. *Wie dachten aber die Anhänger Jesu, vor allem seine persönlichen Nachfolger,* die ja als erste ‚Erscheinungsempfänger' und Bekenner des Osterglaubens in Frage kommen? Was die Gültigkeit des eschatologischen Sendungsanspruchs Jesu angeht, so lautet die bei weitem vorherrschende Auffassung, im Prinzip ebenso, obwohl die Jünger, im Gegensatz zu den die Hinrichtung Jesu betreibenden Gliedern des Synedriums, Jesu Anspruch als des letzten Gottesboten, als des vollmächtigen Verkünders der anbrechenden Gottesherrschaft anerkannten und diesen Glauben an die Gültigkeit seiner Sendung und Botschaft in die Erfahrungen der Karwoche mitbrachten. Dagegen konnte R. Pesch jüngst mit Recht zunächst geltend machen:

„Daß die Jünger eines hingerichteten Propheten dessen Sache aufgeben und ihre Überzeugung daraufhin verraten, darf zumindest nicht allgemein postuliert werden. Wir wissen, daß die Johannesjünger nach der Hinrichtung des Täufers weiter missioniert und vielleicht sogar ihren Meister ‚messianisiert' haben." Er konnte sodann zu Recht anführen, daß nach jüdischer Tradition „das schmähliche Ende der Gerechten, insbesondere auch das Jerusalemer Geschick der Propheten nicht ohne weiteres die Widerlegung ihres Anspruchs (ist)". Einen weitreichenden Konsens auch sogenannter kritischer Exegeten hat er schließlich für sich mit dem weiteren Argument, Jesus habe seinen Tod kommen sehen und als notwendiges Prophetenschicksal begriffen, wenn auch nicht hinsichtlich der darüber hinausgehenden Behauptung, daß ihn Jesus „seinen Jüngern spätestens ‚in der Abschiedsstunde des letzten Mahles heilsbedeutsam artikuliert hat'" (220). Könnten somit die Jünger die Erfahrung des von Jesus selbst erwarteten und – wenn auch vielleicht erst gegen Ende seines Wirkens – vorausgesagten Todesschicksals nicht doch bestanden, d. h. den Glauben an die Gültigkeit der Sendung und Botschaft Jesu auch über den Karfreitag hinaus durchgehalten haben?

R. Pesch kann sich an dieser Stelle (220) auf eine Möglichkeit berufen, die U. Wilckens in seiner leider zu wenig beachteten Monographie ‚Die Auferstehung' zu erwägen gab. In dem überlieferten Wort Lk 22,31 f. „könnte" nach Wilckens „ein Hinweis darauf liegen, daß Petrus die Sache Jesu keineswegs völlig aufgegeben und sich resigniert in sein vormaliges Fischerleben am Galiläischen Meer zurückgezogen hat, sondern in irgendeiner Weise bemüht war, den Glauben an ihn durchzuhalten" (148). Zur Vermeidung von Mißverständnissen ist freilich an den Gesamtkontext Wilckens' zu erinnern. Dieser duldet keinen Zweifel, daß die Verkündigung der Auferweckung Jesu nach Wilckens jedenfalls nicht *ohne* eine Erscheinung zustande gekommen ist (161), nicht *ohne* „eine Vision nach Art der von Paulus Gal 1,15 beschriebenen ‚Offenbarung'" (145).[1]

Zunächst aber zur Nachgeschichte des mit Jesus fast gleichzeitigen Johannes des Täufers. Unbestreitbar haben dessen Anhänger nach seiner Hinrichtung und trotz derselben den Glauben festgehalten, ihr Meister – und nicht etwa Jesus – sei der letzte maßgebende Gottesbote vor dem Kommen des Gerichts. Übereinstimmung dürfte freilich auch darin bestehen, daß sie den Täufer jedenfalls nicht schon bald nach seinem Tod als ‚den Messias' bezeichneten. Und schon gar nicht kamen sie auf die Idee, ihren Propheten – gar schon bald nach dessen Tod –

[1] *U. Wilckens,* Auferstehung, Stuttgart–Berlin 1970.

in einem Sinne zu ‚messianisieren', welcher der bald nach Jesu Tod erfolgten ‚Messianisierung' Jesu vergleichbar wäre. Keinesfalls behaupteten sie, Johannes sei von Gott auferweckt und in den Himmel erhöht worden.

Damit werden wir auf *die sicher grundlegende Frage nach dem möglichen Unterschied zwischen Jesus und dem Täufer* verwiesen, in erster Linie hinsichtlich ihres Sendungsanspruchs,[2] dann aber auch hinsichtlich ihrer Hinrichtung. Gewiß: Jeder der beiden betrachtete sich als den letzten Gottesboten vor dem nahen Gericht. Nach allem, was wir über die Verkündigung der beiden in Erfahrung bringen können, sind wir indes nicht zu der Annahme berechtigt, der Täufer habe sich im gleichen Sinn als „den in der Unmittelbarkeit Gottes Wirkenden" (U. Wilckens) gewußt wie Jesus. So sehr Jesus seine Person hinter der von ihm vertretenen Sache, der Sache Gottes und seines Königtums, zurücktreten läßt, wagt er doch zugleich, diese in seinem Reden und Tun so geltend zu machen, als stünde er selbst an Gottes Stelle. Indem er über alle geltenden Autoritäten hinweg „in jener umfassenden, zudringlichen und vor allem einfach-einfältigen Weise *Gottes* endzeitlich-endgültiges Tun *in seinem eigenen* Tun in Anspruch genommen (hat): so als sei es eben selbstverständlich, daß er das könne und dürfe",[3] *band Jesus die Sache Gottes in einer für Juden unerhörten Weise an seine Person,* die für den von ihm als endzeitlicher Prophet anerkannten Johannes nicht vorausgesetzt werden kann und ebensowenig von einer zeitgenössischen Vorstellung der endzeitlichen Heilsoffenbarung gedeckt war. Diese – in Jesu Handeln und Reden unüberhörbar, wenn auch oftmals nur indirekt ausgesprochene – Bindung der Sache Gottes, des Gegenwart und Zukunft umgreifenden Heilshandelns Gottes an den Vollmachtsanspruch der Person des Verkündigers ist bei der Erklärung der Entstehung des Christus-Kerygmas sicher als eine fundamentale Voraussetzung in Rechnung zu stellen: nämlich dafür, daß im Kerygma die Person Jesu so stark in den Mittelpunkt rückte, wofür nicht zuletzt die Heilbringertitel symptomatisch werden.

Nicht weniger aber ist zuvor die Frage angebracht: *Wie konnten, ja mußten eventuell die Anhänger Jesu die so sehr an Jesu persönlichen Vollmachtsanspruch gebundene Verkündigung beurteilen, als es mit*

[2] Vgl. dazu *A. Vögtle,* Jesus von Nazareth, in: R. Kottje/B. Moeller, Ökumenische Kirchengeschichte 1, Mainz/München 1970, 9—11.

[3] *U. Wilckens,* Die Überlieferungsgeschichte der Auferstehung Jesu, in: W. Marxsen u. a., Die Bedeutung der Auferstehungsbotschaft für den Glauben an Jesus Christus, Gütersloh ³1966, 52.

dem Verkündiger ein für jüdische Begriffe denkbar katastrophales Ende genommen hatte? Unter diesem Aspekt meine ich, die u. a. längst von U. Wilckens vorgetragene Argumentation unterschreiben zu müssen. Auch im Blick auf sein Wirken setzte Jesus „das Grundwissen Israels" voraus, „ohne das kein frommer Jude sich ihm als Schüler angeschlossen hätte: daß nämlich kein Mensch Gottes Tun in seinem Tun in Anspruch nehmen kann, wenn Gott es nicht will. Der Wille Gottes steht *über* Jesus und seinem Tun. Der Wille Gottes ist aber, jüdisch aufgefaßt, wirksamer Wille; er wird sich endgültig erweisen im letzten Gericht". Deshalb hat Jesus „nicht von sich, sondern eben vom Gottesreich, seinen Gaben und Forderungen gesprochen und diesem, also Gott selbst, anheimgestellt, die Wahrheit seiner Inanspruchnahme durch Jesus zu erweisen". Für seine Jünger hatte „Jesu faktische Gegenwart die göttliche Verwirklichung seiner Verkündigung verbürgt: auf ihn hin haben sie sich auf die von ihm verkündigte Gottesherrschaft eingelassen ... *Ihm* nachzufolgen, das hieß aber eben: sich auf das *Gottesreich* im Sinne seiner Predigt einzulassen. Darum bedeutete sein schmähliches Ende während des Passah-Aufenthalts in Jerusalem eine kaum zu überschätzende Katastrophe für die Jüngerschaft seiner Jünger. Nun fehlte ihnen Jesu faktische Selbstverbürgung nicht nur – sie war sogar als solche in Frage gestellt. Hätten die Jünger sich nach Jesu Tod an Jesu Stelle setzen, nun als Nachfolger Jesu selbst als Bürgen für die Wahrheit der Gottesherrschaft im Sinne Jesu auftreten können, um darin die Frage selbst zu entscheiden, die seit seiner Hinrichtung sich seiner Sache als ganzer gegenüber erhoben hatte: die Frage, ob sein Tod nicht ein Gottesurteil sei? ‚Verflucht ist, wer am Holz hängt', dies Wort der Thora stand, so wollte es das Urteil der jüdischen Führer, über dem schmachvollen Tode Jesu von Nazareth!"[4] Wer am Kreuz hing, war „verworfen nicht nur aus dem Reich der

[4] Die Überlieferungsgeschichte, a. a. O. 53. Zur Diskussion der Bedeutung von Dt 21,23 (vgl. Gal 3,13): *G. Jeremias,* der zeigen konnte, „daß man bereits *in vorchristlicher Zeit* Dt 21,23 entgegen dem eigentlichen Sinn der Stelle auch auf die Hinrichtungsart des Kreuzigens bezogen hat": Der Lehrer der Gerechtigkeit, Göttingen 1963, 134 f.; vgl. weiter *J. Schneider,* Art. σταυρός: ThWb VII 573 f.; *W. Schrage,* Das Verständnis des Todes Jesu Christi im Neuen Testament, in: E. Bizer u. a., Das Kreuz Jesu Christi als Grund des Heils, Gütersloh 1967, 58 f. m. Anm. 28; *P. Stuhlmacher,* „Das Ende des Gesetzes". Über Ursprung und Ansatz der paulinischen Theologie: ZThK 67 (1970) 28 ff.; *ders.,* Das Bekenntnis zur Auferweckung Jesu von den Toten und die Biblische Theologie: ZThK 70 (1973) 380 m. Anm. 30.

Lebendigen, sondern auch aus dem Bund mit Gott".[5] Dazu kam, daß dieser Jesus, der sich unter Berufung auf die dem Sünder zuvorkommende Liebe Gottes in seinem Wort und Verhalten souverän über die Schranken des Gesetzes und der Religiosität hinweggesetzt hatte, auf Betreiben der höchsten religiös-rechtlichen Instanz Israels, der Hüter seiner religiös-kultischen Gesetzesordnung, zum Fluchtod verurteilt wurde. Das war zusätzlich dazu angetan, den unerhörten Vollmachtsanspruch in jüdischen Augen, und zwar auch in den Augen der Jünger Jesu, zu diskreditieren und sein Ende als Scheitern empfinden zu lassen. Nach dem Karfreitag lag, wie wiederum Wilckens nachdrücklich zu bedenken gibt, *„keinerlei Rechtsgrund"* für die Jünger vor, „der sie hätte veranlassen können, nun nach Jesu Tod einfach an seine Stelle zu treten" und seine Botschaft – ohne die ‚Deckung' durch ihren Verkündiger Jesus – „in eigener Vollmacht zu übernehmen. Das letzte Wort über Jesu Recht oder Unrecht hatte vielmehr jetzt ganz der endzeitliche Richter selbst. Wenn überhaupt, so konnte es nur noch Gott selbst sein, der dann die einstigen Jünger Jesu in ihrem Recht, sich auf Jesus eingelassen zu haben, bestätigen konnte. Ohne solche Bestätigung Jesu durch Gott selbst war die Möglichkeit der Jüngerschaft zusammengebrochen." In der Tat dürfte sich die faktische Reaktion der Jünger, mit der heute wohl mit Recht fast allgemein[6] gerechnet wird: nämlich ihre Rückkehr[7] in die galiläische Heimat, am ungezwungensten erklären als „beredter Ausdruck dieses Zusammenbruchs, den *sachlich* sein Tod für ihre Situation innerhalb des damaligen Israel bedeutete".[8] Gewiß muß man gerade auch an diesem kritischen Punkt den Unsicherheitsfaktor einkalkulieren, der psychologischen Argumentationen anhaften kann, ob man nun die ‚Glaubenswilligkeit' der Jünger höher oder geringer einschätzen zu sollen meint. Bis heute wird jedenfalls

[5] *G. Bornkamm,* Kreuz, in: B. Klappert, Diskussion um Kreuz und Auferstehung, Wuppertal [3]1968, 187; vgl. auch *J. Moltmann,* Der gekreuzigte Gott, München 1972, 35.

[6] Zur Auseinandersetzung mit der andersartigen Hypothese von *B. Steinseifer,* Der Ort der Erscheinungen des Auferstandenen. Zur Frage alter galiläischer Ostertraditionen: ZNW 62 (1971) 232—265, vgl. die im Druck befindliche Dissertation meines Schülers *L. Oberlinner,* Historische Überlieferung und christologische Aussage. Zur Frage der „Brüder Jesu" in der Synopse, Anm.-Bd. S. 12 ff., Anm. 64, sowie *Th. Lorenzen,* Ist der Auferstandene in Galiläa erschienen?: ZNW 64 (1973) 209—221.

[7] Ob es sich um einen hastigen Aufbruch, um eine regelrechte ‚Flucht' handelte, wie vielfach zu lesen ist, ist nicht ohne weiteres zu belegen und dürfte im übrigen von untergeordneter Bedeutung sein.

[8] *U. Wilckens,* Die Überlieferungsgeschichte, 53 f.

nachdrücklich vertreten, nur ein neues, die Jünger ‚überwindendes' Geschehen habe in diesen den Osterglauben wecken können.[9] Nach wie vor wird nicht nur für ein ‚unwahrscheinlich', sondern für ein ‚unmöglich' plädiert; es sei „unmöglich, im Glauben der Jünger das Kontinuum über den Bruch des Todes Jesu hinweg zu sehen oder die Antwort auf die Aporie des Kreuzes zu finden ..."[10] Ob man hier vorsichtshalber besser von ‚unwahrscheinlich' als von ‚unmöglich' spricht, bleibe dahingestellt. Es lassen sich meines Erachtens jedenfalls *sachlich zu begründende Argumente* geltend machen gegen die Annahme, daß die Jünger trotz des Endes Jesu am Schandpfahl des Kreuzes von sich aus den Glauben an den vollmächtigen Verkünder der nahegekommenen, sich anzeigenden Gottesherrschaft durchhielten und die eschatologische Bedeutung der Person Jesu dadurch sicherstellten, daß sie die göttliche Rehabilitierung des als Messiasprätendenten verurteilten und erledigten Meisters behaupteten. „Man kann" – urteilt U. Wilckens in seiner letzten Arbeit zu unserem Thema – „nicht annehmen, daß die Jünger leicht auch von selbst zu der Gewißheit hätten kommen können, ihr Lehrer sei nicht im Tode geblieben, sondern auferstanden ..."[11]

b) Das Kreuz Jesu – ein von den Jüngern überstandener Schock?

Trotzdem wäre es, wie oben begründet (Nr. 8), schon methodisch unzulässig, sich dieser Möglichkeit im voraus verschließen zu wollen. Wenigstens in den persönlichen Nachfolgern Jesu konnte, ja mußte wohl die Kreuzigung Jesu trotz ihrer alle Hoffnungen zerstörenden Wirkung immerhin als Frage der Enttäuschten weiterwirken. *Könnte „die Sammlung" der nach Galiläa zurückgekehrten Jünger dann nicht doch „vom Willen des Festhaltens an ihrer mit Jesus begonnenen Mission"*

[9] Vgl. z. B. auch *W. G. Kümmel* (mit H. Grass), Theologie 92; *G. Bornkamm*, Jesus 119; *W. Pannenberg*, Grundzüge der Christologie, Gütersloh ²1966, 91–95.

[10] *W. Schrage*, der alle wesentlichen Momente und Auffassungen zu diesem Fragenkomplex diskutiert: Das Verständnis, a. a. O. 59.55—59. Vgl. weiter z. B. *E. Gräßer*: „... die Aporie des Kreuzes aufzulösen, gibt es vom vorösterlichen Jesus her keine Möglichkeit. Hier ist das historisch nicht ableitbare Wunder der Auferweckung Jesu von den Toten die einzige Möglichkeit": Die Naherwartung Jesu (SBS 61), Stuttgart 1973, 101 f. Anm. 251; *ders.*, „Der politisch gekreuzigte Christus", jetzt in: Text und Situation. Gesammelte Aufsätze zum NT, 1972, 316–320; *P. Stuhlmacher*: „Nun ist es historisch ... höchst gewagt und m. E. sogar unmöglich, diese Erscheinungen religionspsychologisch einfach als Außenprojektionen eines bereits vom irdischen Jesus geweckten und sich nach Karfreitag trotz Jesu Tod neu stabilisierenden Gottesglaubens zu interpretieren, wie dies heute wieder verschiedentlich vorgeschlagen wird": Das Bekenntnis, a. a. O. 381.

[11] Auferstehung 161.

bestimmt gewesen sein, wie R. Pesch (219 f.) zu erwägen gibt? Könnten sie sodann aufgrund des von ihnen festgehaltenen und – trotz, ja gerade angesichts des erlittenen Prophetenschicksals Jesu – sich verfestigenden Glaubens nach Jerusalem gezogen sein, um ihrem Glauben an die eschatologische Sendung Jesu in der durch seine Tötung erforderten neuen und vertieften Form Ausdruck zu geben?

Verständlicherweise liegt unserem Autor an der Feststellung, daß *die Auffindung des leeren Grabes* nach dem Stand heute möglicher Einsicht nicht als historisches Faktum gelten kann (204–208). Die frühe Entdeckung des Leerseins des Grabes Jesu hätte anerkanntermaßen noch keineswegs den Glauben an die leibhaftige Auferweckung Jesu wecken müssen. Trotzdem würde jene eine gewisse Komplikation für seine Hypothese bedeuten. Die Jünger hätten sich in diesem Fall doch immerhin der Frage stellen müssen, warum der Leichnam Jesu aus dem Grab verschwunden ist. Warum also? Weil Jesus als der eschatologisch-prophetische Messias wirklich aus dem Tod erweckt wurde und in den Himmel auffuhr. Diese Antwort der Jünger wäre jedenfalls nicht im Sinne der Hypothese unseres Autors. Ihm zufolge sollen die Jünger die termini ‚Auferweckung‘ und ‚Himmelfahrt‘ ja nur als Deutekategorien verwenden, nicht aber ein den Leichnam Jesu tangierendes Auferweckungswunder behaupten wollen. Doch brauchen wir diese Frage hier nicht weiter zu verfolgen. Aus der Berufung auf die frühe Auffindung des leeren Grabes kann man Pesch schon deshalb keinen Strick drehen, weil sich diese in der Tat „nicht unbezweifelbar sichern läßt“ (205; s. u. Nr. 17).

Trotz der – nur eingeschränkt gültigen – Feststellung, „daß wir über das Geschick und die seelische Verfassung der Jünger nach dem Karfreitag einfach nicht unterrichtet sind“ (219), teilt auch unser Autor *die bestbegründete These von der Rückkehr der Jünger nach Galiläa.* Diese könnte sich übrigens auch in der vorpaulinischen Überlieferung „er erschien dem Kephas, dann den Zwölf“ (1 Kor 15,5) reflektieren, die nach R. Pesch freilich keine anfänglich erfolgten Christophanien bezeugt, sondern eine spätere Legitimationsaussage wiedergibt. Wer die genannte Überlieferung hingegen Erfahrungen eines neuen Glaubensimpulses beanspruchen läßt, kann zunächst immerhin ungezwungen erklären, warum erst Simon allein eine ‚Erscheinung‘ gehabt haben soll und hernach die Zwölf/Elf. Das wäre eben verständlich, wenn die Jünger die Sache Jesu aufgegeben hatten und auseinandergegangen waren, sodann jedoch von Simon aufgrund der ihm zuteil gewordenen Christophanie zusammengeholt wurden und ebenfalls – in Galiläa oder in Jerusalem – eine Christophanie erlebten. Dabei könnte die Frage offenbleiben, ob Simon den schon von Jesus geschaffenen Kreis der Zwölf/Elf wieder zusammenrief oder die Konstituierung des Zwölferkreises aus Mitjüngern Jesu erst eine Folge des Osterglaubens darstellt. Im Zusammenhang von S. 219 wird nicht ganz klar, wie R. Pesch den Satz, daß „die Sammlung der Jünger in Galiläa nach der Jerusalemer Katastrophe ... auch vom Willen des Festhaltens an ihrer mit Jesus begonnenen Mission bestimmt gewesen sein (kann)" (219 f.), verstanden haben will. Ist gemeint, die Jünger hätten aufgrund ihres Festhalte-Willens sich fernab von Jerusalem gemeinsam auf die Weiterführung der eschatologischen Botschaft Jesu besinnen wollen? Oder – wofür die Formulierung S. 207 sprechen könnte –: sie hätten sich im Schock zunächst einmal in ihre Heimatorte zerstreut, sich dann aber aufgrund ihres wiedergewonnenen Glaubens erneut gesammelt? Das erstgenannte Verständnis würde zweifellos am besten mit seiner Hypothese harmonieren. Im zweiten Fall müßte man von einem Aufgeben der Sache Jesu sprechen und deshalb fragen, ob die Hinrichtung Jesu derart auf die Jünger wirken konnte, obgleich sich diese den Voraussetzungen unseres Autors zufolge doch zu Jesus als messianischem Propheten bekannt hatten, sie von Jesus über das von ihm zu übernehmende Prophetenschicksal informiert waren und aufgrund der Vorstellung vom zu tötenden und aufzuerweckenden Propheten schon am Karfreitag bzw. bei ihrer Rückkehr nach Galiläa die ‚Auferweckung' als Interpretationskategorie für das Verständnis des an Jesus in Erfüllung gegangenen Martyriums zur Verfügung hatten. Unter der oben begründeten Voraussetzung, daß es aufgrund ‚der Jerusalemer Katastrophe' mit dem Festhalte-Vermögen und -Willen schlecht bestellt gewesen sein dürfte, würde sich als innerlich durchaus folgerichtig die Annahme nahelegen, daß die Jünger in echter Resignation in ihre Heimat zurückkehrten und auseinandergingen, weil sie keinen Grund sahen, an der eschatologischen Botschaft Jesu festzuhalten und gar daran zu denken, in Aufrechterhaltung der Jüngerschaft die Verkündigung Jesu in eigener Verantwortung weiterzuführen. Die ‚Erscheinungs'-Tradition 1 Kor 15,5 könnte eben sowohl ein völliges oder doch überwiegendes Auseinandergehen der Jünger in Galiläa bestätigen als auch ihre ‚Sammlung' erklären und ebenso, daß Simon und seine Mitjünger wieder nach Jerusalem, an den Ort der Hinrichtung Jesu, zurückkehrten.

Aber es geht ja nun gerade um die Frage, ob die Jünger den Glauben

Bahn bis Bad Vilbel

16^{02}

ab Ffm 16^{05}

16^{50}

an Vilbel 16

Bus B.

ab Ffm 16^{15} Bad V

15^{59}

16^{40}

Bad Vilbel Nord

an Jesus festhielten und diesen ohne ‚Christophanien', ohne ein irgendwie geartetes glaubenauslösendes Widerfahrnis als ‚auferweckt' und ‚erhöht' verkünden konnten. Sicher *nicht aufgrund der im Volk verbreiteten Erwartung des davidisch-königlichen Messias.* Von diesem wurde ja nun einmal „alles eher erwartet, als daß er sterben und auferstehen sollte"[12]. Daß diese Form der Messiaserwartung durch die Hinrichtung Jesu auch für seine Jünger absolut erledigt gewesen wäre, versteht sich auch für unseren Autor von selbst, ohne daß er dies feststellen braucht. Er operiert denn auch nicht mit dieser Messiaserwartung, sondern mit *einer jüdischen Überlieferung von ‚messianischen' Prophetengestalten (wie Elija und Henoch),* von denen für die Endzeit Wiederkunft zu Martyrium und ihre nachfolgende Auferweckung und Himmelfahrt erwartet worden seien (220 ff.). Das Wirksamwerden dieses Glaubens legt er sich mit großem Geschick zurecht. Er setzt sehr wohl voraus, daß Jesus „sich selbst als den eschatologischen Propheten verstand und von seinen Jüngern als der (prophetische) Messias eingeschätzt wurde (Mk 8,27–30)" (225).[13] Ausdrücklich läßt er Jesus sodann auch seinen gewaltsamen Tod voraussagen, nicht aber die diesem nachfolgende Auferstehung und Himmelfahrt. Die Voraussage des Leidens und der Auferstehung des Menschensohnes läßt auch er erst die Urkirche aussprechen, und zwar so, daß auch daraus für seine Gesamtthese Kapital geschlagen wird. Er beansprucht die Bildung dieser ‚nachösterlichen' Weissagungen als Bestätigung dafür, „daß die Auferstehungsverkündigung in der Urkirche an der Konzeption von Tod und Auferweckung des eschatologischen Propheten = des Menschensohnes orientiert ist", näherhin: daß die Auferstehungsverkündigung der Urkirche an der von K. Berger aufgewiesenen, an Dan 7 gebundenen Tradition von Tod und Auferweckung des Propheten, welche die Identifizierung des Martyrer-Propheten mit dem Menschensohn traditionsgeschichtlich verständlich machen könne, orientiert ist (226). Wenn man schon voraussetzt, Jesus habe sich für den zu tötenden, dann aber auferstehenden und in den Himmel aufsteigenden messianischen Propheten gehalten, dürfte man durchaus erwarten, daß Jesus nicht nur sein Todesschicksal (Lk 13,33) sondern auch seine diesem nachfolgende göttliche Rehabilitierung voraussagte. Das würde aber die Gesamtthese unseres Autors sehr erschweren, konsequenterweise sogar vereiteln. An-

[12] *K. Schubert,* Auferstehung Jesu, a. a. O. 25.

[13] Zur Begründung verweist er auf seinen Artikel ‚Das Messiasbekenntnis des Petrus (Mk 8,27–30)': BZ NF 17 (1973) 178–193; 18 (1974) 20–31.

genommen, er ließe Jesus selbst im Sinne der vorausgesetzten Vorstellung vom eschatologischen Propheten seine Auferstehung (und Himmelfahrt) voraussagen. Das würde doch wohl die Konsequenz erfordern, daß die Jünger, wenn sie schon aufgrund jener eschatologischen Vorstellung die von ihnen einst ausgesprochene Einschätzung Jesu als des prophetischen Messias über die Hinrichtung Jesu hinaus durchzuhalten imstande waren, die von ihnen jetzt ausgesagte Auferstehung (und Erhöhung) Jesu als Erfüllung des Sendungsanspruchs Jesu, somit als eine am toten Jesus wirklich erfolgte göttliche Intervention, als wirklich erfolgte Auferweckung und Himmelfahrt verstanden und bekannt hätten – anstatt ‚Auferweckung' und ‚Himmelfahrt' bzw. ‚Erhöhung' lediglich als Deutekategorien zu verstehen, d. h. mittels dieser Deutekategorien lediglich „die Legitimität seiner Sendung, seine gerechtfertigte eschatologische Autorität ‚als des einzigen und maßgeblichen Boten Jahwes'" zu behaupten (225).

Ebenso bedenklich wie diese Inkonsequenz erscheint mir *der vorausgesetzte Sinn des ‚Messias'-bekenntnisses der Jünger*. Hinsichtlich des Sendungsanspruchs Jesu teile auch ich gern die Voraussetzung, daß sich Jesus als den betont letzten Propheten, ja als den alle Propheten der Vergangenheit überbietenden, durch sein Wirken die Erfüllung der Heilsprophetie einleitenden Gottesboten verstand. Jesus könnte sodann – die wesentliche Historizität des Messiasbekenntnisses mit R. Pesch einmal vorausgesetzt – bereits vor diesem Zeitpunkt den Jüngern eröffnet haben, er müsse das Schicksal aller Propheten, also das Todesschicksal erleiden. Dieses allgemeine Prophetenschicksal impliziert freilich nicht das Desiderat nachfolgender Auferstehung und Himmelfahrt. Das behauptet auch R. Pesch selbstverständlich nicht im geringsten. Im Gegenteil: Er beruft sich ja auf die Vorstellung vom Endschicksal eines bestimmten Propheten oder Prophetentyps, als den Jesus selbst sich verstanden und seinen Jüngern zu verstehen gegeben habe. Läßt sich das aber durch das Messiasbekenntnis Mk 8,27–30 belegen oder auch nur wahrscheinlich machen? Das wage ich zu bezweifeln. Wenn Simon namens der Mitjünger Jesus den Titel ‚der Messias' angeboten hat, dann meines Erachtens so gut wie sicher nicht im Sinne der vorausgesetzten Tradition als eines ‚prophetischen Messias' (Elija, Henoch). Auch dann, wenn die vorausgesetzte Tradition existierte und den Jüngern bekannt war, kann ich mir kaum vorstellen, daß Simon der Sache nach gemeint hätte: Du bist der wiedergekehrte Elija oder Henoch und wirst als solcher das Todesschicksal erleiden, aber nach dreieinhalb Tagen oder doch in Bälde wieder auferstehen und zum Himmel auffahren. In der genannten Weise (Du bist der wiedergekehrte Elija oder Henoch) müßte man das Bekenntnis verdeutlichen, da es, worauf mich Herr Kollege Joachim Jeremias freundlich hinwies, in den jüdischen Quellen nie um den oder einen anonymen ‚messianischen' Propheten geht, sondern stets um konkrete Gestalten wie Elija und Henoch, die ja auch unser Autor im besonderen geltend macht.

Setzen wir aber trotzdem einmal voraus, im Israel der Tage Jesu habe unter anderen Formen der Heilbringererwartung auch die Erwartung des prophetischen Messias existiert, der getötet werden, aber danach auferstehen und in den Himmel auffahren wird. In diesem Fall hat die vorgeschlagene Deutung des Messiasbekenntnisses wenigstens den Mk 8,27–33 vorliegenden Kontext gegen sich. Denn wenn schon Simon im Sinne der vorausgesetzten jüdischen Erwartung Jesus als den prophetischen Messias bekannt hätte, hätte auch er – wenn schon die ganze Hypothese ernst genommen wird – das Todesschicksal Jesu als selbstverständliche Konsequenz implizieren müssen, jedenfalls nicht als indiskutabel abweisen dürfen. Nun gelten aber der Widerspruch Simons und die diesen beantwortende, in ihrer Schärfe kaum mehr zu überbietende Zurechtweisung Jesu (8,32 f.) vor allem als die Elemente, die am ehesten auf die Historizität des Messiasbekenntnisses, nämlich eines voraufgehenden Messiasbekenntnisses, schließen lassen.[13a] Setzt man diesen Zusammenhang als historisch voraus, kann man sich kaum der Folgerung verschließen, daß sich die Reaktion Simons und die Replik Jesu am ungezwungensten erklären würden, wenn Simon im Sinne der vorherrschenden Hoffnung auf den Befreier von der Fremdherrschaft und von aller Not Jesus den Messiastitel angeboten hätte. Daß er das wirklich tat, behaupte ich nicht. Doch scheint mir eines nicht zweifehaft zu sein. Aus der synoptischen Überlieferung läßt sich entschieden eher begründen, daß die Jünger die Hoffnung oder doch den Wunsch hegten, Jesus werde sich als den Messias im Sinn der vorherrschenden Erwartung offenbaren,[14] als daß sie Jesus als den prophetischen Messias im Sinne der neuen Hypothese bekannten.

Nun geht es unserem Autor des weiteren und vor allem um *Herkunft und ursprünglichen Sinn der ‚Auferweckungs'-Aussage.* Deshalb besteht er auf der Beweiskraft eines zeitlich besonders nahestehenden

[13a] Vgl. zusammenfassend *E. Schweizer,* Mk 93–98.

[14] Vgl. dazu etwa *W. Grundmann,* Art. χρίω κτλ: ThWb IX 530 f.

Analogon: daß nämlich die Täuferjünger in ihrem Meister den eschatologischen, wiedergekommenen Propheten Elija erblickten und in Übernahme eines Motivs der Tradition vom eschatologischen Propheten verkündeten, er sei auferstanden, d. h. von Gott als Prophet bestätigt worden (221.223.208). „Der Text Mk 6,14.16 zeigt – zumal im Kontext Mk 6,29, wo von der ehrenhaften Bestattung des Täufers Johannes durch seine Jünger in einer Grabstätte die Rede ist –, daß Aussagen über die Auferweckung einer zeitgenössischen Figur ohne Hinweis auf deren leeres Grab möglich waren" (208). „Wenn die Täuferjünger" – argumentiert R. Pesch deshalb – „das gewaltsame Todesgeschick ihres Meisters als das messianische Geschick des eschatologischen Propheten mit der Auferweckungsvorstellung interpretieren konnten, warum sollte das dann etwa den Jesusjüngern – die den Täuferjüngern zumindest nahegestanden waren, die Jesus höher schätzten als den Täufer, die ihn als Messias, den eschatologisch-prophetischen Gesalbten bekannten (Mk 8,27–30), die ihren Glauben durch Jesus prägen ließen und an Jesus orientierten –, warum sollte das den Jesusjüngern nicht möglich sein? Warum sollten sie die Bedeutung Jesu, seine Sendung samt seinem Martyrium, seine Autorität und eschatologische Qualität nicht mit der Verkündigung seiner Auferweckung interpretieren können?" (221).

Diese vor allem in Anschluß an die religionsgeschichtlichen Ergebnisse von K. Berger entwickelte Hypothese macht *Voraussetzungen* hinsichtlich der Traditionskenntnis, der Erfahrung und des ‚Glaubens' der Jünger bis zum Karfreitag geltend, *die unbestreitbar am ehesten ausreichen würden, um die Jünger ohne die Erfahrung eines neuen Impulses das Ärgernis des Kreuzes überwinden zu lassen,* d. h. im Sinne dieser neuen Interpretation: ihrem einst durch Jesus selbst begründeten gläubigen Bekenntnis zur eschatologischen Bedeutung Jesu den dem erfolgten Martyrium Jesu entsprechenden Ausdruck zu geben, nämlich mit den von der Tradition über prophetisch-messianische Gestalten angebotenen Kategorien der Auferweckung und Himmelfahrt (Erhöhung).

Diese Hypothese hat ihre *unbestreitbaren Vorzüge.* Sie wird dem neutestamentlichen Befund entschieden besser gerecht als etwa die Hypothese von W. Marxsen, für den die Auferweckungs-Aussage ein sachlich völlig verzichtbares Interpretament ist. Sie kann ungleich besser begründen, warum es nach dem Tod Jesu zu einem Christuskerygma kam, warum die Aussage von der Auferweckung *und* Erhöhung Jesu ein unverzichtbares Element urchristlicher Jesusverkündigung wurde – wenngleich auch diese Hypothese im gleichen Atemzug ein gewiß nicht unberechtigtes Bedenken auslöst. Ist die zentrale Bedeutung des Bekenntnisses zum gekreuzigten und auferweckten/erhöhten Messias Jesus befriedigend erklärt, wenn die Rede von der Auferstehung Jesu lediglich Ausdruck des gläubigen Bekenntnisses zur absolut-definitiven eschatologischen Bedeutung des Verkündigers Jesus und seiner Gottes- und Gottesreichbotschaft sein soll? Sodann würden sich bei dieser Hypothese zwar nicht alle nachösterlichen Aussagen vom erhöhten Messias Jesus ungezwungen erklären lassen, aber doch die urchristliche Aufnahme des Titels ‚der Messias' als solche. Jesus hätte ja schon zuvor die Jünger dazu gebracht, ihm diesen Titel zu geben, näherhin ihn als ‚den prophetischen Gesalbten' zu bekennen. Läßt sich die nachösterliche Beanspruchung des Messiastitels für Jesus aber nur von dieser Voraussetzung her verständlich machen? Diese Frage drängt sich naturgemäß in dem Grad auf (s. u. Nr. 19, e), wie das vorausgesetzte Verständnis des Messias-Bekenntnisses von Caesarea Philippi und bereits die diesem Verständnis zugrundeliegende religionsgeschichtliche Voraussetzung zweifelhaft bleibt. Unbestreitbar entfällt schließlich bei der neuen Hypothese eine Schwierigkeit, mit der eine gängige Erklärungsrichtung, welche die Erwartung der eschatologischen Totenauferweckung als Verstehenshorizont für die Artikulierung des Ostergeschehens in Anschlag bringt, zu ringen hat (s. u. 111 f.). Die hier vorausgesetzte Tradition von der Auferweckung und Himmelfahrt eines messianischen Propheten versteht die Auferstehung eines einzelnen ja nicht als Beginn der allgemeinen Auferstehung zum Gericht.

Freilich wird man gleich zur Gegenfrage gedrängt, ob sich unter Voraussetzung des Interpretationsschemas dieser Hypothese alle, offenbar schon frühe Sinnmomente des Osterglaubens einigermaßen befriedigend erklären lassen. Die göttliche Rechtfertigung des Getöteten und die Bestrafung seiner Widersacher wird nach R. Pesch in verschiedenen Traditionen unterschiedlich konzipiert. „Nach einem Zweig folgt auf das Martyrium nach den bekannten dreieinhalb Zeiten aus Dan 7 die Parusie des Menschensohnes (Hippolyt; Ps-Methodius; Ps-Joh Apk u. a.); nach einem zweiten Zweig, der offenbar in Mk 6,14–16 einwirkt, folgt auf das Martyrium der beiden eschatologischen Propheten ihre Auferstehung und ihre Himmelfahrt (Apk 11,3 ff.; Lactantius, Div Inst VII, 14 ff.; Apk Elias; Syr Ephraem; äth Esra; Arab Sib; Petrus-Apk; Kopt Dan; Vita Proph; Lat Ps Ephraem; Tiburtina Graeca u. a.)"

(222 f.). Unser Autor legt offensichtlich den zweiten Zweig als Interpretationsschema zugrunde. Die Mission der beiden eschatologischen Propheten ist mit ihrer Auferstehung und Himmelfahrt zu Ende. Warum und mit welchem Recht kamen dann die Jesusanhänger zum Glauben an die Parusie des in den Himmel Aufgefahrenen zu endgültigem eschatologischem Handeln (‚maranatha')?

In diesem Zusammenhang ist auch das Argument zu würdigen, Mk 6, 14.16 bezeuge, daß von einer zeitgenössischen Prophetengestalt, nämlich dem Täufer, nach dem hier beanspruchten religionsgeschichtlichen Schema die Auferstehung vorausgesagt wurde, ohne daß auf ein leeres Grab hingewiesen oder die Vorstellung vom Leersein seines Grabes eingeschlossen worden wäre. Zunächst ist entscheidend, wer jenes ‚er ist von den Toten auferstanden' ursprünglich ausgesagt hat und von wem es ausgesagt wurde.[15] Taten das die Täuferanhänger selbst, um „das gewaltsame Todesgeschick ihres Meisters als das messianische Geschick des eschatologischen Propheten mit der Auferweckungsvorstellung" zu interpretieren (221)? Warum blieben sie dann auf halbem Weg stehen und fügten nicht auch die Himmelfahrt als weitere Interpretationskategorie hinzu? Da die Jesusanhänger höchstwahrscheinlich schon früh, wenn nicht von Anfang an die Auferweckung Jesu zugleich als Erhöhung in den Himmel verstanden (s. u. 114 f.), hätte sich den Anhängern des Täufers die volle Auswertung des vorausgesetzten Interpretationsschemas doch geradezu aufdrängen müssen, um den letzten Gottesboten ihres Glaubens hinter dem der Jesusgläubigen nicht zurückstehen zu lassen. Von einer Behauptung der Himmelfahrt des Täufers seitens der Täuferkreise weiß die Überlieferung jedenfalls nichts. Nicht einmal hinsichtlich der Auferweckungsaussage reflektiert sich im Neuen Testament eine Konkurrenz der beiden eschatologischen Gestalten.

Setzen wir aber einmal voraus, die Täuferjünger hätten die Hinrich-

[15] Bemerkenswert ist die Auffassung von *U. Wilckens*. R. Pesch kann sich auf diesen stützen (221.223), insofern er unter Berufung auf K. Berger (im Vorwort seiner Monographie „Auferstehung") es auch für wahrscheinlich hält, daß hinter Mk 6,14.16 eine täuferische Überlieferung steht, die den Täufer als den wiedergekehrten und auferweckten Elija bezeichnete (Auferstehung 140–142). Trotzdem urteilt er an späterer Stelle: „Selbst wenn es im Zusammenhang der jüdischen Erwartung einer endzeitlichen Wiederkehr des Propheten Elija vereinzelt die Vorstellung gegeben haben sollte, Elija werde dann das Schicksal aller Propheten erleiden und sterben, aber nach drei Tagen wieder auferstehen, so ließe sich diese höchstens als mögliche Verstehenshilfe für das, was die Jünger Jesu in einer Erscheinung zu erfahren bekommen hatten, nicht aber als direkte Quelle dieser Erfahrung auffassen" (161).

tung ihres Meisters wenigstens mit der Auferweckungsvorstellung als das Todesgeschick des prophetischen Messias interpretiert. Dann bleibt immer noch die oben zitierte Argumentation zweifelhaft, nämlich: Was den Täuferjüngern möglich war, das konnte doch auch und erst recht den Jesusjüngern möglich sein, „die den Täuferjüngern zumindest nahegestanden hatten, die Jesus höher schätzten als den Täufer, die ihn als Messias, den eschatologisch-prophetischen Gesalbten bekannten (Mk 8,27–30)". So sicher die beiden erstgenannten Voraussetzungen sind, so unsicher ist die letzte. Daß die Jünger Jesus als „den eschatologisch-prophetischen Gesalbten" im vorausgesetzten Sinn bekannten, läßt sich nun einmal weder beweisen noch auch nur wahrscheinlich machen. Daß die Hinrichtung am Kreuz die Jünger zwar schockierte, diese den gewaltsamen Tod Jesu aber aufgrund des ihnen zuvor erschlossenen Sinnes – weil Jesus seinen Tod „seinen Jüngern spätestens ‚in der Abschiedsstunde des letzten Mahles heilsbedeutsam artikuliert hat' ..." – „bestanden und verstanden" haben können, wage ich nach wie vor noch weniger sicher vorauszusetzen,[15a] als es R. Pesch selbst („Sofern Jesus selbst ...": 220) zu tun scheint. Im übrigen könnten die Tübinger Gesprächspartner mit anderen Autoren[15b] doch recht behalten, es handle sich bei Mk 6, 14.16 von Haus aus „um eine volkstümliche Beurteilung der Wirksamkeit Jesu, der in den Augen des Volkes das endzeitliche Wirken des Täufers weiterführt".[16]

Der neue Lösungsvorschlag kann schließlich, was sich ohnedies von selbst versteht, nur diskutabel sein unter der Voraussetzung, daß die von K. Berger übernommene religionsgeschichtliche *Prämisse* gültig ist. Gegen diese und ihre Verwendung wurden indes bereits lebhaft Bedenken angemeldet.[17] Daß die oben (S. 81) zitierten außerneutestamentlichen Belege ganz überwiegend christlichen oder christlich beeinflußten Schriften, zum Teil sehr späten Datums, entstammen, läßt sich nicht bestreiten. Man kann es immerhin auffällig finden, daß auch solche Kenner des Frühjudentums, die sehr daran interessiert sind, im Rahmen ihrer Menschensohn-Interpretation Jesus selbst eine seinem ge-

[15a] Vgl. dazu den wichtigen Aufsatz meines Schülers *P. Fiedler,* Sünde und Vergebung im Christentum: Concilium 10 (1974) 569.568-571.

[15b] Vgl. die Hinweise bei *R. Bultmann,* Die Geschichte der synoptischen Tradition. Ergänzungsheft, bearbeitet von *G. Theißen* u. *Ph. Vielhauer,* Göttingen [4]1971, 111.

[16] *M. Hengel,* in: ThQ 153 (1973) 258; 257–260; 258: „Von einer ‚Auferstehung des Täufers' sollte man besser nicht reden, Mk 6,11 f. u. 8,20 bezieht sich auf die Wirksamkeit Jesu und sagt nichts über den Täufer als einer angeblich auferstandenen messianischen Gestalt"; vgl. auch *K. H. Schelkle,* a. a. O. 243.

[17] Vgl. *M. Hengel,* a. a. O. 257 ff.; vgl. auch *P. Stuhlmacher,* a. a. O. 246.

waltsamen Tod bald folgende siegreiche Überwindung des Todesschicksals durch die Erhöhung in den Himmel voraussagen zu lassen,[18] bis jetzt nicht daran dachten bzw. es nicht wagten, jene jüdische Tradition bei der Artikulierung des Osterglaubens Pate stehen zu lassen.[19] Trotzdem wird man ein abschließendes Urteil über den neuen Lösungsversuch erst wagen dürfen, wenn die Veröffentlichung des allem nach reichen und zum Teil neuen Materials in K. Bergers Untersuchung ‚Die Auferstehung des Propheten und die Erhöhung des Menschensohnes' (1971, Masch.) vorliegt.

Unabhängig davon meine ich noch ausdrücklich *zwei Gesichtspunkte* hervorheben zu müssen, denen die weitere Diskussion der Frage nach der Entstehung und Artikulierung größtes Augenmerk schenken muß. Das ist einmal die schon oben angeschnittene Frage nach dem Kontinuum zwischen einem durch das Wirken Jesu vorbereiteten, grundgelegten Glauben der Jünger und dem nachmaligen Osterglauben. R. Pesch bringt meines Erachtens mit Recht nicht nur den Glauben an die von Jesus vertretene Sache, an seine Gottes- und Gottesreichverkündigung ins Spiel, sondern auch den von dieser implizit geforderten

[18] Zum Beispiel *J. Jeremias,* Theologie I, 245–263; vgl. dessen Artikel Ἠλ(ε)ίας und Μωυσῆς in: ThWb II 930–943 und IV 852–878.

[19] Mein Schüler *J. M. Nützel,* der sich schon in seiner Dissertation ‚Die Verklärungserzählung im Markusevangelium' (Forschung zur Bibel 6) mit den Mose- und Elijatraditionen beschäftigte, hat von den von R. Pesch zitierten Belegtexten Apk 11,3 ff.; Apk Eliae; Petrus-Apk; Vita Proph. und (die von R. Pesch für den anderen Traditionszweig angeführte) Ps-Joh Apk einer Prüfung unterzogen, die voraussichtlich 1975 in der BZ erscheinen wird.
Nach Nützel muß man Pesch darin zustimmen, daß zur Zeit Jesu die Vorstellung existierte von einem Kampf eschatologischer Propheten mit einer ‚Antichrist'-Gestalt (die, ohne schon diesen Namen zu tragen, verschieden geschildert wird), wobei die Propheten — und zwar in den geprüften Belegen stets je ein Paar — unterliegen und getötet werden. Nach dreieinhalb Tagen (bzw. am vierten Tag) stehen sie wieder auf und sind von da an dem Zugriff des Antichrist entzogen. Ob man hierbei schon vorchristlich an eine Rettung durch eine Entrückung dachte, ist zweifelhaft, da eine vorchristliche Tradition hierfür nicht nachzuweisen ist. Von einer Einsetzung der auferweckten eschatologischen Propheten in eine besondere Machtstellung ist nirgends die Rede. Nützel hält es für gewagt, eine weite Verbreitung dieser Vorstellung zur Zeit Jesu und seiner Jünger zu behaupten, da sich nur ein einziger Beleg dafür nachweisen ließ: die der Elijaapokalypse wie der neutestamentlichen Johannesapokalypse vorausliegende Tradition. Zusammenfassend meint er: Die Existenz eines Vorstellungsschemas ‚Tod – Auferstehung – Himmelfahrt eschatologischer Propheten' zur Zeit Jesu ist nicht nachgewiesen. Dagegen ist ein zweigliedriges Schema ‚Tod – Auferweckung' für die Zeit vor der Abfassung der Johannesapokalypse gesichert; wenn die Datierung der Elijaapokalypse (in ihrem Grundbestand) in das 1. vorchristliche Jahrhundert richtig ist, läßt sich dies sogar für die Zeit Jesu behaupten. Auf eine sehr weite Verbreitung dieser Vorstellung weist aber nichts hin.

Glauben an den Verkündiger, an die Person Jesu als den in der Unmittelbarkeit Gottes Redenden und Handelnden – auch wenn die Kategorie, mit der er diesen Glauben bestimmt bzw. die Jünger diesen Glauben sogar ausdrücklich bekennen läßt, mir sehr zweifelhaft bleibt. Zum anderen bringt er mit Nachdruck die Frage nach dem Verstehenshorizont, nach den Jüngern zuhandenen Vorstellungen zur Geltung, die im Verein mit ihren Erfahrungen mit Jesus bei der Gewinnung und Artikulierung des Osterglaubens wirksam werden konnten. Insofern kann ich einem seiner abschließenden Sätze dem Prinzip nach nur voll zustimmen: „Selbst wenn historische Analysen den Schluß nahelegten, daß der Neuansatz der Mission der Jünger Jesu nach seinem Tod mit ‚Visionen' verbunden war, so bleibt die christologische Reflexion der Jünger Jesu doch an die ihnen zuhandenen Vorstellungen – und an ihre Erfahrungen mit Jesus, ihren durch Jesus begründeten Glauben gebunden" (227).

17. *‚Keine Auferweckungsverkündigung ohne das nachweislich leere Grab Jesu!'*

Ehe wir diese Problematik weiterführen, trägt es, wie ich meine, zur Erleichterung und Klärung der Diskussion bei, wenn wir zuvor noch einen Fragepunkt in den Blick nehmen, der bei der Behandlung unseres Themas bis heute eine gewisse Rolle spielt.
Nach dem heutigen Stand der Diskussion spricht manches dafür, daß die Urgemeinde das Grab Jesu kannte, wenn sich das auch nicht mit Sicherheit bejahen läßt.[20] Bis heute halten sodann namhafte Autoren beider christlicher Konfessionen die Entdeckung des Leerseins des Grabes durch Frauen, zum Teil speziell durch Maria Magdalena, für sicher oder doch wahrscheinlich.[21] Das heißt freilich nicht schon, daß sich

[20] Das ist das Ergebnis der Dissertation meines Schülers *I. Broer*, Die Urgemeinde und das Grab Jesu (StANT 31), München 1972.

[21] Als neuere Belege vgl. z. B. *E. Schweizer*, Jesus Christus im vielfältigen Zeugnis des NT (Siebenstern-Taschenbuch 126), 1968, 50 f.; *F. Mussner*, Die Auferstehung Jesu 128–133; *J. Jeremias*, Theologie I, 289 f.; *H. von Campenhausen*, zuletzt: Tod und Auferstehung Jesu als „historische Fakten", in: P. Bläser u. a., Moderne Exegese und historische Wissenschaft, Trier 1972, 98–100; *K. Schubert*, „Auferstehung Jesu" im Lichte der Religionsgeschichte des Judentums, in: Bibel und Liturgie 43 (1970) 33.36; *B. Rigaux*, Dieu l'a ressuscité 299–301; *P. Stuhlmacher*, in: ThQ 153 (1973) 246–248; *ders.*, Das Bekenntnis 381 f. m. Anm. 31; *M. Hengel*, in: ThQ 153 (1973) 262–264; vgl. auch nachdrücklich *E. L. Bode*, The First Easter Morning (Analecta Biblica 45), Rom 1970, 174.

diese Autoren insgesamt auch auf den Morgen des kalendarisch „dritten“ Tages festlegen; auch nicht, daß sie alle das Leersein des Grabes aus einem wunderbaren Eingreifen Gottes erklären.[22] Mehr oder weniger bestimmt tun das indes solche Befürworter der frühen Entdeckung des leeren Grabes, die bis heute argumentieren: *Die Botschaft von der Auferweckung Jesu hätte sich in Jerusalem nicht halten können, wenn die Juden auf den im Grab liegenden Leichnam hätten hinweisen können.*[23] Das Argument darf ernst genommen werden.[24] Sofern schon am Anfang der Verkündigung in Jerusalem die Aussage stand: „Gott hat Jesus (den für alle Beteiligten sicher getöteten Jesus) auferweckt“, läßt sich der Hinweis auf die jüdische Anthropologie gewiß nicht in den Wind schlagen. „Die Auferstehungsbotschaft impliziert ... ipso facto unter Berücksichtigung der damaligen jüdischen anthropologischen Vorstellungen die Leerheit des Grabes Jesu“.[25] In dieser Hinsicht verdient auch die Formulierung der Osterbotschaft in der ältesten vorliegenden Fassung der Grabeserzählung[26] Beachtung, die auf Entstehung im palästinischen Christentum hinweist. „Ihr sucht Jesus, den Gekreuzigten. Er ist nicht hier; denn er ist auferstanden, wie er gesagt hat. Kommt, seht den Platz, wo er gelegen ist“ (Mk 16,5d–6). Diese Formulierung setzt eindeutig das gut alttestamentliche, ganzheitlich konzipierte Bild vom Menschen voraus: den in seiner individuellen Leiblichkeit toten und wieder lebendig gemachten Jesus. Um so mehr stellt sich dann aber die Frage, *warum das leere Grab Jesu in der außerevangelischen Verkündigung, speziell auch in der alten Bekenntnistradition, keine Rolle spielte.*

[22] Vgl. z. B. *E. Schweizer:* „Woher wissen wir, daß Maria nicht am falschen Grab stand? Vielleicht, weil sie die Beisetzung nur von fern gesehen hatte, möglich wäre auch, daß man Jesu Leichnam herausgeholt hätte, weil ein hingerichteter Gotteslästerer kein ordentliches Begräbnis haben sollte oder weil die Bestattung am Freitagabend, die vor Sabbatbeginn in aller Hast vollzogen werden mußte, von vornherein nur als provisorische gedacht war“: a. a. O. 51.

[23] Vgl. z. B. *K. Lehmann,* Auferweckt 85; *G. Lohfink,* Die Auferstehung Jesu und die historische Kritik: Bibel und Leben 9 (1968) 44 f.; *K. Schubert,* „Auferstehung Jesu“, a. a. O. 33 f.; *B. Rigaux,* Dieu l'a ressuscité 301; *P. Stuhlmacher,* Das Bekenntnis, a. a. O. 33 f.; *E. L. Bode,* The First Easter Morning 163 f.; *W. Pannenberg,* Grundzüge 97–103.

[24] Vgl. auch *E. Schweizer:* „Vielleicht läßt sich sogar noch zufügen, daß Jesu Auferstehung schwerlich in Jerusalem hätte verkündet werden können, wenn man Jesu Grab mitsamt dem Leichnam drin noch gekannt hätte“: Jesus Christus 51.

[25] *K. Schubert* „Auferstehung Jesu“, a. a. O. 33.

[26] Die übrigen Grabeserzählungen dürften gegenüber Mk 16,1–8 sekundär sein, vgl. besonders *F. Neyrynck,* Les femmes au tombeau: NTStudies 15 (1969) 168 bis 198. Die neueste Zusammenfassung der Diskussion bei *B. Rigaux,* Dieu l'a ressuscité 184 ff. und besonders 299 mit Anmerkungen.

a) Auf die Beantwortung dieser Frage wirkt sich nachteilig aus, daß *ein wichtiger Unterschied* vielfach nicht oder doch nicht deutlich genug beachtet wird. Man muß unterscheiden zwischen dem eventuellen frühen Glauben der Jünger, die Auferweckung Jesu impliziere die Aufhebung seines im Grab liegenden Leichnams, und der eventuellen Feststellung, also dem eventuellen Wissen der Jünger, daß das Grab Jesu leer ist. Man muß sich also vorweg für die Möglichkeit offen halten, daß das Grab Jesu für die Vorstellung der glaubenden Jünger aufgrund der Auferweckung leer wurde, ohne daß diese Vorstellung empirisch verifiziert war, ohne daß das Leersein des Grabes Jesu festgestellt wurde. So kann für den in der Bekenntnistradition 1 Kor 15,3b–5 ausgesprochenen Glauben die Auferweckung und Erhöhung Jesu sehr wohl den im Grab liegenden Leichnam tangiert haben. Auch wenn das Begrabenwordensein als Endpunkt und Bestätigung des Gestorbenseins verstanden sein will, ist es eben doch der begrabene Christus, von dem das neu ansetzende zweite Gliedpaar unmittelbar darauf behauptet, daß er auferweckt worden ist. Es kann aber nicht davon die Rede sein, daß die Formel das leere Grab als empirisches Faktum bezeugt und bezeugen will,[27] zumal I. Broer durch den Vergleich mit alttestamentlichen Stellen nachgewiesen hat, daß die Formulierung auf eine Kenntnis der Grablegung oder des Grabes Jesu nicht schließen läßt.[28] Dasselbe gilt auch für Paulus selbst. Aus den Ausführungen über die Auferstehungsleiblichkeit der gestorbenen Christen in 1 Kor 15 läßt sich bekanntlich nicht einmal beweisen, daß die Auferweckung Jesu für den Glauben des Apostels die Aufhebung des Leichnams Jesu voraussetzt. Worauf es aber in diesem Zusammenhang ankommt: gute Gründe sprechen dafür, daß Paulus jedenfalls von der Auffindung des leeren Grabes nichts wußte.[29]

b) Nun versucht man die Nicht-Erwähnung des leeren Grabes näherhin damit zu erklären, *das geöffnete und leere Grab Jesu* sei in der Zeit, da eine Nachprüfung noch möglich war, *eine von niemandem bestrittene Tatsache gewesen,* die „von den Christen so, von den Juden anders beantwortet (wurde)“[30]. Diese Auskunft wäre einleuchtend, wenn man bei ihr stehenbleiben könnte. Sie drängt aber doch

[27] Vgl. besonders *I. Broer,* Die Urgemeinde 264–269.
[28] A. a. O. 279.
[29] *W. G. Kümmel,* Die Theologie des NT 97 f. 90; vgl. auch *K. H. Schelkle,* Theologie 2,113.
[30] *F. Mussner,* Die Auferstehung 131.

notwendig zur Frage, *warum sich die gegensätzlichen Antworten dann nicht auch in der älteren Osterverkündigung widerspiegeln.*

Zunächst könnte man meines Erachtens noch am ehesten verständlich machen, daß *die Jesusanhänger* trotz der frühen Entdeckung des Leerseins des Grabes Jesu auf dieses konstatierbare Faktum keinen besonderen Wert legten. Einmal schon deshalb nicht, weil ein leeres Grab auch damals ein höchst mehrdeutiges Phänomen gewesen wäre, das jede andere denkbare Erklärung ungleich wahrscheinlicher und glaubwürdiger erscheinen ließ als die Annahme, hier sei ein massives Wunder geschehen. Zum anderen und vor allem deshalb nicht, weil und insofern sich der Auferweckungsglaube auch nach Ansicht der Befürworter der frühen Entdeckung des leeren Grabes nicht auf diese als entscheidende Erfahrung stützte.[31] Sodann könnte und dürfte – was freilich erst an späterer Stelle zu begründen ist – der Osterglaube von Anfang an mehr und etwas anderes gemeint haben als eine Wiederbelebung im Sinne der evangelischen Totenerweckungserzählungen, nämlich die Erhöhung Jesu in den Himmel. Ob diese Gründe die Nichterwähnung des leeren Grabes Jesu in der älteren Osterpredigt schon voll befriedigend erklären könnten, bleibe hier noch dahingestellt (s. u. S. 97).

Blicken wir erst noch auf *die ‚gegnerische' Seite.* Die Behauptung der Auferweckung Jesu hätte, zumindest in der Anfangszeit, in der Tat am einfachsten widerlegt werden können durch den Hinweis auf den noch vorhandenen Leichnam, eventuell auch durch den Versuch des Nachweises, die Jesusanhänger würden ein falsches Grab zeigen. Setzen wir aber einmal voraus, auch die gegnerische Seite hätte weder bestreiten können, daß sich die Jünger auf die wirkliche Grablage berufen, noch daß das Grab leer ist. Wäre unter dieser Voraussetzung nicht zu erwarten, daß vor allem die maßgebenden Kreise die Jesusanhänger zu desavouieren suchten durch die Behauptung des Leichendiebstahls der Jünger oder einer erfolgten Umbettung oder auch durch einen anderen Versuch, das Leersein des Grabes Jesu auf natürliche Weise zu erklären? Ich würde diese Frage ohne Bedenken bejahen, wenn in der alten Überlieferung entsprechende Reaktionen aufscheinen würden. Unter Voraussetzung des gegnerischen Versuchs einer natürlichen Erklärung des Leerseins des Grabes wäre es doch geradezu

[31] *W. Nauck* möchte zwischen urchristlicher Missionspredigt und Gemeindepredigt unterscheiden. Nur in dieser, die der Erbauung diente, habe die Grabeserzählung eine Rolle gespielt: Die Bedeutung des leeren Grabes für den Glauben an den Auferstandenen: ZNW 47 (1956) 260.

unerläßlich gewesen, daß die Jünger diesen Versuch entschieden zurückwiesen und ihre Behauptung der Auferweckung Jesu ausdrücklich mit dem Hinweis auf das leere Grab Jesu verbanden. Sie hätten zur Beantwortung jüdischer Desavouierungsversuche darauf insistieren müssen, daß sie wissen, warum das Grab Jesu leer ist, daß es aufgrund der ‚Erscheinungen', der ihnen geschenkten Erfahrung nur eine Erklärung für die Abwesenheit des Leichnams Jesu gibt: weil Gott Jesus aus dem Grab auferweckt hat. Warum kennt die Bekenntnistradition dann weder diese Formulierung noch die ausdrückliche und unmißverständliche Verbindung der Erscheinungen mit dem Hinweis auf das unbestrittene Faktum des leeren Grabes Jesu? Warum finden sich eben auch keine direkten Reflexe jüdischer Erklärungsversuche in der antijüdischen Polemik der urchristlichen Überlieferung? Der Gedanke des Leichendiebstahls taucht erstmals in der sicher nicht ursprünglichen Grabeswächter- und Betrugserzählung des gegen Ende des 1. Jahrhunderts geschriebenen Mattäus-Evangeliums auf.[32] Der angezeigte neutestamentliche Befund spricht entschieden eher gegen als für die Annahme, das Leersein des Grabes Jesu sei ein unbestrittenes Faktum gewesen.

c) Darf man deshalb eben auch die Frage stellen, *ob jene beliebte Argumentation,* die Auferstehungsbotschaft hätte in Jerusalem ohne das Faktum des leeren Grabes nicht ausgerichtet werden können, *etwa auf ‚ungeklärten Voraussetzungen' beruhe?* Als solche nennt R. Pesch an 1. und 2. Stelle folgende und begründet sie auch im einzelnen (206–208): „a) Auch die Überlieferung von der Grablegung Jesu durch Joseph von Arimathäa Mk 15,42–47 ist nicht über berechtigte historische Zweifel erhaben; b) Der Zeitpunkt der ersten Auferstehungsverkündigung (vor welchen Adressaten, in welcher Öffentlichkeit) in Jerusalem nach dem Tode Jesu ist uns nicht genau bekannt" (206).

d) Ebensowenig wird man weitere Möglichkeiten vorweg abschneiden

[32] Auch wenn die Erzählung nicht erst von Mattäus selbst gebildet wurde – „wahrscheinlich um die bei den Juden umlaufende Erklärung des leeren Grabes als unmöglich und als böse Verleumdung abzuweisen" (*I. Broer,* Die Urgemeinde 60–78), sondern eine bereits vorliegende Erzählung über die Grabwache und den Betrug der Hohenpriester vom Evangelisten stärkstens redigiert wurde (*R. Kratz,* Auferweckung als Befreiung (SBS 65) 1973, 73; vgl. auch *N. Walter,* Eine vormatthäische Schilderung der Auferstehung Jesu: NTS 19 (1973) 415–429), bleibt Broers Schlußfolgerung unwidersprochen; daß nämlich diese Erzählung für die Frage nach der Grablegung Jesu und nach dem Bekanntsein seines Grabes bei den Juden nicht berücksichtigt zu werden braucht: A. a. O. 78.

können. Man wird sogar die Möglichkeit erwägen dürfen, *daß der Verbleib des Leichnams Jesu die maßgebenden jüdischen Kreise nicht unbedingt beschäftigen mußte,* auch wenn das Ostergeschehen von Anfang an als ‚Auferweckung' (bzw. *auch* als ‚Auferweckung') Jesu verkündet und, den damaligen anthropologischen Vorstellungen entsprechend, als den Leichnam Jesu aufhebendes, wiederbelebendes Geschehen verstanden wurde. Weshalb hätten die jüdischen Lehrer und Führer die Behauptung der Auferweckung Jesu eigentlich ernst nehmen sollen? Selbstverständlich hatten sie nicht den geringsten Grund, an den Beginn der endzeitlichen Auferstehung (zu Gericht und Heilserlangung) zu denken. Da weder die Auferstehung aller noch auch nur die der Gerechten folgte, hätte die Behauptung der Auferweckung Jesu nach kürzester Zeit nur mehr und allenfalls als Behauptung der Vorwegnahme der endzeitlichen Auferweckung an einem einzelnen verstanden werden können. Dieses Verständnis der Auferweckungsaussage hätten jene wirklich nicht ernst zu nehmen brauchen. Bei aller Variabilität der palästinischen Vorstellungen vom Endschicksal der Menschen war der Gedanke an eine derartige Antezipation der endzeitlichen Auferstehung völlig unbekannt. Sodann ist in diesem Zusammenhang vor allem zu berücksichtigen, daß die Hinrichtung Jesu im Zeichen der Erledigung des für die vorherrschende Zukunftserwartung höchstmöglichen Sendungsanspruchs eines Israeliten stand. Durch die Verurteilung Jesu als Messiasprätendent war die Frage nach der Legitimität des eschatologischen Sendungsanspruchs Jesu unweigerlich mit der ‚Messias'-Frage verknüpft. Seitdem von der ‚Auferweckung' Jesu gesprochen wurde, war diese Aussage, wofür an späterer Stelle noch Gründe zu nennen sind, so gut wie sicher mit dem Glauben an die Erhöhung Jesu in den Himmel verbunden, und wohl schon relativ bald, wenn nicht von Anfang an, auch mit dem Glauben, daß Gott den als Messiasprätendenten erledigten Jesus als eschatologischen Verkünder, als Heilbringer, als ‚Messias' bestätigt hat, so daß der zu Gott erhöhte Jesus als im Himmel befindlicher „Messias" geglaubt wurde,[33] der als solcher eschatologisch in Funktion treten muß. Für jüdische Begriffe war dieser Glaube zweifellos barer Unsinn. *Daß einer via Hinrichtung und nachfolgender Auferweckung/Erhöhung designierter Messias wird, als solcher im Himmel existiert, um von dort her als Repräsentant des Gerichts- und Heilshandelns Gottes zu kommen,*

[33] Was keineswegs schon die Interpretation der Erhöhung als ‚messianische Inthronisation' einschließen mußte (s. u. Nr. 19 f.).

spottete jeder zeitgenössischen Form der Vorstellung von einem von Jahwe unterschiedenen Heilbringer, eben auch der in den Bilderreden des aeth. Henoch bezeugten Erwartung des präexistierenden, am Ende aus der verborgenen Himmelswelt hervortretenden Menschensohnes. Könnte der Umstand, daß die Bekenntnistradition und überhaupt die ältere Überlieferung kein gegnerisches Interesse am Schicksal des Leichnams Jesu reflektiert, sich auch daraus erklären, daß die Frage eines eschatologischen Sendungsanspruchs Jesu, seiner ‚Messianität', für die jüdischen Führungskreise mit seiner Hinrichtung absolut entschieden und erledigt war und das, was die Jesusanhänger als Handeln Gottes am gekreuzigten Jesus behaupteten, in ihren Augen so absurd war, daß es von ihnen zunächst überhaupt nicht ernst genommen wurde – nicht nur seitens der Sadduzäer, sondern auch seitens der die eschatologische Auferstehung befürwortenden Pharisäer? Man könnte natürlich daran denken, diese Erwägung in eine Gegenrechnung umzufunktionieren: Je unsinniger der neue Glaube war, um so mehr hatten die Synedristen Grund, diesen Unsinn durch den Hinweis auf den vorfindlichen Leichnam Jesu zu erledigen. Daß sie dies nicht taten, lasse sich eben nur daraus erklären, daß sie es nicht tun konnten, weil der Leichnam Jesu – in einem ordentlichen Grab oder am Ort seiner Verscharrung – nachweislich nicht mehr da war. Trotzdem geht die Rechnung nicht auf. Denn wenn die Synedristen den Leichnam Jesu nicht vorweisen konnten, gleichzeitig aber unbedingt den Unsinn, daß die Abwesenheit des Leichnams Jesu durch ein Eingreifen Gottes erklärt wird, abstellen wollten, hätten sie ebenso unbedingt – ich würde sogar meinen: aus ehrlichem Glauben – darauf bestehen müssen, daß der Leichnam Jesu aus einem ganz und gar natürlichen Grund nicht mehr an seinem Ort ist. Damit sehen wir uns aber wieder demselben schon genannten Rätsel gegenüber. Müßte sich ein derartiger Erklärungsversuch, beispielsweise die Behauptung des Leichendiebstahls, nicht schon in alter Überlieferung reflektieren?

Im Hinblick auf die oben zitierten Gesichtspunkte von R. Pesch sind noch *weitere mögliche Zusammenhänge* bedenkenswert. Die Synedristen kamen schwerlich auf den Gedanken, das Schicksal des Leibes Jesu in exzeptioneller Weise im Auge zu behalten, deshalb sich der genauen Kenntnis der Stelle, an der Jesus verscharrt oder auch begraben wurde, zu versichern und vorsorglich auf das Grab achtzuhaben oder es gar regelrecht bewachen zu lassen, damit die Anhänger Jesu den Leichnam nicht beseitigen und sagen können, Gott habe Jesus auferweckt. Zu derartiger Vorsicht und Vorsorge hätten die Synedristen nur Anlaß gehabt, wenn sie gewußt hätten, Jesus habe seine ‚nach drei Tagen' = bald erfolgende Auferweckung vorausgesagt. Diese Voraussage hat Jesus aber so gut wie sicher nicht gemacht. Es wäre – nebenbei gesagt – ja auch nicht im Sinn der neuen Hypothese, Judas habe den Synedristen berichten können und auch tatsächlich verraten: die Mitjünger würden Jesus für den wahren messianischen Propheten halten und deshalb im Falle des Todes Jesu behaupten, er sei auferstanden und in den Himmel aufgefahren. Ein Interesse der führenden Jerusalemer Kreise am Schicksal des Leichnams Jesu wäre schließlich vor allem verständlich zu einem Zeitpunkt, von dem an sie den Glauben an den auferweckten Messias als ernsthafte Gefahr und Versuchung für die breite Öffentlichkeit empfanden. Wieviel Zeit vom Karfreitag bis zu diesem Zeitpunkt verstrich, läßt sich aber nicht mehr feststellen. Je länger es gedauert hätte, desto problematischer erscheint naturgemäß die Annahme, die Synedristen hätten klären können und müssen, ob der Leichnam Jesu noch da ist oder verschwunden ist. Das gilt wenigstens für den durchaus möglichen Fall, daß Jesus zusammen mit den beiden anderen Gekreuzigten verscharrt wurde. Auch wenn die Stelle der Verscharrung bekannt war und blieb, war eine Exhumierung nach palästinischen Maßstäben alles andere als selbstverständlich. Und natürlich wäre noch hinzuzufügen: Wenn Jesus verscharrt worden wäre und es dabei auch geblieben wäre, dann hätten Frauen und andere Freunde Jesu das ‚Grab' Jesu nicht besuchen können; und es hätte jedenfalls zunächst auch in diesem Kreis von der Auffindung des geöffneten und leeren Grabes nicht die Rede sein können.

e) Nun bringt die Evangelienüberlieferung die Auffindung des geöffneten und leeren Grabes – bis auf den sicher nicht ursprünglichen Zug der von Pilatus erbetenen Grabwächter – nur mit Freunden Jesu in Verbindung. Stellen wir, unter der freilich nicht völlig gesicherten Voraussetzung, daß die Anhänger Jesu ein bzw. das Grab Jesu kannten, auch die Frage, *wie und wann es zur Entdeckung des leeren Grabes durch Anhänger Jesu hätte kommen können.* Unterstellen wir einmal, Simon und seine Mitjünger seien aufgrund der ihnen zuteil gewordenen Christophanien nach der Rückkehr nach Jerusalem auf den Gedanken gekommen, das Grab Jesu zu kontrollieren, und hätten es tatsächlich leer gefunden. Verständlicherweise wird der bloße Gedanke, die maßgebenden Empfänger der ersten Erscheinungen hätten in dieser

Weise auf Nummer ‚Sicher‘ gehen wollen, als so peinlich empfunden, daß er von keinem Verteidiger des leeren Grabes in Erwägung gezogen wird. Warum soll man aber auch hier nicht tunlichst alle Möglichkeiten durchspielen? Die nachmaligen Verkünder der Osterbotschaft hätten in diesem Fall ein notorisches Interesse am Grab bekundet. Eben deshalb wäre entschieden zu erwarten, daß sie auch auf das leere Grab als bestätigendes Zeichen hingewiesen hätten.

Rechnen wir dann also mit *‚sympathischeren‘ Möglichkeiten:* Anstatt Maria Magdalena und anderer Frauen hätten Simon und (seine) Mitjünger als erste das Grab aufgesucht und leer gefunden. Oder auch: nach ihrer Rückkehr aus Galiläa hätten auch sie das angeblich leere Grab aufgesucht und auch ihrerseits bestätigt gefunden, daß der Leichnam Jesu nicht mehr da ist. Im ersten Fall müßten anstatt der Frauen die Jünger die Rollenträger der Erzählung von der Auffindung des geöffneten und leeren Grabes sein. Und im zweiten Fall? Müßte man da nicht erwarten, daß von Anfang an eine Erzählung von diesem bestätigenden Grabesbesuch der Jünger existierte und diese Erzählung, zumal unter Beachtung der oft genannten Zeugen-Unfähigkeit von Frauen, der Überlieferung noch wichtiger gewesen wäre? Eben auch dann, wenn man den evangelischen Grabeserzählungen als historischen Kern die frühe Entdeckung des geöffneten und leeren Grabes (ohne den Engel und dessen Osterbotschaft) durch drei Frauen oder auch einzig durch Maria Magdalena zugrundeliegen läßt, kann man sich nur schwer vorstellen, die Nachricht der Frauen sei für Simon und seine Mitjünger so selbstverständlich oder gar so wenig von Belang gewesen, daß sie an einer persönlichen Bestätigung der Mitteilung überhaupt nicht interessiert waren. Ein solches Desinteresse würde jedenfalls nicht zu dem in sich sinnvollen Gemeinplatz der Befürworter des leeren Grabes Jesu passen, dasselbe sei als ‚hinweisendes‘, ‚beredtes‘, ‚bestätigendes‘ u. ä. Zeichen verstanden worden, ‚als Spur im Diesseits für das Auferstehungsgeschehen‘ und dergleichen. Wenn man also schon sinnvollerweise annehmen müßte, die Jünger hätten sich auch selbst von der Richtigkeit der Nachricht der Frauen überzeugt, drängt sich unabweisbar die Frage auf: Warum soll ausgerechnet die Konstatierung des leeren Grabes durch die mit Recht als maßgebende Verkündiger der Auferweckungsbotschaft vorausgesetzten Jünger keine Spur hinterlassen haben, in den älteren synoptischen Evangelien so wenig wie in älteren und jüngeren Kurzformulierungen? Etwa: Weil der Grabbesuch der Frauen wegen der damit verbundenen Engelbotschaft von der erfolgten Auferweckung Jesu (Mk 16 par) und/oder der damit verbundenen Begegnung Maria Magdalenas mit dem Auferstandenen (Jo 20) christologisch wichtiger war als der Grabbesuch der Jünger, der lediglich die Abwesenheit des Leichnams Jesu bestätigen konnte? Selbstverständlich hätte jede der beiden Formen der Erzählung vom Grabbesuch der Frauen von Anfang an als kerygmatisch ungleich bedeutsamer als der Grabbesuch der Jünger gewertet werden müssen. Nur taugt diese Argumentation nichts! Wer so argumentieren will, argumentiert genau mit dem Element bzw. den Elementen der Grabeserzählungen, deren Historizität allgemein bestritten oder doch mit guten Gründen bezweifelt wird. Ich meine also, der Umstand, daß weder die synoptische Überlieferung noch die kerygmatischen Formulierungen die Jünger selbst das geöffnete und leere Grab konstatieren lassen, berechtigt sehr wohl zum Zweifel, ob das Grab Jesu bald nach dem Karfreitag wirklich – ich sage wohlverstanden nicht: leer *gewesen* ist, sondern – geöffnet und, aus welchem Grund auch immer, leer *vorgefunden* wurde.

f) Für die Faktizität des leeren Grabes kann man sich schließlich *keinesfalls auf die älteste Grabeserzählung Mk 16,1–8 als einigermaßen sicheres historisches Zeugnis* berufen. Mit Recht hat sich heute die Auffassung durchgesetzt, daß die Mk 16 zugrundeliegende Erzählung von Anfang an die Proklamation der erfolgten Auferweckung des im Grab liegenden Jesus enthielt und in ihren Details konsequent auf diese Botschaft des Engels als zentralen Inhalt der Erzählung ausgerichtet war.[34] Ausgerechnet diese, ein geläufiges biblisches Stilelement verwendende Engelproklamation ist aber, wie längst erkannt und anerkannt ist, kein Faktum des ersten Wochentags oder der Geschichte überhaupt, sondern verweist auf eine Zeit, in der das Bekenntnis zur Auferwekkung Jesu bereits existierte und die Reflexion über das Wie der Auferstehung zu dem Bedürfnis geführt hatte, die für gut palästinische Anthropologie einzig folgerichtige Leibhaftigkeit der Auferstehung Jesu explizit zu machen. Das wurde in der vorausgesetzten Situation nur durch einen Boten Gottes ermöglicht, sofern der im Grab Liegende bzw. Auferweckte nicht selbst in Funktion treten und der Osterglaube

[34] Vgl. *L. Schenke*, Auferstehungsverkündigung 59; *I. Broer*, Zur heutigen Diskussion der Grabesgeschichte: Bibel und Leben 10 (1969) 40–52; *ders.* Zur historischen Frage nach der Auferstehung Jesu: Anzeiger für die katholische Geistlichkeit 80 (1971) 427–431.

anderseits nicht als Schlußfolgerung aus dem leeren Grab erscheinen sollte.

Auch sonst kann die älteste Grabeserzählung Mk 16,1–8 als optimaler Versuch gelten, die Auferweckungsbotschaft mit dem leeren Grab zu verbinden: sowohl was die Rollenträger (Frauen statt Simon und seine Mitjünger, die so als jene dargestellt werden können, die in Galiläa Christophanien erfahren), den frühen Zeitpunkt[35] der Abwesenheit des Leichnams Jesu = des Auferweckt-worden-Seins (als Voraussetzung für Erscheinungen des Auferweckten) als auch vor allem das zentrale Interesse am Osterkerygma betrifft. Es geht der Perikope in der Tat „vorrangig weder um die liebevolle Fürsorge der Frauen noch um die historische Feststellung, daß das Grab Jesu wirklich und nachprüfbar leer gewesen ist, sondern es geht ihr zunächst und vor allem um die Botschaft: Jesus, der gekreuzigte Nazarener, ist auferweckt worden"[36], wobei dem anschließenden Hinweis des Engels auf die Abwesenheit Jesu nur mehr die Bedeutung des bestätigenden Zeichens zukommt.[37] Auch im Blick auf das kerygmatische Anliegen der Erzählung kann das Geöffnetsein der Grabstätte, das zugleich ermöglicht, daß die Frauen im Grabinnern den Boten Gottes antreffen, als optimale Lösung gelten.

An dieser Stelle verdient noch ein anderer Gesichtspunkt erwogen zu werden. *Was für eine Art von Leibhaftigkeit soll der Auferweckte bzw. Erscheinende gehabt haben?* Die Bekenntnistradition verrät keine Reflexion über das ‚Wie' des Sich-zu-sehen-Gebenden, des Erscheinungsvorgangs oder gar des ‚Auferweckungs'-Vorgangs. „Worin bestand die Identität des ins Grab gelegten Leibes mit dem verklärten auferstandenen Leibe, und worin lagen die Unterschiede?" Man kann H. von Campenhausen meines Erachtens nur zustimmen, wenn er fort-

[35] Die Datierung der Auffindung des leeren Grabes auf den ersten Wochentag wird, wie zu erwarten, bis heute verschieden erklärt: vgl. *H. Conzelmann,* Der erste Brief an die Korinther (Meyer's Kom.), Göttingen 1969, 302; *J. Jeremias,* Die Drei-Tage-Worte der Evangelien, in: Tradition und Glaube (Festschr. für K. G. Kuhn), Göttingen 1971, 221–229. Ist sie letztlich als Historisierung eines älteren ‚am dritten Tag' zu verstehen oder mehr aus der Motivierung des Grabbesuchs der Frauen, die nach Ablauf des Sabbats nur mehr noch das Salböl kaufen konnten? Der kultätiologischen Hypothese von *L. Schenke* zufolge handelt es sich um „eine vom Kult der urchristlichen Gemeinde bestimmte Zeitangabe", nämlich für den jährlich begangenen Ostertag: Auferstehungsverkündigung 87 f. Ganz unwahrscheinlich ist die wieder von *R. H. Fuller* aufgegriffene Meinung, im Hintergrund stehe eine (ohnedies erst spät zu belegende) apokalyptische Erwartung von der Auferweckung am dritten Tag nach dem Weltende: The Formation 26 f.

[36] *I. Broer,* Zur historischen Frage a. a. O. 431.

[37] Gegen *B. Rigaux,* der nach wie vor die Abwesenheit des Leibes Jesu als „assertion première" der Grabesgeschichte bezeichnet: Dieu l'a ressuscité 301.

fährt: „Diese Frage nach der Leiblichkeit Jesu hat die ersten Zeugen des Auferstandenen offenbar kaum bedrückt."[38] So eindeutig in der Bekenntnistradition die personale Identität des Gekreuzigten und des Auferweckten/Erscheinenden vorausgesetzt ist, läßt sich hier in der Tat nicht das geringste Interesse nachweisen an der Frage, wie sich Leib-Identität und etwa ein gleichzeitig qualitatives Anderssein des Leibes des Auferweckten zueinander verhalten. Autoren, welche die Jünger Jesus gern in seiner ‚verklärten', ‚verherrlichten', ‚pneumatischen' u. ä. Leiblichkeit sehen lassen, verraten uns ja leider nicht, auf welche alten Aussagen sie die Behauptung dieses – vorstellungsmäßig ohnedies kaum nachvollziehbaren – Vorgangs stützen. Selbst die Grabesgeschichte Mk 16, 1–8 berechtigt noch nicht dazu, die Vorstellung einer qualitativen Verschiedenheit des auferweckten Leibes Jesu von seinem Erdenleib vorauszusetzen. Das Offensein des Grabes kann sogar nächstliegend an einen nach wie vor physischen, resistenzfähigen Leib denken lassen, muß es freilich nicht, da die erfolgte Beseitigung des großen Verschlußsteins erzählerisch als Antwort auf die besorgte, auf das Wunder vorausweisende Frage der Frauen voll verständlich ist und darüber hinaus nicht reflektiert sein muß.

Wie dem auch sei, meine ich, in diesem Zusammenhang *ein letztesmal* auf *die Hypothese von der Auffindung des leeren Grabes* zurückkommen zu sollen. Angenommen, am Anfang stand nicht nur der Glaube, daß der Leichnam Jesu aufgrund der Auferweckung nicht mehr im Grab liege, sondern auch die Feststellung, also das Wissen, daß der Leichnam Jesu jedenfalls nicht mehr da ist. Nun setzen die meisten Befürworter der frühen Auffindung des leeren Grabes durchaus sinnvoll voraus, die Jünger hätten dieses Wissen mit ihren Erscheinungserlebnissen in Verbindung gebracht und das Leersein des Grabes, früher oder später, nicht anders als mit der leibhaftigen Auferweckung Jesu erklärt. In diesem Fall war das leere Grab für die Jünger kein isoliertes und mehrdeutiges Phänomen mehr, sondern eine ausdrückliche Bestätigung, daß die Auferweckung Jesu ein Wieder-zum-Leben-Erstehen seines im Grab liegenden Leichnams einschloß. In dem Grad, in dem man mit dieser Voraussetzung aber Ernst macht, kann man den Verzicht auf die Geltendmachung des leeren Grabes Jesu doch wohl nicht mehr befriedigend erklären mit der Befürchtung der Jünger, die jüdischen Behörden könnten den an einer anderen Stelle untergebrachten Leichnam Jesu vorzeigen. Unter der genannten Voraussetzung

[38] Tod und Auferstehung Jesu a. a. O. 100.

darf man sodann immerhin fragen: Hätte das positive Wissen um das Leersein des Grabes Jesu nicht schon bald die Reflexion über das Wie des Auferweckungsleibes auslösen müssen? Und wenn das zuviel verlangt ist: Hätte jenes sichere Wissen nicht wenigstens zur zusätzlichen Geltendmachung des leeren Grabes anreizen, also dazu ermutigen müssen, auch ausdrücklich von der Auferweckung des im Grab liegenden Jesus, von seiner Auferweckung aus dem Grab zu sprechen? Aber, so werden die Verteidiger der frühen Entdeckung des leeren Grabes wahrscheinlich entgegenhalten: bei der alten jüdischen Vorstellung von der unteilbaren Einheit des Menschen verstand es sich ohnedies von selbst, daß die Aussage ‚Gott hat Jesus auferweckt' die Aufhebung des im Grab liegenden Leichnams impliziert, ohne daß dies ausdrücklich gesagt werden mußte. Das mag völlig richtig sein. Ob z. B. die endzeitliche Auferstehung, der klassische Fall alttestamentlich-jüdischen Auferstehungsglaubens, als Auferweckung der körperlich-seelischen Einheit des menschlichen Wesens oder als Wiedervereinigung des verstorbenen Leibes = Fleisches mit der ‚nephesch' vorgestellt wird, in beiden Vorstellungsweisen gehört die Aufhebung des Leichnams dazu. Aber: was sich vom Vorstellungsprinzip her von selbst verstehen mag, ist noch lange nicht in concreto selbstverständlich und glaubwürdig: daß nämlich hier und jetzt im Falle des gekreuzigten Jesus eine Totenauferweckung erfolgt ist, die sich ja nicht etwa als endzeitliche Auferweckung, als ‚Beginn' derselben ausweisen konnte. Warum soll dann auf die Geltendmachung, auf die auch nur zusätzliche, wenigstens beiläufige Erwähnung des Faktums des leeren Grabes verzichtet worden sein? Daß dieser Verzicht mit den obengenannten Gründen (17b) schon befriedigend erklärt ist, ist mir deshalb sehr zweifelhaft.

Fassen wir zusammen: Die Argumentation, die Verkündigung der erfolgten ‚Auferweckung' Jesu habe sich in Jerusalem ohne das kontrollierbare Leersein des Grabes nicht halten können, erweist sich bei näherem Zusehen zumindest nicht als zwingend. Zum Teil fordert sie, im Hinblick sowohl auf die Anhänger Jesu als auch auf die Gegenseite, Fragen heraus, die sich kaum plausibel beantworten lassen. Sodann geht sie von möglicherweise falschen Voraussetzungen aus. Die markinische Erzählung von der frühen, nämlich am Morgen des dritten Tages erfolgten Auffindung des geöffneten und leeren Grabes muß – wie die Grabeserzählungen der übrigen Evangelien – nicht auf einer ursprünglichen Überlieferung beruhen.[39] Jene Erzählung kommt in

[39] Vgl. z. B. auch das eindeutige Urteil von *W. G. Kümmel,* Die Theologie 90.

der Tat erst dann voll und ganz zum Sprechen, wenn „man sich von der vordergründigen Meinung freimacht, hier gehe es um die in der Historie geschehene Auffindung des leeren Grabes".[40] Alles zusammengenommen, *ergeben sich* meines Erachtens *unter der Voraussetzung, daß die Grabstätte Jesu leer vorgefunden wurde,* also schon bald konstatiert werden konnte, daß der Leichnam verschwunden ist, *für die historische Fragestellung größere Schwierigkeiten als bei der Voraussetzung des Gegenteils.* Damit soll, wie nochmals betont sei, nicht bestritten werden, daß die ‚Auferweckung' Jesu im Verständnis der Verkündiger des Osterglaubens – auch wenn das Leersein des Grabes nicht festgestellt wurde – seit je die Einbeziehung des im Grab liegenden Leibes Jesu impliziert haben kann und wird. Aber: für den Versuch einer Erklärung der Entstehung des Osterglaubens dürfte es sich jedenfalls empfehlen, das Wissen, und zwar das frühe Wissen um das Leersein des Grabes Jesu als eher unwahrscheinliche denn wahrscheinliche Möglichkeit in Rechnung zu stellen.

[40] *I. Broer,* Zur historischen Frage, a. a. O. 431. Ob die Mk 16, 1–8 zugrundeliegende Erzählung als frühe ätiologische Kultlegende zu erklären ist (*L. Schenke,* Auferstehungsverkündigung; vgl. die Abwandlung von Schenkes Hypothese bei *P. Stuhlmacher,* in: ZThK 1973, 246–248), kann hier offenbleiben. Sehr überzeugend wirkt die letzte Analyse und Erklärung von *I. Broer* a. a. O. 427–434.

IV

18. Ein gemeinsames Postulat gegensätzlicher Erklärungsversuche

a) Damit haben wir uns endgültig *der speziellen Problematik* zu stellen, mit der uns die Diskussion der heutigen Erklärungsversuche wie der wichtigsten neutestamentlichen Zeugnisse selbst konfrontierte. Bis hin zu den späten Erscheinungserzählungen und -darstellungen[1] verweisen diese Zeugnisse auf eine bestimmten Personen zuteil gewordene Eröffnung, auf ‚ein schöpferisches Widerfahrnis'[2] als Grund und Bestätigung des Osterglaubens. Mehrere der zuletzt erarbeiteten Gesichtspunkte können die Annahme eines solchen Widerfahrnisses nur begünstigen. So die vorherrschende und gewiß gut begründete Hypothese vom unüberwindlichen Ärgernis des Kreuzes, dann die unmittelbare Reaktion der persönlichen Jünger auf die Hinrichtung Jesu, und nicht zuletzt das völlige, nach jüdischen Maßstäben geradezu widersinnige Novum eines Messiasglaubens, der Gericht und Heil vom Offenbarwerden eines zuvor gekreuzigten, auferweckten und in den Himmel erhöhten Gottesboten erwartet. Die große Verlegenheit beginnt erst bei dem Versuch, jenes mit guten Gründen vorauszusetzende ‚schöpferische Widerfahrnis' zu bestimmen. So sehr man gerade auch das Argument der Unerhörtheit des neuen Messiasglaubens nicht unterschätzen möchte, das z. B. auch M. Hengel in der Zusammenfassung seiner historischen Überlegungen an erster Stelle nennt,[3] so wenig ist nun einmal mit der Berufung auf ‚Christusvisionen', ‚Erscheinungen', erklärt. „Der Osterglaube beruht auf einem Neuansatz, der durch die Erscheinungen des Auferstandenen begründet wird."[4] Wir können hier nur bereits gewonnene Ergebnisse in Erinnerung bringen. Der vorpaulinischen Bekenntnistradition 1 Kor 15,3b–5, die aus den früher genannten Gründen zumindest in gewisser Hinsicht höheren Zeugniswert beanspruchen darf als die Aussagen Pauli selbst, läßt sich

[1] Der „mit den Osterlegenden ganz verschiedener Herkunft und Couleur" verbundene Komplex „weist" nach *M. Hengel* „auf eine gemeinsame Erfahrungsgrundlage zurück, die sich nicht mit einer Handbewegung beiseite wischen läßt": Ist der Osterglaube noch zu retten?: ThQ 153 (1973) 268.

[2] *H. Kasting,* Die Anfänge der christlichen Mission (Beiträge zur evangelischen Theologie 55), München 1969, 128.

[3] A. a. O. 268. Die Nichtableitbarkeit des Osterglaubens aus AT und Judentum hat besonders auch *C. F. D. Moule* in seiner Auseinandersetzung mit D. Cupitt betont: The Resurrection: A Disagreement: Theology 75 (1972) 508.

[4] *M. Hengel* a. a. O. 268.

eine einsichtige Auskunft über Grund und Entstehung des Osterglaubens nicht abgewinnen, weil die Frage, wie es zu dem daselbst vorausgesetzten Glauben an die Auferweckung und himmlische Erhöhung Christi kam, entschieden mehr provoziert und gestellt als beantwortet wird. Gewiß rechtfertigt bereits die Verwendung der auch von Paulus selbst akzeptierten Gotteserscheinungsformel den Schluß, das beanspruchte Widerfahrnis sei als Offenbarung im strikten Sinn dieses Wortes verstanden worden (vgl. Gal 1,12.15f.); es habe sich um ein ‚Sehen' gehandelt, das ganz und gar durch den Sich-sichtbar-zur-Erscheinung-Bringenden ermöglicht wurde. Aber es läßt sich meines Erachtens nun einmal nicht einsichtig machen, daß die Kategorie ‚Sehen' ausreicht, um die Artikulierung des Osterglaubens befriedigend zu erklären. Wie erinnerlich, genieren sich neuere Autoren, die mit Recht auf ein gleichzeitiges deutendes Sprechen des ‚Erscheinenden' verzichten, denn auch keineswegs, diese Aporie der Sichtbarmachungshypothese einzugestehen. Sie wollen sich ausdrücklich hüten, überhaupt etwas zur Bestimmung des ‚Sehens' der Erscheinungsempfänger zu sagen. Oder sie weichen vom ‚Sehen', von einer ‚perception visuelle' aus auf die Kategorie der ‚Erfahrung', einer ‚expérience spirituelle' im besonderen, oder auch einfach auf die Kategorie der ‚Offenbarung', also auf ein völlig ungeklärt bleibendes bzw. nicht hinterfragbares Innewerden. Oder es wird von der ‚eigenen Struktur' des beanspruchten Zeugnisses gesprochen, „in der die Differenz zwischen Erfahrung und ‚objektiv' Erfahrenem erkennbar ist", ohne daß gesagt wird oder gesagt werden kann, worin „seine (des Zeugnisses) eigene Struktur" besteht.

b) So oder so stellt sich die Frage: *Soll das vorausgesetzte einzigartige, jedem Versuch einer Konkretisierung sich entziehende ‚schöpferische Widerfahrnis' als solches die unmittelbare Mitteilung der Artikulierung des Osterglaubens beinhaltet haben?* Anders ausgedrückt: Soll es eine in sich eindeutige und evidente Information vermittelt haben, die zwar auf die Antwort anerkennenden Glaubens hinzielte, eine zugleich reflektierende und deutende Aktivität der Jünger jedoch erübrigte? *Auch entschiedene Befürworter von ‚Erscheinungen' bzw. einer bestimmten Personen geschenkten ‚Erfahrung', ‚Offenbarung' wagen offensichtlich nicht, das zu behaupten.* So ist es z. B. für C. F. D. Moule, der gegen D. Cupitt „eine Offenbarung in Form verschiedener Sinneswahrnehmungen" der Jünger als auslösendes Widerfahrnis verteidigt, nicht zweifelhaft, daß die Jünger diese Offenbarung aufgrund ihrer

Erfahrungen mit Jesus und der Schrift interpretierten.[5] Dem zustimmend, erklärt auch M. Perry, „that the theology of the resurrection emerges from the underlying event by way of reflection leading to a situation of disclosure".[6] Oder auf die Frage, ob im Neuen Testament ein unmittelbarer Bericht der Ostererfahrungen der Jünger erhalten sei, antwortet K. H. Schelkle mit dem Satz: „Notwendig werden auch hier die Gesetze jeder Wahrnehmung und Aussage gelten, wonach jede Mitteilung auch von Neuem immer schon mittels der Deutung aus Mitgebrachtem und Altem geschieht."[7] Nicht weniger meint X. Léon-Dufour, der eine ‚vision sensible' ablehnt zugunsten einer ‚expérience spirituelle', die reflektierende und artikulierende Tätigkeit der Jünger in Anschlag bringen zu müssen. Die von ihm selbst ausdrücklich als notwendig ‚inadäquat' bezeichnete Definition der Entstehung des Osterglaubens, die er jedoch ‚riskieren' möchte, lautet: „Die geistige Erfahrung der Jünger, die nicht rein subjektiv war, die wiederholt und unter ihnen ausgetauscht wurde, ist vermittels der Sprechweise (langage) der Umwelt und der religiösen Tradition, insbesondere mit Hilfe ihres Glaubens an die allgemeine endzeitliche Auferstehung mitgeteilt worden."[8]

Selbst ein Interpretationsvorschlag wie der jüngst von K. Lehmann vorgelegte, der die ‚Erscheinungen' eindeutig als offenbarendes Geschehen begreift und jedenfalls auch als ein Evidenz und Zuverlässigkeit in sich selbst tragendes Geschehen kennzeichnet, scheint außer für das Ja des Glaubens[9] auch für die Reflexion der Erscheinungsempfänger Raum zu lassen. K. Lehmann beruft sich vor allem auf die Erscheinungserzählungen, die seines Erachtens „einer potenzierten hermeneutischen Reflexion bei der exegetischen Auslegung (bedürfen)."[10] Gegenüber bisherigen Versuchen, die den phänomenologisch komplizierten Sachverhalt der Erscheinungen zu einem allgemeinen ‚Bewußtseinsinhalt' nivellieren und „vor allem das unableitbare Moment der *Selbstbekundung* des auferstandenen Herrn" übersehen würden, legt er besonders auf dieses unableitbare Moment Nachdruck, näherhin darauf, daß nur „aufgrund der Selbsteröffnung und Selbstbekundung" des

[5] The Resurrection a. a. O. 513.

[6] Easter: Debate and Faith a. a. O. 166.

[7] Schöpfung des Glaubens?: ThQ 153 (1973) 242; *ders.*, Theologie des Neuen Testaments 2 (1973) 128 f.

[8] Résurrection 275.

[9] „. . . jede wirkliche Erscheinung erweckt zum Glauben, zum Zeugnis und zur Mission": Die Erscheinungen des Herrn a. a. O. 372.

[10] A. a. O. 369.

Erscheinenden „eine echte Möglichkeit *aktiven* ‚Sehens'" gegeben war. Keinesfalls könne „das Moment der *Evidenz des Geoffenbarten von diesem selbst her*" ausgeschaltet werden. „Wird der Erscheinungscharakter als absolut voraussetzungslose und freie Manifestation, worin das herrscherliche Handeln des auferstandenen Kyrios zum Ausdruck kommt, nicht in den ersten Ansatz einer Interpretation eingebaut, dann dissoziiert sich diese ‚Erscheinung' in ein unzulängliches und unbestimmtes ‚Widerfahrnis' und dessen *nachträgliche* Deutung, die dann das leere Phänomen wieder ‚kreativ' auffüllen muß."[11] Es liegt K. Lehmann sehr daran, daß mit der „Selbsteröffnung des auferweckten Herrn" als „gleichursprünglich und gleichzeitig" die Aufforderung zum Glauben festgehalten werden muß. Dabei gebraucht er auch die Formulierung: Jeder Text der Erscheinungserzählungen „fordert als Glaubensaufforderung den ganzen Einsatz der menschlichen Person, und ohne diesen Einsatz erschließt sich das Gesehene dem menschlichen Verstehen nicht".[12] Muß in diesem Zusammenhang mit ‚Verstehen' nicht doch mehr gemeint sein als ein Glauben an, mehr als Zur-Kenntnis-Nehmen und anerkennende Bejahung eines in sich eindeutigen und evidenten Sachverhalts, auch mehr denn Glaube als existentieller Vollzug? Da der ganze Einsatz der menschlichen Person noch dahin verdeutlicht wird, daß der Mensch im Erscheinungsgeschehen „auf das Höchste beansprucht wird und darum gerade auch in diesem Ereignis zu den schöpferischen Kräften des Sehens und Sagens befreit wird, um diesem Geschehen entsprechen zu können",[13] hätte ich jedenfalls Hemmung, diesen Satz dahin zu verstehen, daß die Aktualisierung der schöpferischen Kräfte des ‚Sagens' im Augenblick des hier vorausgesetzten Sehenkönnens erfolgte und zur Vollendung kam, also sozusagen im Nu, spontan, reflexionslos die Artikulierung des Osterglaubens, des Glaubens an „den auferstandenen Kyrios" hervorbrachte. Gegen dieses Verständnis spricht doch wohl auch die an früherer Stelle geäußerte Meinung, verschiedene Überlieferungsstränge, wie z. B. die Vorstellung von der Errettung des Gerechten, „welche die *soteriologische* Grundbedeutung der Erscheinungen deutlicher zum Vorschein bringen", seien „für das Auferweckungsverständnis noch wenig fruchtbar" gemacht worden.[14]

[11] A. a. O. 370 f.
[12] A. a. O. 371 f.
[13] A. a. O. 371.
[14] A. a. O. 369.

c) Aufs Ganze gesehen, scheint mir für den heutigen Diskussionsstand *besonders charakteristisch* zu sein *die Auffassung, eine Erklärung der Entstehung des Osterglaubens bzw. der Osteraussagen könne nicht versucht werden, ohne daß man die Frage zu beantworten versucht, welche bisherigen Erfahrungen der Jünger mit Jesus, welche ihnen zuhandenen Vorstellungen und Erwartungen bei der Gewinnung und Artikulierung des Osterglaubens wirksam werden konnten.* Diese Frage stellt sich heute nicht mehr nur Exegeten, welche die Reflexion der Jünger als den für die Entstehung des Osterglaubens entscheidenden Vorgang erklären, diesen logisch und zeitlich an die erste Stelle setzen und nachfolgende ‚Visionen', ‚Erscheinungen' als Bestätigung des zuvor gewonnenen Glaubens (s. o. S. 29 f.) oder auch als „ein Nebenprodukt der Theologisierung", d. h. der am Anfang stehenden theologischen Reflexion, aus welcher der Osterglaube erwuchs,[15] gelten lassen. Auch solche Autoren, die an einem aus der Situation und Psyche der Jünger nicht abzuleitenden neuen Impuls (visuelle Wahrnehmung oder geistige Erfahrung) festhalten und somit ein als ‚Offenbarung' verstandenes Widerfahrnis als auslösendes Moment, als entscheidenden Anstoß und Grund für die Entstehung des Osterglaubens an die erste Stelle setzen, meinen ebensowenig auf eine reflektierende und artikulierende Aktivität der ersten Bekenner des Osterglaubens verzichten zu können.

19. Möglichkeiten eines Prozesses reflektierender Deutung und Artikulierung

Ob man nun die Reflexion logisch und zeitlich – als den entscheidenden, die Idee des Osterglaubens hervorbringenden Vorgang – die erste Stelle einnehmen läßt oder die zur Artikulierung des Osterglaubens führende Reflexion durch ein gewissen Leuten geschenktes Offenbarungserlebnis ausgelöst sein läßt, auch bei dieser zweiten Annahme dürfte der Versuch einer Erhebung des vorausgesetzten Reflexions- und Deuteprozesses kaum über *mehr oder weniger begründbare Möglichkeiten* hinauskommen. Die Unsicherheit beginnt schon mit der Frage, was wir an altbiblischen Vorstellungen und an Inhalten der Jesuserfahrung für Simon und seine Mitjünger, denen unter geschichtlichem Aspekt vorrangige Bedeutung zukommt, voraussetzen können.

[15] So *D. Cupitt* an C. F. D. Moule, The Resurrection a. a. O. 517.

Man darf in diesem Zusammenhang zuvor gewiß auch an die vorpaulinische Bekenntnistradition erinnern, derzufolge die Auferweckung (und himmlische Erhöhung) Jesu am dritten Tag *‚nach den Schriften'* (= nach der Schrift) erfolgte. Diese Angabe liefert freilich keine historische Information über die Rolle, welche die Verwendung der Schrift bzw. konkrete Schriftbezüge bei der Entstehung des Osterglaubens spielten.[16] Trotzdem ist nicht zu bezweifeln, daß das, was in den schriftgläubigen ‚Erscheinungs'-empfängern oder in schriftgläubigen Jüngern an Wissen und Glauben lebte oder doch aktualisiert werden konnte, bei der Artikulierung des Osterglaubens wirksam wurde, und daß diese Artikulierung den Anfang der ‚nachösterlichen', der urgemeindlichen und urchristlichen Interpretation des Alten Testaments darstellte. Die jüngere Formel ‚nach den Schriften' schließt außerdem, wie man gleich hinzufügen darf, auch die damalige jüdische Auslegungstradition[17] als mögliche Komponente des Verstehenshorizonts keineswegs aus.

a) Der Glaube an den Herrn über Leben und Tod

Wenn die Jünger zum Glauben kommen sollten, daß Jahwe selbst zur schmachvollen Hinrichtung Jesu intervenierend Stellung bezog, konnten sie nur an den Gott denken, dessen Handeln die Schrift bezeugt und bekennt und in dessen Namen zu handeln Jesus selbst beansprucht hatte. Mit unbestrittener Selbstverständlichkeit ist deshalb nicht erst für den Verständnishorizont des Paulus (Röm 4,17), sondern bereits für die Männer der ersten Stunde, für die ersten Empfänger von ‚Erscheinungen' – wie ich hier und im folgenden der Kürze halber in traditioneller Sprache formuliere – der Glaube Israels an den ewig lebenden Jahwe vorauszusetzen, dessen Macht die Toten auferstehen läßt, diese lebendig machen kann. Wohl schon um das Jahr 30 n. Ch. wurde diese *homologische Gottesprädikation* von jedem frommen Israeliten, Mann und Frau, im *Sch^{e}mone Esre,* dem 18-Bitten-Gebet Tag für Tag ausgesprochen.[18] Der Gott, dessen Tun Jesus in einer unerhörten Weise in seinem Reden und Tun in Anspruch nahm, war ja der Gott

[16] Zur Geschichte und Bedeutung der Formel vgl. zuletzt *Tr. Holtz,* Zur Interpretation a. a. O. 21 ff.

[17] Vgl. dazu *K. Lehmann,* Auferweckt 262–290.

[18] Darauf wies zuletzt nachdrücklich *P. Stuhlmacher* hin: Das Bekenntnis zur Auferweckung Jesu von den Toten und die Biblische Theologie: ZThK 70 (1973) 587. Zur Diskussion des Alters der Prädikation vgl. *G. Friedrich,* Die Auferstehung Jesu, a. a. O. 167 f.; *G. Stemberger,* Zur Auferstehungslehre in der rabbinischen Literatur: KAIROS 15 (1973) 243.

Israels, der sich durch sein Handeln als solcher erweist und erweisen muß. War dieser Anspruch Jesu dadurch, daß Gott ihn dem Fluchtod des Kreuzes ausgeliefert werden ließ, auch in den Augen seiner persönlichen Begleiter zunichte gemacht worden, so konnte, ja mußte dieses Jesus diskreditierende Handeln Gottes in ihnen immerhin als Frage der Enttäuschten weiterwirken. Der Glaube an die Macht Jahwes, der auch der Tod keine Grenzen setzen kann, darf insofern als *fundamentales ,Vorverständnis'* der ,Erscheinungs'-Empfänger in Anschlag gebracht werden.

b) Die vorwegnehmende Begründung des Osterglaubens im Wirken Jesu?

Mit diesem allgemeinen Bekenntnis ist von Haus aus freilich noch nicht notwendig die Vorstellung individueller Auferweckung verbunden. Jedenfalls liefert es noch keinen Anhaltspunkt dafür, daß Jahwe seine Macht, lebendig zu machen, hier und jetzt an einem konkreten Menschen, eben am gekreuzigten Jesus erweist. Die Sache verhielte sich anders, wenn Jesus selbst einen dahin gehenden Glauben der Jünger begründet hätte, der von diesen über den Karfreitag hinweg hätte durchgehalten oder doch in ihnen von neuem geweckt und bestätigt werden können. Der einfachste Weg wäre natürlich der Nachweis, daß Jesus den wesentlichen Inhalt des Osterglaubens in seinen Erdentagen als an ihm erfolgendes postmortales Geschehen vorausgesagt hatte.

α) Setzen wir einmal voraus, *Jesus selbst habe expressis verbis seine einem gewaltsamen Tod bald nachfolgende Auferweckung und Erhöhung zu himmlischer Machtstellung als gottgewolltes Geschehen vorausgesagt*. Da bei dieser Voraussetzung die Artikulierung des Osterglaubens von Jesus selbst vorweggenommen worden wäre, würde zum wenigsten und bereits eine den Jüngern geschenkte Vision, die diese den vertrauten Meister als wiederbelebt wahrnehmen ließ, verständlich machen können, daß sie einen gewissen Schock, den man angesichts der schmachvollen Art der Tötung Jesu auch in diesem Fall voraussetzen müßte, überwanden und jene Voraussage Jesu als erfüllt bekannten. Diese Erklärungsmöglichkeit steht und fällt naturgemäß mit der Voraussetzung, daß Jesus diese ausdrückliche Voraussage tatsächlich machte. Die Voraussetzung dürfte aber kaum zu halten sein.

β) Nicht viel weniger kritisch wird man aus schon genannten Gründen einer anderen Möglichkeit der Verwurzelung des Osterglaubens im Wirken Jesu selbst gegenüberstehen müssen. Im Anschluß an die in Abschnitt 16b geführte Diskussion der neuen Hypothese von R. Pesch meine ich, folgenden Bedingungssatz formulieren zu sollen: Wenn in Palästina zur Zeit Jesu die Erwartung *des* oder *eines* messianischen Propheten, der getötet wird, aber nach dreieinhalb Tagen o. ä. auferstehen und zum Himmel auffahren wird, existierte, wenn sodann Jesus sich als diesen messianischen Propheten verstand und er auch von seinen Jüngern als solcher anerkannt und bekannt wurde, ließe sich von dieser Voraussetzung her zwar noch nicht der Glaube an die aktionsmächtige, die Parusie als Heilbringer und Richter begründende Stellung des Erhöhten erklären, aber doch, daß die Jünger Jesu – erst recht aufgrund einer zum Kreuz hinzugekommenen neuen Erfahrung – den Glauben an die Auferweckung und Himmelfahrt/Erhöhung Jesu bekannt hätten.

γ) Auf dem Hintergrund des Glaubens an den Herrn über Leben und Tod könnten eher und vor allem *mit der Menschensohn-Bezeichnung verbundene Aussagen Jesu über seine Zukunft* für die Gewinnung und Artikulierung des Osterglaubens relevant geworden sein. Eine Interpretationshilfe wäre schon vorgelegen, wenn Jesus für das Verständnis der Jünger sich selbst als den offenbar werdenden Menschensohn-Richter ankündigte – ohne je zu verraten, auf welche Weise er der am Ende aus der verborgenen Himmelswelt hervortretende Menschensohn werde. Nachdem Jesus hingerichtet worden war und Simon und seine Mitjünger in einer nicht mehr bestimmbaren ‚Erfahrung' des Eingreifens Gottes gewiß wurden, hätten sie die eschatologische Botschaft Jesu und jenen Menschensohnanspruch im besonderen als von Gott bestätigt ansehen und – wenigstens möglicherweise – die Auferweckung des Gekreuzigten und seine Erhöhung in den Himmel als den gottgewollten Weg zur Parusie Jesu als des Menschensohnes verstehen können. Aber selbst diese, bis heute wohl am meisten befürwortete Hypothese, derzufolge Jesus lediglich rein objektiv vom künftigen Menschensohn sprach, hat begründete Bedenken gegen sich.

Eine in diese Richtung gehende Interpretationshilfe wäre erst recht gegeben gewesen, wenn Jesus im Sinn von Hypothesen, die – im einzelnen freilich mit sehr unterschiedlichen Nuancierungen – noch einen Schritt weitergehen, mehr oder weniger deutlich voraussagte, er werde durch Leiden und Tod hindurch in den Himmel erhöht und als der Menschensohn der apokalyptischen Erwartung offenbar werden; natürlich auch dann, wenn Jesus der Hypothese von E. Schweizer zufolge im Anschluß an das Theologumenon vom verfolgten, aber von Gott zu

erhöhenden Gerechten von sich als ‚dem Menschen' sprach, der aufgrund seiner Erhöhung zu Gott als Gerichtszeuge fungieren und dadurch vor seinen Gegnern bestätigt und rehabilitiert werden wird. Neulich versuchte L. Ruppert die Hypothese von E. Schweizer beträchtlich zu modifizieren, indem er Jesus zum Motiv des leidenden Gerechten ‚wahrscheinlich' auch das vom leidenden Propheten hinzunehmen und vor allem – im Unterschied zu Schweizer – Jesus die apokalyptische Bezeichnung und Erwartung des richterlichen Menschensohnes aufnehmen läßt. Man könne einer schöpferischen religiösen Persönlichkeit wie Jesus die Leistung zutrauen, „daß er sich als leidenden Gerechten *und* leidenden Propheten begriff, wobei er seine im oder nach dem Tode erwartete Verherrlichung als Erhöhung, und zwar in der Weise der Einsetzung *zum* eschatologischen *Menschensohn* verstanden haben kann".[19]
Hätten Simon und seine Mitjünger um einen ‚Menschensohn'-Anspruch Jesu der von diesen Hypothesen vorausgesetzten Art gewußt, wäre ihnen mit diesem Anspruch ein Reflexions- und Verstehenshorizont zuhanden gewesen, der beide Kategorien, die der Auferweckung (nachdem Jesus de facto getötet worden war und auch für alle Beteiligten als tot galt) und die der – auf die Parusie ausgerichteten – Erhöhung in den Himmel hätte inspirieren können. Zum anderen würde es sich bei diesem von Jesus selbst herrührenden Denkhorizont von selbst verstehen, daß die Auferweckung von Jesus allein ausgesagt wurde, da diese Auferweckung mit der Vorstellung der endzeitlichen Auferweckung aller Menschen oder auch der Gerechten zum Gericht nichts zu tun hätte. Freilich: *Keine der genannten Formen des Menschensohnverständnisses Jesu kann einigermaßen historische Sicherheit für sich beanspruchen.* Es läßt sich nicht einmal die Möglichkeit ausschließen, daß die apokalyptische Vorstellung und Erwartung des Menschensohnes überhaupt erst nachösterlich auf den Parusie-Christus übertragen wurde.[20]

c) Die Erwartung der Auferstehung der Toten

Nun hat das Bekenntnis zu Jahwe, der Tote lebendig machen kann, im altbiblischen Raum nachweislich Konkretisierungen in Vorstellungen und Erwartungen erfahren, die den ‚Erscheinungs'-empfängern sehr wohl bekannt sein konnten. Schon seit langem wird gemeinplatzartig

[19] *L. Ruppert,* Jesus als der leidende Gerechte? (SBS 59), Stuttgart 1972, 74 f.
[20] Vgl. meine 1975 erscheinende Heidelberger Akademie-Rede: ‚Der Menschensohn' – ein urgemeindliches Christologumenon?

an erster Stelle, gelegentlich sogar allein, der Glaube an die endzeitliche Auferstehung der Toten als wirksam gewordener Deutehorizont genannt.[21] Dieser hätte es den Jüngern ermöglicht, die ihnen geschenkte neue ‚Begegnung' mit Jesus, die ihnen geschenkte ‚geistige Erfahrung' als *Beginn der endzeitlichen Auferweckung* zu interpretieren und also zu artikulieren: Gott hat Jesus ‚von den Toten'[22] auferweckt.

Bei den sehr uneinheitlichen und unabgeschlossenen Vorstellungen des Judentums über das Schicksal nach dem Tod und die endzeitliche Auferstehung im besonderen kann man hinsichtlich *der religionsgeschichtlichen Voraussetzungen* unmöglich in allen Punkten ein sicheres Urteil gewinnen. Für unseren Fragepunkt ist es relativ belanglos, ob die Erwartung der Auferstehung aller Menschen, der Juden und der Heiden, die ganz klar in 4 Esr (7,32–37) und syr Bar (49–51; vgl. auch aeth Hen 51,1) vorliegt, auch schon im Jahre 30 n. Chr. beträchtliche Verbreitung gefunden hatte, oder ob der Blick, wie sonst meist, auf Israel beschränkt blieb (vgl. auch 2 Makk). Wegen des großen Einflusses der Pharisäer könnte die Lehre von der endzeitlichen Totenauferstehung schon zur Zeit Jesu im Volk stark verbreitet gewesen sein, obwohl sich auch Gründe anführen lassen, die gegen eine breitere Anerkennung derselben sprechen.[23] Im apokalyptischen Schrifttum läßt sich jedenfalls beobachten, daß die Theologie von der Auferstehung, die im jüdischen Raum selbstverständlich immer als ‚Auferweckung' durch Gott verstanden ist, mit der Zeit ihre ursprüngliche Verbindung mit dem Gedanken der Belohnung für erlittene Leiden und Verfolgungen verlor und die Auferstehung das normale Mittel wurde, das ein allgemeines Gericht, die endgültige Belohnung oder Bestrafung aller Toten ermöglicht.[24]

Im besonderen brachte *auch das Nach- und Nebeneinander variierender anthropologischer Auffassungen im Frühjudentum* eine beträchtliche Variabilität der Vorstellungen vom postmortalen Schicksal des Menschen und von der endzeitlichen ‚Auferstehung' mit sich, die sich

[21] So z. B. auch *H. Kasting,* Die Anfänge 129; *X. Léon-Dufour,* Résurrection 275; *K. H. Schelkle,* Theologie des NT 2, 132; *Tr. Holtz,* Zur Interpretation, a. a. O. 27 f.

[22] Vgl. zu dieser erst im ntl. Griechisch formelhaften Ausdrucksweise *P. Hoffmann,* Die Toten in Christus, Münster 1966, 180–185; zur ganzen Formel *X. Léon-Dufour,* Résurrection 37–53.

[23] Vgl. zuletzt *G. Friedrich,* Die Auferweckung Jesu, a. a. O. 166–170.

[24] Vgl. die Untersuchung von *George W. E. Nickelsburg, Jr.,* Resurrection, Immortality, and Eternal Life in Intertestamental Judaism (Harvard Theol. Studies XXVI), Cambridge 1972, bes. die Zusammenfassung 174.

weder immer scharf fassen noch systematisch ausgleichen lassen. Im ganzen scheint sich das zeitgenössische Judentum die Auferweckung zum Gericht überwiegend als Wiederaufleben des ganzen Menschen, somit als Auferstehung der körperlich-seelischen Einheit des menschlichen Lebens vorzustellen. Unter Berücksichtigung einer entwickelteren dichotomischen Anthropologie kann die Auferweckung aber auch als Wiederbelebung des verstorbenen Leibes (= Fleisches) in einer Wiedervereinigung von Leib und Seele vorgestellt werden.[25] Wurde das vorausgesetzte offenbarende Widerfahrnis von den Jüngern als Beginn der endzeitlichen Auferweckung gedeutet, verstand sich *der Begriff der ‚Auferweckung' als Ausdruck des Osterglaubens* von selbst. Nach der ganz überwiegenden Zahl jüdischer Aussagen hätte diese Kategorie – in der Konsequenz – zugleich die Vorstellung des Leerseins des Grabes Jesu impliziert. Selbst nach der syr Bar 51 bezeugten Erwartung einer neuen Leiblichkeit der Gerechten geht dem Verwandlungsakt die Auferstehung im alten Leib voraus.

Was sollte die Erscheinungsempfänger bzw. die Anhänger Jesu aber nun auf den Gedanken an die beginnende endzeitliche Totenauferstehung gebracht haben? Sicher nicht die in 4 Esr (7,7 ff.; vgl. 11,36 ff.; 12,32; 13) ausgesprochene Erwartung: nachdem der Messias die Römer besiegt hat, werden die Gerechten Israels zu Beginn der messianischen Ära auferweckt werden; nach dem Tod des Messias und aller Lebenden folgt dann schließlich die allgemeine Auferstehung und das Gericht, das die Gottlosen zur Gehenna verdammt. Nach der besonders deutlich in 4 Esr (6,26–36) und syr Bar (97,10; 103,8–104,5) ausgesprochenen sowie in den Targumen[26] bezeugten Auffassung wird die Auferstehung und das Endgericht als Akt Gottes am Ende der messianischen Herrschaft erfolgen und zum kommenden Äon überleiten. Am Karfreitag und nach demselben konnten die Anhänger Jesu jedoch unmöglich den Gedanken hegen, das, was sie bis zum Karfreitag mit Jesus erlebten,

[25] Vollentwickelt ist die zuletzt genannte Vorstellung jedenfalls für das Ende des 1. Jahrhunderts n. Chr. oder auch noch etwas später bezeugt. Zur Gesamtthematik vgl. außer der in Anm. 24 zitierten Studie von Nickelsburg *K. Schubert,* Die Entwicklung der Auferstehungslehre von der nachexilischen bis zur frührabbinischen Zeit: BZ NF 6 (1962) 177–214; *G. Stemberger,* Der Leib der Auferstehung. Studien zur Anthropologie und Eschatologie des palästinischen Judentums im neutestamentlichen Zeitalter (ca. 170 v. Chr. bis 100 n. Chr.), Analecta Biblica 56), Rom 1972; *Edm. B. Keller,* Hebrew Thoughts on Immortality and Resurrection: Internat. Journal for Philosophy of Religion 5 (1974) 16–44; vgl. weiter *P. Hoffmann,* Die Toten 58–80, sowie die guten Zusammenfassungen bei *U. Wilckens,* Auferstehung 114–127, und *B. Rigaux,* Dieu l'a ressuscité 3–12.

[26] *Van der Woude,* Art χρίω κτλ.: ThWb IX (1972) 515,21 ff.

sei das messianische Reich gewesen, dem nun die Auferstehung und das Gericht nachfolge. Nach der wohl ursprünglichen Form der Verknüpfung von Messias- und Auferstehungserwartung werden beim Kommen des Messias nur die gerechten Israeliten im Lande Israels wieder zum Leben auferweckt werden, um den Segen der messianischen Heilszeit erleben zu können. Auch diese Form der Erwartung dürfte als Verstehenshorizont schon deshalb nicht in Betracht kommen, weil der Gedanke eines zuvor selbst getöteten und auferweckten Messias dieser Erwartung völlig fremd ist, ja als unvereinbar empfunden werden müßte. Es bleibt meines Erachtens aber doch *eine andere Möglichkeit.* Einmal kann man für die Anhänger Jesu unbedenklich die Überzeugung voraussetzen, daß Jesus auch angesichts des von ihm erwarteten Todes an der Gültigkeit seiner Botschaft von der nahegekommenen und in seinem Wirken schon angezeigten Gottesherrschaft festgehalten hat. Zum andern kann man seitens der Erscheinungsempfänger die Vorstellung voraussetzen, die Gottesherrschaft, ‚der kommende Äon' werde eingeleitet durch die Auferstehung der Toten und das über Lebende und Tote ergehende Gericht. Aufgrund dieser beiden Voraussetzungen hätten die Jünger – so meine ich konzedieren zu sollen – eine ihnen geschenkte ‚Vision', ‚Erfahrung' usw. *an sich* als Beginn der endzeitlichen Auferstehung interpretieren können.

Kann die Vorstellung der allgemeinen endzeitlichen Totenauferwekkung aber schon als ausreichender Deutehorizont gelten?

aa) Zu diesem paßt an sich sehr gut die Vorstellung von Christus als dem ersten Gestorbenen und Auferweckten (1 Kor 15,20.23 f.), auf die man sich bis heute immer wieder beruft.[27] Hat diese *soteriologisch-kollektive Ausdeutung der Auferweckung Jesu* auf die an Jesus Glaubenden aber auch schon in der Anfangszeit eine Rolle gespielt? Das darf man bezweifeln. Die kerygmatischen Formulierungen sprechen entschieden dafür, daß das von Gott ausgesagte Handeln am gekreuzigten Jesus zunächst eine Jesus allein auszeichnende, als solche exklusive und nicht übertragbare heilsgeschichtliche Sonderstellung begründete. Auch im altbiblischen Bereich ist die Erlangung des Endheils ja nirgendwo von der Zugehörigkeit der Frommen zu einem als Erstem auferweckten Messias oder Heilsführer abhängig. Im übrigen genügt in unserem Zusammenhang wohl die Erwägung, daß es zu der Vorstellung: „wie zuerst der Messias auferweckt wurde, so werden am Ende die

[27] Vgl. z. B. jüngst auch *Tr. Holtz:* „Indem die Jünger in dem Auferstandenen der anhebenden Auferstehung inne wurden, öffneten sich ihnen die Augen für die Schrift. Von ihr her erschloß sich ihnen der Sinn des Geschehens, das sie mit dem πρωτότοκος ἐκ τῶν νεκρῶν erlebt hatten und noch erlebten": Zur Interpretation 28.

zu ihm Gehörenden auferweckt werden", ebenso gut hätte kommen können, wenn die speziellere Erwartung von der Auferstehung der Gerechten als Interpretationsmodell gedient hätte.

bb) Ferner ist zu bedenken, daß fast durchweg *die Erde,* die von der Sünde und ihren Folgen befreite Erde *als Ort des seligen Daseins der Auferstandenen* zu gelten scheint. Das entspricht ja auch dem gut alttestamentlich-jüdischen Interesse an dieser Erde und der auf ihr spielenden Geschichte. Der wohl im letzten Jahrzehnt des 1. christlichen Jahrhunderts geschriebene 4. Esra versetzt die Auferstandenen auf eine schlechthin erneuerte Erde.[28] Erst für den wohl etwas später schreibenden Verfasser der Baruch-Apokalypse reicht selbst diese nicht mehr aus. Diese Apokalypse, die im übrigen alle Variationen des Auferstehungsgedankens nebeneinander aufweist, läßt die nach der Auferstehung in eine neue strahlende Leiblichkeit Verwandelten im himmlischen Paradies wohnen.[29] Nach aeth Hen 51,4 f. werden die Auferstandenen „Engel im Himmel", die jedoch auf der Erde wohnen und wandeln.[30] Für die Vorstellung der ersten Erscheinungsempfänger wäre somit eher, wenn nicht sicher die Erde als ‚Ort' des auferweckten Jesus vorauszusetzen. Insofern würde sich aus der Erwartung der allgemeinen Totenauferstehung die Vorstellung der Erhöhung Jesu in den Himmel und seines Erhöhtseins, die ja möglicherweise ebenso alt ist wie die Auferwekkungskategorie, nicht ohne weiteres ableiten lassen.[31] Jedenfalls berechtigt uns nichts zu der Annahme, anfänglich habe man sich die Erde als ‚Aufenthaltsort' des auferweckten Jesus vorgestellt.

cc) Hinzu kommt der schon früher betonte Umstand, daß die *Vorwegnahme der endzeitlichen leiblichen Auferstehung eines einzelnen,* eines Frommen oder auch nur einer Heilsmittlergestalt ein dem Judentum offenbar völlig

[28] *G. Stemberger,* Der Leib der Auferstehung 83 f. 116 f.

[29] Vgl. *G. Stemberger,* a. a. O. 89–91.117.

[30] Bei Mk 12,25 bzw. 12,18–27 par handelt es sich wahrscheinlich um urchristliche Gemeindediskussion: vgl. *E. Schweizer,* Das Evangelium nach Markus (NTD 1), 1967, 140.

[31] Anders offenbar *U. Wilckens,* demzufolge, wenigstens in seiner älteren Studie, den Jüngern „die in das Erscheinungswiderfahrnis mitgebrachte jüdische Auferstehungserwartung interpretiert . . ., was sie in der Erscheinung sahen". Nach spätjüdischen Zeugnissen über die Totenauferweckung sei Auferweckung „immer initium finis: nämlich Entrückung, Hinaufgebrachtwerden zum letztgültigen Entscheid über das Geschick der Auferweckten" (Die Überlieferungsgeschichte der Auferstehung Jesu, a. a. O. 55). Kaum nachvollziehbar erscheint mir jedenfalls seine Anwendung auf die Erscheinungen, auf das ‚Sehen' der Jünger: „Sie sahen Jesus in seiner endzeitlichen Lebensgestalt; und sie konnten das Gesehene in diesem Sinne auffassen, nicht nur (freilich: in erster Linie) weil es *Jesus* war, den sie sahen, sondern auch, weil die *Form* solcherart widerfahrenen Sehens von der apokapytischen Überlieferung des umgebenden Judentums her als Widerfahrnis von Gott eröffneter endzeitlich-verborgener Wirklichkeit ihnen bekannt und vertraut war: nicht aus eigener, wohl aber aus überlieferter Erfahrung. Auch die Kenntnis dieser Form hat zu der Eindeutigkeit beigetragen, in der die Jünger das von ihnen Gesehene und seine Bedeutung erkannt und diese Erkenntnis weiter verkündet haben": a. a. O. 57.

fremder Gedanke ist,[32] wie mit Recht immer wieder betont wird. Insofern muß man G. Friedrich zustimmen: „Selbst wenn man annimmt, daß die gesamte urchristliche Gemeinde an eine endzeitliche Auferstehung der Toten geglaubt hat, ist es schwer verständlich, daß sie aufgrund dieser Anschauung auf den Gedanken kommen mußte, Jesus sei auferstanden."[33] Setzen wir aber einmal voraus, die Erscheinungsempfänger seien zum Glauben geführt worden, daß Gott in und an Jesus die endzeitliche Auferstehung eingeleitet habe. Von schon genannten Schwierigkeiten — auch von der Frage, ob Jesus auch nur anfänglich gewissermaßen lediglich als der erste Auferweckte, als der erste Erlöste galt — abgesehen, kommt man in diesem Fall doch wohl nicht um eine einigermaßen plausible Beantwortung der Frage herum, wie der so verstandene Glaube an die Auferweckung Jesu Bestand haben konnte, nachdem von einer nachfolgenden Auferstehung der übrigen Toten zum Gericht keine Rede sein konnte. Diese Schwierigkeit kann auch nicht beseitigt werden durch die gleichzeitige Voraussetzung, zur Auferweckung Jesu sei als weitere Bestätigung des Beginns der Heilszeit schon anfänglich die Erfahrung von Geistwirkungen hinzugekommen. Die genannte Schwierigkeit wird uns in einem späteren Zusammenhang noch einmal beschäftigen müssen.

d) Der Glaube an die Auferweckung und Erhöhung des Gerechten

Man hat also durchaus Grund, nach einer spezielleren Ausprägung israelitischen Auferweckungsglaubens Ausschau zu halten.

Ehe die Auferweckung in Israel zur bloßen Voraussetzung für die universale endgerichtliche Belohnung und Bestrafung wurde, hatte das Alte Testament die Vernichtung des Todes und die Aufhebung des Todesfluchs von Gen 3,19 längst zuvor als „das Jahwes heilschaffende Gerechtigkeit eigentlich krönende Werk" gepriesen (Jes 24–27).[34] Dieses Vertrauen auf Jahwes heilschaffende Gerechtigkeit führte in der seleukidischen Religionsverfolgung zu der Erwartung, daß Jahwe die Gerechten, besonders die wegen der Glaubenstreue Verfolgten und Getöteten, „zu ewigem Leben" auferwecken wird, der die Erwartung der Auferweckung von Verfolgern und Sündern „zu Schmach, zu ewigem Abscheu" (vgl. Dan 12,1 f.) entspricht. Im Vordergrund steht nun nicht einfach die Frage nach dem Schicksal der Toten, sondern nach dem der von Gott Erwählten. „Das beherrschende Interesse richtet sich darauf, daß Gott ganz ohne jeden Zweifel seine Heilszusage an seinen Erwählten verwirklichen und darum auch alle Abtrünnigen und Frevler dem verdienten Unheil preisgeben werde."[35] In den meisten Texten, in

[32] Der Gedanke ist nach *M. Buber* für Juden so unglaubhaft, daß er die Aussage von der Auferstehung Jesu auf einen Motivwandel von der älteren Vorstellung der ‚Entrückung' zur analogischen ‚Auferstehung' zurückführt: Zwei Glaubensweisen, Zürich 1950, 101.100–103.

[33] Die Auferweckung Jesu, a. a. O. 169.

[34] *P. Stuhlmacher,* Das Bekenntnis zur Auferweckung 384.

[35] *U. Wilckens,* Auferstehung 122.

denen die – eschatologisch ohnedies nicht unentbehrliche – Vorstellung einer endzeitlichen Totenauferstehung begegnet, ist deshalb nur von Gerechten die Rede, die zum Empfang des ihnen gebührenden Heils auferweckt werden, ohne daß von Sündern gesprochen wird, die zum Gericht auferstehen. Unter dem Einfluß der Martyrertheologie war die innerweltliche Errettung oder Erhöhung des leidenden Gerechten als *endzeitliche Auferstehung und Erhöhung des Gerechten* verstanden worden.[36]

Wenn auch die früher genannten Hypothesen, die Jesus selbst seinen Weg im Licht des Theologumenons vom leidenden und zu erhöhenden Gerechten sehen und voraussagen lassen, auf unsicheren Füßen stehen mögen, dürfte diese Vorstellung doch mit einigem Recht zur Erklärung des Osterglaubens herangezogen werden, wenigstens unter Voraussetzung eines die Reflexion und die glaubende Antwort der Jünger provozierenden Widerfahrnisses. Jesus ist eines gewaltsamen Todes gestorben, was wir ja auch für das Bewußtsein der Erscheinungsempfänger voraussetzen dürfen. Sofern wir weiter voraussetzen, eine neue ‚Erfahrung', eine in ihrer Konkretion freilich nicht faßbare neue ‚Begegnung' mit Jesus habe Simon und seinen Mitjüngern den Glauben aufgedrängt, Gott habe den hingerichteten Meister nicht im Tod gelassen, hätte dieser Glaube zu einer Revision ihres eigenen Urteils über das gewaltsame Ende Jesu, zur Überwindung des Ärgernisses des Kreuzes führen müssen: Wenn sich Gott zu dem gewaltsam Getöteten bekannte, konnte sein Ende am Fluchholz nicht mehr als Erweis seines Scheiterns und seiner Verwerfung durch Gott gelten; dann hatte der unerhörte Vollmachtsanspruch seines Redens und Tuns zu Recht bestanden und war seine Hinrichtung als das gewaltsame Sterben eines Gerechten erwiesen. Von daher könnte das Theologumenon vom leidenden und zu verherrlichenden Gerechten sehr wohl *den grundlegenden Verstehenshorizont* abgegeben haben, um den Glauben an ein Eingreifen Gottes zu artikulieren.[37] In diesem Zusammenhang darf auch an die wohl schon vormarkinische Verwendung von Motiven aus den Psalmen vom leidenden Gerechten in der Gestaltung gewisser Züge der Passionserzählung und an die Datierung der ‚Auferweckung' Jesu auf ‚den dritten Tag' in der vorpaulinischen Bekenntnistradition erin-

[36] Vgl. die Zusammenfassung bei *L. Ruppert*, Jesus 40.15–40.

[37] Vgl. bes. *E. Schweizer*, Erniedrigung und Erhöhung bei Jesus und seinen Nachfolgern, Zürich ²1962; *G. Bertram*, Art. ὑψόω: ThWb VIII 605, 14 ff.; weitere Literatur und Diskussion bei *H.-Th. Wrege*, Jesusgeschichte und Jüngergeschick 267–269.

nert werden. Auch für den Fall, daß Jesus selbst von seiner Vollendung ‚am dritten Tag' nicht gesprochen hat, könnte diese nach der überzeugenden Erklärung von K. Lehmann theologisch zu verstehende ‚Zeitangabe' einen Zusammenhang mit dem Theologumenon vom leidenden und zu errettenden Gerechten als ursprünglichem Deutemodell verraten.[38]

Von diesem Verstehenshorizont her ließe sich *sowohl die Kategorie der Auferweckung als auch die der Erhöhung*[39] ungezwungen erklären, näherhin die – ohnehin wahrscheinliche – Möglichkeit, daß beide Kategorien gleich alt sind, d. h. daß die Auferweckung von Anfang an als Erhöhung in den Himmel verstanden wurde und umgekehrt.[40] Nicht einfach undiskutabel wäre freilich auch die besonders von E. Schweizer befürwortete Möglichkeit, daß das Osterereignis „*zuerst als Erhöhung, d. h. als göttliche Rechtfertigung* (1 Tim 3,16) . . ., nicht eigentlich als Auferstehung im Sinne der Überwindung des Todes verstanden war".[41] Falls George W. E. Nickelsburg gewisse Aussagen apokalyptischer Texte zu Recht im Sinn seiner Auslegung für das palästinische Milieu beansprucht, könnte sogar von Anfang an auch von Auferstehung gesprochen worden sein, ohne die Vorstellung der Einbeziehung des im Grab liegenden Leichnams zu implizieren. Er macht geltend, daß in dem mit Dan 11–12 ziemlich gleichaltrigen Jubiläenbuch (Kap. 23) eine unmittelbare Aufnahme oder Auferstehung der Geister der Leiber in den Himmel vorausgesetzt wird[42] und daß aeth Hen 102–104 von einer ‚Auferstehung' der Geister der Gerech-

[38] Wie *K. Lehmann* aus der Targum- und Midrasch-Überlieferung belegt, galt der dritte Tag ganz allgemein als der Tag, an dem Gott Heil wirkt und erweckend eingreift. Dieses Theologumenon ist ihm zufolge sehr nahe bei den ‚Gerechten' der Leidens- und Klagepsalmen anzusetzen, bei dem Motiv, „daß die Bedrängnis und der Tod nicht das Endgültige sind . . ., daß Gott sich in der Tat zu seinem Gerechten *bekennt*": Auferweckt 328; vgl. 327–333.

[39] Da Jes 53 das Bild des leidenden Gerechten sicher mannigfach beeinflußte (vgl. *E. Schweizer,* Art. υἱός: ThWb VIII 379 m. Anm. 317), verdient gewiß Beachtung, daß die Vorstellung von einer Erhöhung des mit dem leidenden Gerechten identifizierten (53,11) verworfenen Gottesknechtes vorliegt (52,13) – freilich, ohne daß auch von der Auferweckung aus dem Tod gesprochen wird. Vgl. u. a. *J. Blank,* Paulus und Jesus 149–152. Zur Verschmelzung der Grundelemente des Gottesknechtsliedes Jes 52,13 ff. mit den Entrückungsaussagen der Henoch-Tradition in Weish 2–5 vgl. *H.-Th. Wrege,* Jesusgeschichte 268.

[40] Die beiden Begriffe ‚Erhöhung' und ‚Auferstehung' wurden übrigens bereits im Alten Testament terminologisch miteinander verbunden, vgl. *G. Bertram,* Art. ὑψόω, a. a. O. 610 Anm. 47.

[41] Der Menschensohn, in: Neotestamentica, Zürich 1963, 76.

[42] Resurrection 32 f. 178.

ten spricht.[43] Eine sichere Entscheidung ist auch deshalb schwierig, weil sich die je vorliegende Vorstellung über das Wie und die zeitliche Zuordnung von Erhöhung/Auferweckung nicht ohne weiteres klären läßt. Man wird aber doch *eher die Vorstellung der leibhaften Auferweckung* voraussetzen müssen, zumal die Tradition unter dem Einfluß von Dan 12,2 eine Entwicklung zum festen Topos der Auferweckung des Leibes hin bezeugt.[44] Sicher ist aber auch zu belegen, daß der Aufstieg zum Himmel zur Prärogative aller auferstandenen Gerechten wurde, nicht nur der ihrer Glaubenstreue wegen Verfolgten.[45]

An dieser Stelle ist auch zu fragen, *welche Bedeutung die eventuelle Entdeckung des Leerseins des Grabes Jesu gewonnen haben könnte.* Vorausgesetzt, Jesus sei ordentlich bestattet und es sei früh festgestellt worden, daß sein Leichnam – aus welchem Grund auch immer – nicht mehr im Grab war, dann kämen wohl vor allem zwei Möglichkeiten in Betracht. Einmal die meines Erachtens wenig wahrscheinliche, daß Simon und seine Mitjünger vom leeren Grab Jesu wußten, ehe ihnen ‚Erscheinungen' zuteil wurden. In diesem Fall dürfte es als möglich, wenn nicht sogar wahrscheinlich gelten, daß der Gedanke an das leere Grab in Verbindung mit der ihnen geschenkten neuen Erfahrung die Kategorie ‚auferweckt' insinuierte bzw. mitinsinuierte. Für den weit wahrscheinlicheren Fall, daß die Jünger erst nach den in Galiläa erfolgten Erscheinungen, sogar erst nach ihrer Rückkehr nach Jerusalem vom Leersein des Grabes Jesu erfahren hätten, käme diese Erfahrung auch oder sogar eher als bestätigendes Zeichen eines schon gewonnenen Glaubens in Betracht. Im übrigen ist Feststellung des Leerseins des Grabes Jesu eher unwahrscheinlich als wahrscheinlich (s. o. Nr. 17).

Was das Theologumenon vom Gerechten des weiteren betrifft, *scheint es kaum sichere Belege zu geben, um für den palästinischen Volksglauben die Vorstellung voraussetzen zu können, daß die Gerechten beim Gericht über ihre Feinde als wenigstens stumme Belastungzeugen fungieren werden.*[46] Um die hauptsächlichen einschlägigen Möglich-

[43] A. a. O. 171 f. 175. Nach Nickelsburg bietet aeth Hen 103–104 keinen Hinweis, daß diese Geister Körper haben müssen, um voll das ewige Leben zu besitzen. Dem steht freilich die Auffassung gegenüber, daß die ‚Seelen' oder ‚Geister' der Gerechten auch hier nicht als reine Geister, sondern leibhaftig vorgestellt sind (*U. Wilckens,* Auferstehung 124 f.; *G. Stemberger,* Der Leib 116). Zur Klärung des Problemkreises Auferstehung – Entrückung bei Lebzeiten – postmortale Erhöhung ist anderseits nach *H.-Th. Wrege* zu berücksichtigen, „daß die alten leiblich gedachten Entrückungsaussagen der Henoch- und der Elia-Traditionen (Gen. 5,21 ff.; 2 Kön 2,11 . . .) im Verlaufe des Prozesses der Dualisierung der Weisheit unter sehr verschiedenen Umständen einzeln spiritualisiert worden sind . . .": Jesusgeschichte, a. a. O. 268 Anm. 31 (mit weiteren Literaturangaben).

[44] A. a. O. 171.

[45] A. a. O. 174.

[46] Zuversichtlicher scheint in dieser Hinsicht, vor allem aufgrund von Weish 3,8, *K. Berger* zu urteilen: Zum Problem der Messianität Jesu: ZThK 71 (1974) 18–20.

keiten der Verkündigung Jesu zu berücksichtigen, sei auch an dieser Stelle wieder die Menschensohn-Frage beachtet. Sofern Jesus einer von vielen Autoren befürworteten Hypothese zufolge wenigstens rein objektiv den zum Gericht kommenden Menschensohn der apokalyptischen Erwartung angekündigt hätte, hätte unser Theologumenon leicht zur Identifizierung des erhöhten Jesus mit dem künftigen Menschensohn führen können. Zur Erklärung des *‚maranatha'* ist man indes meines Erachtens weder auf eine zeitgenössische Vorstellung von der Teilnahme der erhöhten Gerechten am Gericht noch auf den wenigstens objektiven Hinweis Jesu auf den künftigen Menschensohn angewiesen.[47]

Nach wie vor sprechen immerhin starke Gründe für die wesentliche Historizität des *sogenannten eschatologischen Ausblicks Mk 14,25.*[48] Gewiß spricht dieser weder vom Gericht, also auch nicht von einer Mitwirkung Jesu bei demselben, noch kann dem Logion entnommen werden, wie sich Jesus die Ermöglichung seiner Teilnahme am eschatologischen Mahl vorgestellt hat. Es ist aber bedeutsam genug, daß Jesus hier die Gewißheit bekundet, das gegenwärtige Mahl sei sein letztes Mahl mit den Jüngern vor dem Mahl der Heilsvollendung, das er in der – mit seinem Tod oder bald danach hereinbrechenden – Gottesherrschaft feiern werde. Wenn Mk 14,25 ein genuines Jesuswort aus der Abendmahlssituation ist, könnte im besonderen die Erinnerung der Jünger an diesen, sie sicher tief bewegenden eschatologischen Ausblick, wenigstens in Verbindung mit dem Gedanken an das überkommene Theologumenon vom Gerechten, das Bekenntnis zur Auferweckung

L. Ruppert möchte für Weish 2,12–20; 5,1–7 eine palästinische Vorlage vom Beginn des 1. vorchristlichen Jahrhunderts annehmen, welche die Erhöhung des Gerechten in den Himmel wohl durch die Auferstehung erfolgen ließ (Jesus 23 f.) und den Gerechten im Himmel eine dem Menschensohn der Bilderreden genäherte Richterfunktion zugeschrieben haben könne (70.68–70). Doch vgl. zur Auffassung des Weisheitsbuches auch *E. B. Keller*, Hebrew thought, a. a. O. 35–38.

[47] Zur Diskussion der Frage, ob weitere Verstehenshilfen wie die Entrückung alttestamentlicher Frommer, besonders des Henoch, zur Verbindung des Gedankens der Erhöhung Jesu und seiner Bestimmung zum Menschensohn beigetragen haben könnten, vgl. *U. Wilckens*, Auferstehung 134 ff.; *G. Friedrich*, Die Auferweckung Jesu, a. a. O. 170–179, sowie meine in Anm. 20 angezeigte Abhandlung.

[48] Vgl. dazu bes. *E. Gräßer*, Die Naherwartung Jesu 114–116; *H. Patsch*, Abendmahl und historischer Jesus (Calwer Theologische Monographien 1), Stuttgart 1972, 131–139. Zur Hypothese von *L. Schenke*, Studien zur Passionsgeschichte des Markus. Tradition und Redaktion in Markus 14,1–42 (Forschung zur Bibel 4), Würzburg 1971, Markus 14,25 sei ein „markinisches Interpretament" und Korrektiv gegenüber einer enthusiastisch-hellenistischen Eucharistieauffassung, vgl. *G. Schneider*, in: Theol. Revue 69 (1973) 285.

und Erhöhung Jesu mithervorgerufen haben. Und nicht weniger könnte schon dieser eschatologische Ausblick verständlich machen, daß die Jünger von dem Augenblick an, da sie Jesu Erhöhung in den Himmel bekannten, mit „unser Herr, komme!“ die Erfüllung der einstigen Zusicherung der Feier des eschatologischen Mahles und damit die Parusie des erhöhten Jesus erfleht haben.

e) Die Hinrichtung Jesu als Messiasprätendent

Wenigstens dann, wenn vorausgesetzt werden muß, daß das Handeln Gottes am Gekreuzigten von Anfang an nicht nur als ‚Auferweckung‘ der Seele und deren Erhöhung zu Gott, sondern als leibhaftige Auferweckung verstanden wurde, drängt sich auch hier der bereits oben (c, cc) angemeldete *Einwand* auf: Konnte dieses Verständnis des am Gekreuzigten erfolgten Handelns Gottes sinnvollerweise durchgehalten werden, nachdem die Auferweckung der übrigen Gerechten bzw. die ‚allgemeine‘ Auferweckung zum Gericht nicht eintrat und vom Kommen der Gottesherrschaft nicht die Rede sein konnte? Muß also auch auf die speziellere Vorstellung von der Auferweckung und Erhöhung der Gerechten als einen diskutablen Verstehenshorizont verzichtet werden? Ich meine nicht, wenn zugleich *das einzigartige Phänomen dieses ‚gerechten‘ Israeliten und besonders die Umstände seiner Hinrichtung* gebührend berücksichtigt werden.

Wir dürfen zumindest für die Empfänger der ersten ‚Erscheinungen‘ das Bewußtsein voraussetzen, daß Jesus sein Wirken in einer eschatologisch endgültigen und absoluten Weise verstanden, näherhin das gegenwärtig beginnende endzeitliche Handeln Gottes wie auch die Erlangung des Endheils an sein vollmächtiges Reden und Tun geknüpft hat. Für unseren Aspekt ist es dabei von sehr untergeordneter Bedeutung, ob Jesus diesen Sendungsanspruch auch mit einer verfügbaren Heilbringerbezeichnung umschreiben und legitimieren konnte bzw. tatsächlich umschrieb – was mir persönlich nach wie vor unwahrscheinlich ist. Es kann auch völlig offenbleiben, ob die Jünger in Jesus den Messias der im Volk vorherrschenden Erwartung erblickten und noch erwarteten, ob und inwieweit sie den Sendungsanspruch Jesu überhaupt kategorial bestimmten bzw. zu bestimmen versuchten. Für die Beurteilung der durch den Karfreitag geschaffenen Situation ist keineswegs entscheidend, ob Jesus schon von seinen Jüngern der Messiastitel angeboten wurde und Jesus die von ihnen damit verbundene Erwartung mit der Voraussage seines Leidenmüssens beantwortete; ebensowenig, ob die Messiasfrage wenigstens vor dem Synedrium gestellt und von Jesus bejaht wurde. Seine Verurteilung hing jedenfalls mit dem Inhalt und Anspruch seines Wirkens zusammen.[49] Und sicher stand seine Hinrichtung im Zeichen der Erledigung des für die vorherrschende Zukunftserwartung höchstmöglichen Sendungsanspruchs eines Israeliten. Im Fall Jesu war vorweg mehr zur Debatte gestellt als das Schicksal eines gerechten Israeliten. Wie der titulus crucis unwiderleglich bezeugt, ist Jesus als ‚der König der Juden', als Messiasprätendent verurteilt und unschädlich gemacht worden.

Durch die schmachvolle Hinrichtung und Vernichtung Jesu als Messiasprätendent wurde *die Frage nach der Legitimität des eschatologischen Sendungsanspruchs Jesu unweigerlich mit der Messias-Frage verknüpft.* Seine Hinrichtung mußte in den Augen aller Israeliten nun einmal bedeuten, daß das Kommen des Heils nicht an seine Person und sein Wirken geknüpft sein kann und Israel das Heil jedenfalls nicht von diesem Jesus zu erwarten hat. Sollte Jesu Anspruch als des letzten Gottesboten, als des vollmächtigen Verkünders der nahegekommenen Gottesherrschaft und damit sein Wort als Kriterium für Heil und Unheil aufgrund des Osterglaubens in der jüdischen Öffentlichkeit aufrechterhalten werden, war es deshalb geradezu unerläßlich, die Erwartung eines anderen als ‚Messias', als Heilsführer auszuschließen. Wie konnte dies in der gegebenen Situation eindeutiger und eindrücklicher geschehen als dadurch, daß die Heilbringer-Bezeichnung ‚der Messias' aufgegriffen und mit positivem Vorzeichen für Jesus beansprucht wurde? Das konnte um so leichter geschehen, als die Bezeichnung ‚der Gesalbte (Gottes)' keineswegs dogmatisch auf eine bestimmte Ausprägung der Heilsführergestalt, etwa auf den Messias von PsSal 17, festgelegt und beschränkt war.

Der entscheidende Ansatz zu diesem Schritt war mit der Deutung und Artikulierung des Ostergeschehens als Auferweckung = Erhöhung Jesu (der nun einmal als der Messias verurteilt worden war) gegeben. Der Glaube an die Auferweckung = Erhöhung Jesu dürfte daher von Anfang an den Gedanken impliziert haben, *daß sich Gott in Wirklichkeit zu dem als ‚Messias' erledigten Jesus bekannt hat,* daß Gott diesen Jesus als ‚Messias' in Geltung setzte, d. h. als den, durch den Israel das Heil erlangen wird. Daß ein Gehenkter, von Gott aber Auferweckter und zu sich Erhöhter ‚der Messias' sein soll, war für jüdische Begriffe aber nun einmal ein messianischer Nonsens sondergleichen. Dieser

[49] Vgl. dazu W. *Schrage,* Das Verständnis des Todes Jesu Christi, a. a. O. 55–57.

Glaube konnte deshalb auch für die Anhänger Jesu überhaupt nur dann Sinn haben, wenn der – ihrem neugewonnenen Glauben zufolge – in der verborgenen Himmelswelt existente ‚Messias' Jesus auch eschatologisch in Funktion treten wird, wenn jener Glaube somit *als Konsequenz die Erwartung der Parusie, des Offenbarwerdens Jesu als ‚des Messias'* nach sich zog. Auch unter diesem Gesichtspunkt wird der ausschließlich auf die Parusie bezogene Flehruf an den erhöhten Jesus verständlich, und zwar als urtümliches Charakteristikum des neugewonnenen Glaubens. Im Hinblick auf die Menschensohn-Problematik sei auch hier wieder angemerkt: Sobald das ‚*Maranatha*' existierte, wäre – sofern Jesus selbst wenigstens rein objektiv vom künftigen Menschensohn sprach – die Voraussetzung gegeben gewesen, den als im Himmel befindlich geglaubten ‚Messias' Jesus mit jenem Menschensohn zu identifizieren. Sofern Jesus aber überhaupt nicht vom Menschensohn der apokalyptischen Erwartung gesprochen hat, wäre meines Erachtens nicht weniger die Voraussetzung gegeben gewesen, die Vorstellung von dem am Ende als Richter in Funktion tretenden himmlischen Menschensohn auf den erhöhten Jesus zu übertragen, um den Glauben an seine Parusie auch von einer verfügbaren Form eschatologischer Erwartung her zu begründen.

War der Glaube an die Auferweckung und Erhöhung Jesu im angegebenen Sinn von Anfang an ‚messianologisch' qualifiziert, scheint sich damit auch *eine mögliche Antwort auf den obengenannten Einwand* zu ergeben: Der Glaube an den endzeitlichen Charakter der Auferweckung und Erhöhung Jesu dürfte deshalb und nur deshalb ohne ernsthafte Anfechtung durchgehalten worden sein können, weil dieser auferweckte und erhöhte Gerechte als Endgestalt, genauer zunächst als der zum ‚Messias' Bestimmte geglaubt wurde; m. a. W.: weil die Erhöhung Jesu als eminent eschatologisches Ereignis, als Ingeltungsetzung der ‚Messianität' Jesu verstanden wurde, die als solche ja auf das eschatologische In-Funktion-Treten des erhöhten Jesus ausgerichtet war. Diese ‚messianische' Logik scheint eben auch eine Bestätigung zu erfahren durch den Umstand, daß die früher durch Jesu Botschaft und Verhalten entfachte *Naherwartung jetzt* nicht nur neu belebt, sondern sogar noch *intensiviert* wurde.

f) ‚Messianische' Schriftinterpretation

Man muß sich bewußt bleiben, wie unmöglich für jüdische Begriffe die Behauptung war, daß Gott einen in Jerusalem Hingerichteten auferweckt und in den Himmel erhöht habe, um diesen als ‚Messias', als Heilbringer erscheinen zu lassen. Auch wenn eine gut israelitische Vorstellung, eben der Glaube an die Auferweckung und Erhöhung der Gerechten, den grundlegenden Verstehens- und Deutehorizont für die Artikulierung des Ostergeschehens abgab, blieb jene Absurdität bestehen. Von daher ist es gewiß verständlich, wenn früher oder später versucht wurde, *Jesu Todesschicksal* und dessen Überwindung als ein Geschehen darzutun, das die Schrift vom Messias, dem messianischen Davidsnachkommen, voraussagte. Wie sich dieses Bemühen in concreto vollzog, ist freilich kaum mehr zu klären und für unsere Fragestellung wohl auch von sekundärem Belang, da dieses schwierige Bemühen mit einiger Wahrscheinlichkeit bereits den Glauben an die Auferweckung und Erhöhung Jesu voraussetzte. Unsere Quellen lassen aber doch Möglichkeiten erwägen. Nicht ohne Grund verweist man z. B. vor allem auf den schon jüdischerseits auf den Messias angewandten Ps 16 (8–11).[50] Unter der Voraussetzung, daß das Theologumenon vom leidenden und zu erhöhenden Gerechten den grundlegenden Verstehens- und Deutehorizont für den Osterglauben abgab, hätte sich auch ein Brückenschlag von Jes 53 zu einem weiteren, für die jüdische Exegese unmöglichen Schritt ergeben: daß man nämlich auch die Aussage vom stellvertretend „für die Vielen" sterbenden Gottesknecht auf den Messias, eben auf den Messias Jesus bezog.

Von besonderem Interesse für unsere Fragestellung sind naturgemäß *gewisse Inthronisationstexte, die auch schon jüdischerseits messianisch ausgelegt wurden.* Zur Beurteilung ihrer Verwendung durch die Messias-Jesus-Gläubigen meine ich, das oben unter Ziffer e) Gesagte noch einmal aufgreifen zu müssen. Mit ihrem eschatologischen Flehruf ‚marana-tha' wandte sich die Urgemeinde nach kaum zu bestreitender Auffassung nicht an Jahwe selbst, sondern an den erhöhten Jesus. Das war vom Standpunkt jüdischer Heilserwartungen ein unerhörter

[50] So z. B. auch *K. H. Schelkle,* Theologie des Neuen Testaments 2, 133.135 f. *H. W. Boers* befürwortet die Möglichkeit, daß die VV. Ps 16,8–11, ehe diese ausdrücklich auf die ‚Auferweckung' Jesu bezogen wurden (vgl. Apg 2,22–36), zunächst nur zur Interpretation des Todes Jesu verwendet wurden (Apg 2,24). Entsprechend einer nachexilischen Vorstellung, daß die Seelen der Gerechten nicht in die Scheol gehen, sondern sofort in den Himmel emporsteigen, habe man durch Ps 16 zunächst bestätigt gesehen, daß Gott den Messias Jesus vor der Scheol bewahrt und in den Himmel erhöht hat. Boers selbst möchte damit freilich seine zweifelhafte Hypothese begründen, erst die Interpretation des Todes Jesu aufgrund von Ps 16 habe in den Jüngern den Bewußtseinszustand hervorgerufen, der das Erleben von Christophanien möglich machte: Ps 16 and the historical origin of the Christian faith: ZNW 60 (1969) 105–110.

Schritt. Trotz der apokalyptischen Vorstellung der Präexistenz des Menschensohnes war man offenbar nicht auf den Gedanken gekommen, diesen anzureden und um sein Kommen zu bitten. Das Novum des ‚Unser Herr, komm!' dürfte sich in der Tat nur aus dem Novum des Glaubens an den Messias Jesus erklären lassen. In dem Glauben, daß Gott durch die Auferweckung und Erhöhung des als Messiasprätendent hingerichteten und erledigten Jesus diesen in Wirklichkeit endgültig als ‚den Messias' bestätigte und bestellte, war der Glaube an die Befähigung des Erhöhten zu eschatologischem Handeln als Heilbringer und Richter impliziert. Unter dieser und nur unter dieser Voraussetzung konnte sich die Urgemeinde sinnvollerweise mit dem ‚Unser Herr, komm!' unmittelbar an den erhöhten Jesus wenden. Mit der Vorstellung, daß Jesus durch die Auferweckung und Erhöhung zu Gott die Macht zu eschatologischem, ‚messianischem' Handeln erhielt, harmoniert nach heutiger Einsicht auch die Anrede ‚unser Herr' sehr wohl.[51] Von der Vorstellung, daß Jesus durch die Erhöhung in den Himmel zu noch ausstehendem messianischen Handeln qualifiziert wurde – einem Handeln, das sehnlich erfleht wurde und sozusagen jeden Augenblick erfolgen konnte –, muß man aber unterscheiden die expliziten ‚Inthronisations'-Aussagen, die Vorstellung also, daß Jesus im Augenblick seiner Erhöhung in den Himmel als messianischer Herrscher inthronisiert wurde und somit schon vor der Parusie die messianische Herrscherstellung innehat. Diese ausdrückliche Artikulierung der Bestellung des Erhöhten zum Messias als messianische Inthronisation muß keineswegs schon im Anfang erfolgt sein.[52] Wohl nicht zufällig ist sie der sicher aus der palästinischen Urgemeinde stammenden Menschensohn-Verkündung der Logienquelle unbekannt. Sie war eben auch von dem urgemeindlichen ‚maranatha'-Ruf nicht gefordert. Daß die schriftinspirierte Reflexion in einem weiteren Schritt zu jener *Aussage der messianischen Inthronisation* kam, ist gewiß nicht unbegreiflich. Nachdem der Glaube, der in den Himmel erhöhte Jesus

[51] Dafür, daß die Urgemeinde die dem irdischen Jesus gegenüber gebrauchte ehrende Anrede ‚mein Herr' auch auf den von Gott mit eschatologischer Aktionsmacht ausgestatteten Erhöhten übertragen konnte, war die sprachliche Voraussetzung durchaus gegeben. Wie das sogenannte Genesis-Apokryphon aus Qumran belegt, haben aramäisch sprechende Juden „zur Zeit Jesu Gott als ‚mein Herr' (mari) mit oder ohne sonstige Kennzeichnung angerufen und so die ehrende Anrede gegenüber als überlegen empfundenen Menschen auf Gott übertragen": *W. G. Kümmel*, Die Theologie des NT, 101.99–102.

[52] In diesem Sinne meine ich zu der lebhaften Diskussion, die durch *F. Hahns* bekannte und fruchtbare Hypothese ausgelöst wurde, Stellung beziehen zu sollen.

werde als der ‚Messias', als Heilbringer und Richter offenbar werden, begründet war, konnte die Überzeugung, die Schrift der Väter könne überhaupt keinen anderen Heilbringer meinen als eben den am Kreuz gestorbenen Jesus, sehr wohl dazu führen, den Glauben an die Erhöhung Jesu auch durch Ps 110,1 zu stützen und diese sowohl durch diesen Psalm als auch durch andere messianische Schriftworte (Ps 2,7; 2 Sam 7,2 f.) als messianische Inthronisation zu interpretieren,[53] wodurch der Ton auf die bereits gegenwärtige Herrschaft und Wirkmächtigkeit des Erhöhten rückte.

20. Muß ‚der Erscheinende' nicht doch gesprochen haben?

Diese Frage drängt sich abschließend noch einmal auf – so sehr auch neuere Autoren, die an einem der Kreuzigung nachfolgenden glaubenweckenden Widerfahrnis festhalten, mit guten Gründen die Aktivität und Reflexion der betroffenen Personen, ihre gläubig deutende und artikulierende Antwort in Anschlag bringen mögen. G. Friedrich gab gewiß zu Recht erneut zu bedenken, daß über die Auferweckung Jesu in der Urchristenheit zwischen den führenden Persönlichkeiten (Petrus, Paulus, Jakobus) und unterscheidbaren Richtungen nicht diskutiert wurde.[54] Die *Einmütigkeit des Osterglaubens* spricht in der Tat für eine in dieselbe Richtung weisende ‚informierende' Wirkung der sogenannten Erscheinungen, ja für ein Widerfahrnis, das die Evidenz in sich selbst trug. Dafür, daß „die verschiedenen Menschen der Urchristenheit ... alle zu demselben Ergebnis gekommen sind", gibt G. Friedrich selbst die Erklärung: „... bei den Erscheinungen vollzogen sich Informationen, die alle Reflexion unnötig machten".[55] Gehören zu diesen ‚Informationen' eben doch auch Worte des Erscheinenden, Worte, durch die dieser selbst das an ihm, dem Getöteten, erfolgte Handeln Gottes proklamierte? Das wird von Friedrich denn auch ausdrücklich vertreten: „Bei dem Widerfahrnis des Sehens ist den Beteiligten nicht eine stumme Gestalt, nicht ein Gespenst erschienen, sondern eine Person, die zu ihnen gesprochen und ihnen Aufträge erteilt hat."[56]

[53] Nach der sehr einsichtigen Argumentation von *H. Schlier* lautete die ursprüngliche judenchristliche Formel Röm 1,3 f.: „Jesus Christus geworden aus dem Samen Davids, bestellt zum Sohn Gottes aus der Auferstehung der Toten." Zu Röm 1,3 f.: a. a. O. 213.

[54] Die Auferstehung Jesu, a. a. O. 159.

[55] A. a. O. 159.

[56] A. a. O. 158.

Obwohl auch Paulus ein Reden des Erscheinenden nicht im geringsten andeutet, scheint sich im besonderen *die apostolatsbegründende Wirkung* bestimmter Erscheinungen nur durch die Annahme eines Sprechens des Erscheinenden befriedigend erklären zu lassen. Das Problem wird besonders aufgedrängt, wenn wir einerseits die 1 Kor 15,6 genannte Erscheinung vor mehr als fünfhundert Brüdern, die mit Recht allgemein nicht als Apostel gelten, und anderseits die 1 Kor 15,7 als letzte der vorpaulinischen Christophanien erwähnte Erscheinung vor ‚allen Aposteln' voraussetzen. Wodurch unterschied sich, um bei diesem Beispiel zu bleiben, diese letzte Erscheinung von der vor mehr als fünfhundert Brüdern, so daß die Empfänger jener Erscheinung die ἀποστολή, die Sendung zur Verkündigung erfuhren, diese hingegen nicht? Erstaunlicherweise wird vielfach zwar sehr bestimmt von der Erfahrung der Sendung bestimmter Männer durch den Auferstandenen gesprochen, aber *die Frage, welches spezifische Moment gewissen Erscheinungen apostolatsbegründenden Charakter verliehen haben soll,* nicht einmal aufgeworfen. Diese Frage läßt sich aber sinnvollerweise nicht ausklammern, wenn man schon die apostolatsbegründende Wirkung gewisser Erscheinungen behauptet. Im Hinblick auf die in diesem Fall vorausgesetzten ‚Erfahrungen' bestimmter Personen spreche auch ich im Folgenden der Kürze halber weiter von ‚Erscheinungen' oder ‚Christophanien'.

Der Versuch einer möglichen Auskunft ist freilich nicht nur mit der schwierigen Problematik des urchristlichen Apostolatsbegriffs überhaupt verknüpft, sondern auch mit der nicht sicher zu entscheidenden Frage, für welche als ‚Apostel' Bezeichneten die Erfahrung einer Christophanie angenommen werden kann. Es ist z. B. nicht einmal sicher, ob noch Paulus selbst eine klare Vorstellung darüber hatte, wer zu den Leuten in Jerusalem gehört, die vor ihm ‚Apostel' waren (Gal 1,17).

Zu den ‚Erscheinungs'-Aposteln werden außer Simon Petrus meist und wohl mit Recht die Zwölf insgesamt gerechnet. Hinsichtlich dieses Personenkreises ergeben sich meines Erachtens *keine ernsthaften Schwierigkeiten.* Daß Christophanien die Betroffenen nicht nur zum Osterglauben führten, sondern auch die Überzeugung zur Folge hatten, diesen Glauben verkündigen zu müssen, wäre gewiß am ehesten verständlich bei bisherigen Jüngern, als die Petrus und die Elf/Zwölf zu gelten haben – gleich ob man mit vor- oder nachösterlicher Konstituierung des Zwölferkreises rechnet. Diese dürften ja bereits zu dem wohl noch offenen Kreis persönlicher Nachfolger gehört haben, die Jesus zur Extensivierung seines eigenen Wirkens zur Palästinamission aussandte. Nach glaubwürdiger Überlieferung standen hingegen die Herrenbrüder der Botschaft Jesu kritisch gegenüber. Man darf aber doch annehmen, daß sie diese kannten. Deshalb ließe sich durchaus vorstellen, die dem Jakobus geschenkte Christophanie sei von diesem auch als Auftrag verstanden worden, seinen nun gewonnenen Glauben zu bezeugen. Erscheinungen vor den Zwölf und Jakobus würden immerhin bereits die Rede von ‚allen Aposteln', denen Christus erschienen sei, rechtfertigen: dreizehn sind ja nicht gleich zwölf.

Nun ist der Apostolat des Herrenbruders Jakobus zumindest nicht sicher, wenn nicht gar unwahrscheinlich. Aber auch im Hinblick auf Simon und die Zwölf würde sich unter der Voraussetzung, daß das „er erschien allen Aposteln" strikt historisch ist, also eine wirklich erfolgte, von den anderen Christophanien, konkret von jener vor den Zwölf, zu unterscheidende Erscheinung überliefert, *eine sehr sonderbare Situation* ergeben. Damit berühre ich freilich ein Problem, das die Pluralität von Christophanien überhaupt mit sich bringt. Diese Pluralität wird bekanntlich schon unter dem Gesichtspunkt der glaubenbegründenden Wirkung einer Christophanie als Problem empfunden, so daß die nicht leichthin abzutuende These vertreten wird, von den vorpaulinischen Christophanien könne eigentlich glaubenbegründend nur die Ersterscheinung vor Petrus, eventuell noch die vor Jakobus gewesen sein, während die übrigen, eben auch die vor den Zwölf, nur eine bestätigende Wirkung gehabt haben könnten. Ich meine freilich: Unter der Voraussetzung, daß bestimmte Christophanien nicht nur glaubenweckende, sondern ebenso unmittelbar auch apostolatsbegründende Wirkung hatten, müßte man die Pluralität von Erscheinungen mit noch größerem Recht als problematische Angelegenheit, als geradezu ungereimt empfinden als bei der Annahme, Erscheinungen hätten nicht nur auf die Begründung, sondern auch auf die Bestätigung des auf Fremderfahrung beruhenden Osterglaubens, auf die Bestärkung in demselben abzielen können. Es erscheint mir jedenfalls schwieriger, eine mehrmalige Beauftragung zur Verkündigung sinnvoll machen zu wollen. Simon, dessen Apostolat niemand bezweifelt, hätte durch die Erscheinung vor den Zwölf (für die sinnvollerweise seine Mitpräsenz vorauszusetzen ist) die Sendung ein zweitesmal erhalten und hernach noch ein drittesmal. Wenn die Erscheinung vor ‚allen Aposteln' auch einigen noch nicht Beauftragten gegolten hätte, hätten jedenfalls die

Zwölf bzw. Elf derselben die Sendung ebenfalls ein zweitesmal erhalten – eventuell auch Jakobus, sofern er Apostel war und zugleich die Angabe ‚alle Apostel' stimmen soll.

Aber muß das ‚er erschien allen Aposteln' im oben genannten Sinn ursprüngliche Überlieferung sein? Zuerst ist zu bedenken, daß 1 Kor 15,3 ff., und zwar bereits die allgemein als vorpaulinisch anerkannte Bekenntnistradition 15,3b–5, in geradezu jeder Hinsicht schon *einen hohen Grad von Reflexion* voraussetzt. So bereits – um nur uns hier unmittelbar angehende Momente zu nennen – der Kephas-Name. Es hieße 1 Kor 15,5 historisch gewiß richtiger: Er erschien ‚dem Simon'. Denn so gut wie sicher hat dieser erst nach der Protophanie bzw. später den Namen ‚Kefa' erhalten. Obwohl in der palästinischen Urgemeinde schon relativ früh die Bezeichnung ‚*scheluchim*', Beauftragte, Gesandte, aufgekommen sein dürfte, wäre es sicher allzu naiv anzunehmen, Simon habe sich aufgrund der ihm zuteil gewordenen Ersterscheinung seinen Mitjüngern gleich als ‚*schaluach*' vorgestellt. Ebensowenig sind wir zur Annahme verpflichtet oder auch nur berechtigt, daß – die Ursprünglichkeit des ‚er erschien allen Aposteln' einmal vorausgesetzt – zum Zeitpunkt dieser Erscheinung bereits der Titel ‚*scheluchim*' existierte und von diesem Personenkreis als von ‚allen Aposteln', denen Christus erschien, gesprochen wurde.

Ohne hier die Frage der exakten Herkunft und des Alters der Angabe ‚er erschien allen Aposteln' beantworten zu müssen, darf man meines Erachtens *folgende Möglichkeit* ins Auge fassen. Starke Gründe sprechen dafür, daß Paulus die Wendung ‚danach allen Aposteln' schon übernommen hat, wie auch R. Schnackenburg[57] und jüngst F. Hahn[58] vertreten. Unter Voraussetzung dieser Formel, die seinen eigenen Apostolat scheinbar ausschloß, verstehe man eben, daß er danach seine Apostelwürde herausstellen will: „Die Erscheinung vor allen Aposteln schließt nicht aus, daß auch er, dem als Letzten von allen (in der Zeugenreihe Genannten) eine Erscheinung zuteil wurde, Apostel ist."[59] „Wenn das richtig gesehen ist" – fährt R. Schnackenburg meines Er-

[57] Unter anderen Gründen macht ihm das auch die Argumentation von *G. Klein*, Die zwölf Apostel, Göttingen 1961, 40 f., wahrscheinlich: Apostel vor und neben Paulus: Schriften zum Neuen Testament, München 1971, 343.

[58] „Die Aussage ‚danach erschien er Jakobus, dann allen Aposteln' ist – ganz gleich ob sie von Anfang an zu der von Paulus zitierten christologischen Formel V. 3 ff. gehörte oder frühzeitig zugewachsen ist – als traditionell anzusehen. Denn nur so gewinnt die auf die eigene Person bezogene paulinische Argumentation in V. 8.9 f. einen prägnanten Sinn": Der Apostolat, a. a. O. 56.56 f.

[59] *R. Schnackenburg*, a. a. O. 343 f.

achtens mit Recht fort –, „folgt daraus zwar nicht, daß die Erscheinungen des Auferstandenen den Apostolat geschaffen haben müßten, aber es geht daraus hervor, daß man in bestimmten Kreisen (Jerusalem) eine Erscheinung des Herrn offenbar für eine den Apostel qualifizierende, bestätigende, ausweisende, vielleicht auch erst autorisierende Tatsache gehalten hat."[60] In der Tat dürfte bereits die Nennung ‚aller Apostel' im Anschluß an Jakobus dafür sprechen, daß die Verbindung ‚aller Apostel' mit einer Christophanie nach Jerusalem weist.

Damit wäre folgende Möglichkeit gegeben: Die erste, nämlich unmittelbare Wirkung der Christophanie(n) war die Begründung des Osterglaubens,[61] des Glaubens an die Auferweckung und Erhöhung des als Messiasprätendent verurteilten und hingerichteten Jesus. Dieser Glaube konnte jedenfalls für die persönlichen Jünger sehr wohl als selbstverständliche Folgerung die Verpflichtung zur öffentlichen Bezeugung und Verkündigung des neubegründeten Glaubens implizieren. Zur Aussage einer Erscheinung vor allen Aposteln könnte es eben dadurch gekommen sein, daß in Jerusalem bzw. überhaupt im palästinischen Christentum der Empfang einer Christophanie als den Verkünder besonders qualifizierende und legitimierende Voraussetzung angesehen wurde. Mit anderen Worten: Die Entstehung der Formel ‚er erschien allen Aposteln' könnte mit der Entwicklung eines bestimmten Apostelbegriffs zusammenhängen, demzufolge der Empfang einer Christophanie als Kriterium für die Evangeliumsverkünder betrachtet wurde. Sobald man dieses Kriterium an die faktischen Evangeliumsverkünder anlegte – wozu wohl auch beitrug, daß im außerpalästinischen Christentum schon bald Missionare, die nicht als Erscheinungsempfänger galten, ‚Apostel' hießen, nämlich als von einer Gemeinde (wie besonders Antiochien) designierte Evangeliumsverkündiger –, *ergab sich zwangsläufig die Vorstellung einer Begrenzung und Fixiertheit der Zahl jener Apostel, die sich auf den Empfang einer Christophanie berufen konnten.*[61a]

Das ‚er erschien allen Aposteln' muß deshalb nicht notwendig auf ursprünglicher Überlieferung einer Erscheinung vor einem zahlenmä-

[60] A. a. O. 344.

[61] Das ließ sich auch als schon vorpaulinische und paulinische Auffassung begründen: s. o.

[61a] Das wäre selbstverständlich auch der Fall, wenn die Nennung „aller Apostel" als Erscheinungsempfänger erst von Paulus stammen würde: „ob Paulus nähere Nachrichten vorlagen oder nicht" – eine Möglichkeit mit der z. B. *P. von der Osten-Sacken* zu rechnen scheint: Die Apologie a. a. O. 257 f.

ßig feststehenden Kreis von Männern beruhen, der eine größere Zahl von Aposteln (im Jerusalemer Sinn) als die Zwölf (eventuell + Jakobus) umfaßt haben müßte. Hinzu kommt, daß wir für keinen der Männer (außer Paulus selbstverständlich!), die als Apostel bezeichnet werden (wie besonders Barnabas), es sicher oder auch nur wahrscheinlich machen können, daß er sich wie Paulus zugleich auf eine Christophanie, auf die Beauftragung durch den Auferstandenen berufen konnte.

Träfe diese Hypothese zu, hätten alle vorpaulinischen Christophanien glaubenbegründenden und unmittelbar nur glaubenbegründenden Charakter gehabt, eben auch die vor Simon und den Zwölf. Daß die Gewinnung des Osterglaubens bei diesen (eventuell auch bei Jakobus) ein besonderes Sendungsbewußtsein nach sich zog, wäre in einem besonderen Verhältnis der Betreffenden zu Jesus begründet, im Fall der in erster Linie, wenn nicht allein, in Frage kommenden Zwölf: in ihrer Sonderstellung als persönlicher Nachfolger Jesu. Das würde bedeuten: unter Berufung auf die apostolatsbegründende Wirkung gewisser Erscheinungen läßt sich *das Postulat des Sprechens des Erscheinenden* nicht mehr – richtiger: noch weniger – begründen als durch die Geltendmachung der glaubenweckenden Wirkung der Erscheinungen.

Rückblick

Wir sind weit davon entfernt, auf die Frage nach der Entstehung des Osterglaubens über hypothetische Möglichkeiten hinaus eine einigermaßen konkrete und sichere Antwort geben zu können. Seitdem von der ‚Auferweckung' Jesu bzw. des Messias Jesus gesprochen wurde, wurde diese so gut wie sicher als himmlische Erhöhung begriffen und sein Offenbarwerden als ‚Messias' erwartet. Dieser Glaube existierte, bevor Paulus selbst zum Bekenntnis dieses Glaubens gekommen war. Es scheint mir auch außer Zweifel zu stehen, daß ὤφθη + Dativ sowohl in der vorpaulinischen Bekenntnistradition als auch von Paulus selbst nicht als bloße Legitimationsformel, nämlich zur Legitimierung der besonderen Autorität bestimmter Personen verstanden wurde, sondern jedenfalls auch, und zwar grundlegend und unmittelbar als eine die Behauptung des Auferwecktseins Christi bestätigende Aussage. Unter der gut begründeten und weithin akzeptierten Voraussetzung der Verwendung der alttestamentlichen Gotteserscheinungsformel bringt die Formulierung 1 Kor 15,5 zum Ausdruck, daß die Auferweckung zugleich Erhöhung in den Himmel bedeutete, kraft deren Christus sich wie der unsichtbare Jahwe sichtbar zur Erscheinung bringen konnte. Welche konkrete Erfahrung der Jünger soll diese Beanspruchung der Gotteserscheinungsformel gerechtfertigt haben? Auch die Annahme, das ‚er ließ sich sehen' sei eine ursprünglich-authentische Formulierung, mit der schon die Empfänger der ersten ‚Erscheinungen' – in bewußter Aufnahme der alttestamentlichen Gotteserscheinungsformel oder auch ohne Rücksicht auf dieselbe – ihre Ostererfahrung wiedergaben, verhilft uns kaum zu größerer Erkenntnis. Denn von einer einigermaßen einsichtigen Auskunft darüber, wie es zu dem 1 Kor 15,5 vorausgesetzten Glauben an die Auferweckung und Einsetzung Jesu in eine Existenz von gottgleicher Aktionsmächtigkeit kam, kann auch in diesem Fall nicht die Rede sein. Solange man die vorpaulinische Bekenntnistradition für sich betrachtet, kann man insofern sogar die Frage stellen, ob das ‚er ließ sich sehen' überhaupt als ein brauchbarer Hinweis auf Grund und Herkunft des Osterglaubens gewertet werden kann, ob möglicherweise erst der schon vorhandene Glaube an die Auferweckung und himmlische Erhöhung Jesu auf die Idee kommen ließ, diesen Glauben nachträglich unter Rückgriff auf die Gotteserscheinungsformel durch die Aussage ‚er ließ sich sehen' bestätigen zu lassen. Unter dieser Voraussetzung wäre aus der vorpaulinischen Bekenntnistradition überhaupt kein Anhaltspunkt hinsichtlich der Entstehung des Osterglaubens zu gewinnen. Von daher wäre die Bahn frei für Erklärungsversuche, die auf ein glaubenauslösendes oder auch bestätigendes Widerfahrnis verzichten.

Soll die Gotteserscheinungsformel mit der Zeit aber ohne jedes fundamentum in re aufgegriffen worden sein, ohne daß von Anfang an die Beanspruchung eines den Osterglauben begründenden Widerfahrnisses überliefert wurde? Das wäre ein Vorgang gewesen, der zweifellos als sehr befremdlich, um nicht zu sagen als befremdliche Willkür empfunden werden müßte und insofern wenig glaubwürdig klingt. Im Vergleich zu dieser Möglichkeit nimmt sich der Diskussionsvorschlag, man habe zu der Gotteserscheinungsformel gegriffen, um die besondere Autorität des Kefa und der Zwölf durch den Auferstandenen bzw. durch den mittels der Auferweckungsaussage legitimierten Jesus legitimieren zu lassen, entschieden erträglicher, in sich glaubwürdiger aus. Dem steht aber, wie erinnerlich, entgegen, daß die vorpaulinische Bekenntnisformel 1 Kor 15,3b-5 wie der paulinische Kontext ihrer Verwendung gegen das Verständnis des ‚er ließ sich sehen' als bloßer (personaler) Legitimationsformel spricht. Am wenigsten gezwungen wirkt immer noch die Annahme, daß das ‚er ließ sich sehen' auf die Überlieferung eines glaubenauslösenden Widerfahrnisses zurückweist und nicht etwa nur ein nachträglicher Kunstgriff ist, um die Gültigkeit des Glaubens an die Auferweckung und Erhöhung Jesu durch ein offenbarendes Geschehen zu sichern. Dafür kann man sich immerhin auch auf andere bestätigende Aussagen des Paulus, auf den breiten Strom aufkommender Erscheinungserzählungen sowie auf andere Momente wie nicht zuletzt die gut begründete Hypothese von der den unerhört hohen Sendungsanspruch Jesu desavouierenden Wirkung des Kreuzestodes stützen.

Freilich, so begründet die These sein mag, der Osterglaube der Jünger beruhe „auf einem Geschehen ..., das nicht aus den Jüngern erklärt werden kann, sondern das selbst ihren Glauben erst entstehen läßt":[62] jenes ‚Geschehen' bleibt für uns eine Unbekannte, die uns eine entsprechend einsichtige Erklärung, wie jenes ‚Geschehen' zur Artikulierung des Osterglaubens führte, verwehrt. Hypothesen, die ohne eine dem Karfreitag nachfolgende neue, als ‚Offenbarung' begriffene ‚Erfahrung', ohne ein in seiner Konkretion nicht faßbares schöpferisches Widerfahrnis auszukommen versuchen, bzw. Hypothesen, welche die Reflexion und Glaubensentscheidung der Jünger als den entscheidenden, den Osterglauben hervorbringenden Vorgang plausibel zu machen suchen, der erst ‚Visionen' als bestätigende Erlebnisse oder auch als psychologisch wohl verständliche Nebenprodukte ermöglichte, können natürlich den Vorzug größerer ‚Rationabilität' für sich buchen, auch wenn sie ebenfalls mit zum Teil unsicheren, sogar recht anfechtbaren Voraussetzungen arbeiten müssen. Ist der Osterglaube als einfache Wirkung eines von Jesus selbst begründeten Glaubens der Jünger erklärbar? Ich versuchte, die Geschichte Jesu und die altbiblische Glaubenswelt der Jünger auf Erfahrungen derselben mit Jesus, auf ihnen zuhandene Erwartungen und Vorstellungen zu befragen, die möglicherweise, wahrscheinlich, aber auch weniger wahrscheinlich oder auch einigermaßen sicher nach dem Karfreitag wirksam werden konnten. Reichen die geltend gemachten Gesichtspunkte aber aus für die Annahme, daß die Jünger auch ohne einen ihnen geschenkten, sich ihnen aufdrängenden, ihren Glauben und ihre Reflexion provozierenden Impuls zur Artikulierung des Osterglaubens kommen konnten? Ich wage diese Annahme nicht zu bejahen, obwohl ich kein Bedenken trage, Jesus für

[62] *H. W. Bartsch* (Das Auferstehungszeugnis 21), der sich hierfür auch auf *M. Dibelius* (Jesus, ³1960, 18) berufen kann.

sein gegenwärtiges Wirken einen alle jüdischen Möglichkeiten überbietenden Sendungsanspruch, den Anspruch des endzeitlichen Heilbringers erheben zu lassen.[63] Eine andere Situation ergäbe sich, wenn zum ersten zur Zeit Jesu die Erwartung des messianischen Propheten, der getötet werden wird, aber bald danach auferstehen und in den Himmel auffahren wird, um von dorther als Richter und Heilbringer offenbar zu werden, existiert hätte und verbreitet gewesen wäre; wenn zum zweiten Jesus selbst sich als diesen messianischen Propheten verstanden und zu verstehen gegeben hätte und er als solcher auch von seinen Jüngern vor dem Karfreitag verstanden und bekannt worden wäre. Ob diese Voraussetzungen, angefangen mit der erstgenannten, zutreffen, scheint zumindest noch offen bleiben zu müssen.

Wie kam es zur Artikulierung des Osterglaubens? Vom ‚Wie' ist jedenfalls das ‚Daß' zu unterscheiden. In dieser Hinsicht vermögen die verschiedenen Hypothesen, denen zufolge die Rede von der Auferweckung und Erhöhung lediglich den Glauben an den am Kreuz endenden Jesus als den absolut-definitiven Gottesboten bekennen soll, ohne gleichzeitig ein wirklich erfolgtes intervenierendes Handeln Gottes am gekreuzigten Jesus behaupten zu wollen, dem Christuskerygma nicht gerecht zu werden – ob uns das zusagen mag oder nicht. Bei dieser Annahme bleibt es – wie schon oft genug ausgesprochen wurde – schwer verständlich, ja im Grunde unverständlich, daß nicht nur das Handeln Gottes am Gekreuzigten als Grund des Glaubens verkündigt wird, sondern Jesus als der Auferweckte und Erhöhte in den Mittelpunkt des Bekenntnisses rückt. Ohne jeden Belang für das Kerygma ist die Frage der Konstatierbarkeit des Leerseins des Grabes Jesu. Entsprechend dem sicher vorherrschenden Verständnis von ‚Auferstehung' bzw. ‚Auferweckung' hat die Auferweckung Jesu im Verständnis der ersten Verkünder mit größter Wahrscheinlichkeit seit jeher die Einbeziehung des Leichnams Jesu impliziert, ohne daß das Leersein des Grabes oder auch der Verscharrungsstelle festgestellt worden sein mußte, somit zugleich ein Faktum empirischer Erfahrung war. Der Gesamtbefund der Überlieferung erklärt sich jedenfalls leichter unter der Voraussetzung, daß das Grab Jesu nicht geöffnet und leer aufgefunden wurde. Auch das Wie der Leiblichkeit des Auferweckten und Erhöhten scheint die Reflexion der Anfangszeit noch nicht beschäftigt zu haben. Im Mittelpunkt des Interesses stand die postmortale Existenz des in den Himmel erhöhten und endgültig zum ‚Messias'

[63] Vgl. zuletzt: Jesus von Nazareth: Ökum. Kirchengeschichte 1, 12–19.

bestellten Jesus. Es läßt sich kaum bestreiten, daß schon im Verständnis der von Paulus voll akzeptierten Bekenntnistradition 1 Kor 15,3b bis 5 das Auferwecktsein des Messias die durch Gott wirklich herbeigeführte überraschende Wende seines endgültigen Totseins behaupten will und darüber hinaus die Erhöhung in einen status gottgleicher Aktionsmacht impliziert, derzufolge die Messias-Jesus-Gläubigen die Bitte um das Kommen des Heils und Gerichts an diesen erhöhten Jesus als ‚ihren Herrn' richten können. Das hätte keinen Sinn, wenn die Auferweckungs- und Erhöhungsaussage nur als Interpretations- und Legitimationskategorie verstanden worden wäre, die angesichts der eingetretenen Tötung einzig die Legitimität der im Martyrium endenden Sendung Jesu als des definitiven Gottesboten neu aussprechen und unterstreichen wollte. Und schon gar nicht dürfte Paulus in der bekannten Weise von 1 Kor 15,14 f. den Auferweckungsglauben zum Kernstück des Christusglaubens erklären und so sehr zum Ausgangspunkt seines theologischen Denkens machen. „Wenn aber Christus nicht auferweckt worden ist, dann ist nichtig, was wir verkündigen, nichtig auch, was ihr glaubt. Als falsche Zeugen Gottes werden wir entlarvt, weil wir zu Lasten Gottes bezeugt haben, er habe Christus auferweckt, den er doch gar nicht auferweckt hat ..." Nur ein Glaube, für den der auferweckte und erhöhte Jesus nicht weniger existente Wirklichkeit ist als der am Kreuz geendete, kann sinnvollerweise den Erhöhten an die Stelle der kultischen Gegenwart Gottes treten lassen: „Denn wo zwei oder drei in meinem Namen versammelt sind, da bin ich in ihrer Mitte" (Mt 18,20). „Um die Macht dieser Gegenwart Christi weiß die Apostelgeschichte (z. B. 4,9–12) wie die Paulusbriefe (z. B. 1 Kor 5,3 f.), Johannes (z. B. 14,12–14) wie die Offenbarung (z. B. 2,1)."[64] In der Tat: Res venit iterum ab intellectu ad fidem (R. Schnackenburg).

[64] *E. Schweizer,* Mt z. St. (244).

Rudolf Pesch

Materialien und Bemerkungen zu Entstehung und Sinn des Osterglaubens*

* Mein verehrter Lehrer hat mich zu diesem Beitrag veranlaßt; für seine verständnisvolle Behandlung meines Diskussionsvorschlags sei ihm damit mein herzlicher Dank bezeugt. – Ich verweise mit eingeklammerten Seitenzahlen und dem Sigel V. auf die Ausführungen A. Vögtles in diesem Band. Angesichts der reichen Dokumentation neuerer Literatur in diesen Ausführungen kann ich hier auf Nachweise in Fußnoten weitgehend verzichten.

Die ‚Erweiterung eines Vortrags' (V. Vorwort) ist Anton Vögtle zu einer breiten Behandlung meines Diskussionsvorschlages[1] geraten. Seine Frage lautete „Wie kam es zur Artikulierung des Osterglaubens?"; und die Feststellung seines einleitenden Satzes „Die Aktualität dieser Frage läßt sich kaum bestreiten" konnte kaum besser bezeugt werden als durch die unabhängig voneinander entstandenen ersten Publikationen und Diskussionen.[2] Anton Vögtle schließt seine ausgewogene Untersuchung mit dem weitere Untersuchungen stimulierenden Urteil, „jenes ‚Geschehen'", das zur Artikulierung des Osterglaubens führte, bleibe „für uns eine Unbekannte" (V. 129). Stimulierend wird man dieses Urteil besonders dann empfinden, wenn man über historische Aufklärung hinaus fundamentaltheologisch an der Begründung des Osterglaubens interessiert bleibt.

Solches Interesse – es geht mir um die fundamentaltheologische Begründung des Glaubens an die Auferstehung Jesu und nicht, wie mein umstrittener Diskussionsvorschlag verschiedentlich mißverstanden wurde, um eine Entleerung dieses christlich unabdingbaren Glaubens – mag rechtfertigen, daß ich mich entgegen meiner Absicht, zunächst länger die Ergebnisse der Diskussion meiner Thesen abzuwarten, mit Materialien und Bemerkungen zu Entstehung und Sinn des Osterglaubens wieder zu Wort melde.[3] Der Leser ist um Verständnis für die

[1] *R. Pesch*, Zur Entstehung des Glaubens an die Auferstehung Jesu: ThQ 153 (1973) 201–228, 270–283.

[2] Siehe jetzt auch *H. Küng*, Zur Entstehung des Auferstehungsglaubens. Versuch einer systematischen Klärung: ThQ 154 (1974) 103–117; *A. Schmied*, Auferstehungsglaube ohne Ostererscheinungen?: Theologie der Gegenwart 17 (1974) 46–51 mit weiterführenden Hinweisen in Anm. 11; die entsprechenden Abschnitte bei *H. Küng*, Christsein heute (Tübingen 1974); *W. Kasper*, Jesus der Christus (Mainz 1974).

[3] Zur Klärung meiner Position darf ich auch auf meine Beiträge in: *R. Pesch – H. A. Zwergel*, Kontinuität in Jesus. Zugänge zu Leben, Tod und Auferstehung, Freiburg i. Br. 1974, verweisen. Siehe auch den Schlußabschnitt unten III, e. Wesentliche Anregungen verdanke ich inzwischen Gesprächen mit Mainzer und Frankfurt-St. Georgener Kollegen; zu besonderem Dank für mannigfaltige Hinweise bin ich Norbert Lohfink SJ verpflichtet.

lockere Form meines Beitrags gebeten, der sich auf wenige Fragen konzentriert und nur Hinweise zur weiteren Erörterung ihrer Lösung anzubieten vermag. Daß die Materialien und Bemerkungen, die folgen, nicht nur der Korrektur, sondern auch der weiteren Begründung und Entfaltung meines Lösungsvorschlags dienen sollen, dürfte und sollte der weiteren Diskussion zugute kommen, in der nach wie vor nicht der apologetische Eifer (welcher Richtung auch immer), sondern das bessere Argument zur Sache zählt. Dem vorbildlichen Stil des Lehrers weiß sich der Schüler verpflichtet.

1. Zum ‚Kardinalpunkt' (V. 37): „er erschien" (dem Kephas)

Erscheinungen, Visionen, Auditionen, Träume etc. gehören in der Religionsgeschichte zu den Offenbarungsmitteln, durch welche die Offenbarung der Götter bzw. des Gottes über die Mittler, die Offenbarungsempfänger (z. B. Propheten), formuliert in der Botschaft der Mittler, zu den Adressaten der Offenbarung gelangt. Was läßt sich aus neueren Untersuchungen zu in der außerjüdischen und jüdischen Religionsgeschichte überlieferten Phänomenen lernen? Ich referiere in gebotener Kürze:

a) *Friedrich Ellermeier,* Prophetie in Mari und Israel (Theologische und orientalische Arbeiten 1), Herzberg 1968, hält fest, daß die Unterscheidung von ‚Vision' und ‚Audition' problematisch ist: „umschließt doch die Erfahrung, die man Vision nannte, zumeist auch ein Hören" (85). Nach einläßlicher Musterung der Mari-Texte urteilt der Autor, „daß man augenscheinlich zwischen dem sich im Schlafe einstellenden *Traum* (šuttum) und dem im wachen Zustande auftretenden Gesicht, der *Vision* (pānu . . .), nicht unterschied" (90). Als zweite wichtige Beobachtung hält er fest: „Dem Unterschied zwischen Sehen und Hören wird überhaupt kein Gewicht beigemessen. Am seltsamsten mutet es an, wenn das Verbum ‚schauen' verwendet wird, wo es ausschließlich um ein Hören geht (XIII, 112), vgl. alttest. ‚das Wort Jahwes schauen'" (90). Daß der Terminus ‚schauen' auf ein Hören angewendet werden kann, wird so erklärt: „Der Träumende hat den sprechenden Gott in seinem Traum gesehen, auch wenn er dann nur die Botschaft mitteilt" (91). Bemerkenswert scheinen mir ferner folgende summierenden Feststellungen: „Es läßt sich auch nicht sagen, daß die Träume anders eingeschätzt wurden als die anders empfangenen Botschaften. Und innerhalb des Traumes kann eine bloße Schauung genauso deutlich und genauso eindrucksvoll sein wie ein bloßes Hören“ (92). Der Traum ist neben der Vision im Wachzustand ein häufiges Offenbarungsmittel: „In Mari konnten kultisch gebundene Personen und Laien Gottesoffenbarungen im Traum suchen oder unerwartet empfangen, die sie als Botschaften an den König weitergaben“ (92).

Daneben gibt es Leute, welche die Berufsbezeichnung muhhum/muhhutum führen und „die es berufsmäßig mit Botschaftsempfang zu tun hatten, ihre Offenbarungen durch Ekstase, jedenfalls in einem Zustand der Verzückung empfingen“ (92). Der Prophetenspruch gilt „eo ipso als Gotteswort“ (92 f.), und die „Formulierung ‚der Gott sprach‘ oder ‚sagt‘ darf also niemals so gepreßt werden, als zeige er das göttliche Wort gegenüber dem bloßen Prophetenwort an. Wo diese Formulierung begegnet, hat sie nur betonenden Wert“ (93). Die Verzückung der Mari-Propheten führte „nicht zum Reden in unverständlichen Lauten, sondern es handelt sich um eine Inspiration zur Botschaftsübermittlung in verständlicher Rede, bzw. um ein nachträgliches Formulieren der Botschaft, wenn die Ekstase abgeklungen war“ (95). Dem Unterschied der Offenbarungsmittel – Traum oder Ekstase – wird „keinerlei wesentliche Bedeutung zuerkannt ... Das Entscheidende ist, daß der Prophet durch irgendein Mittel zu einer inneren Erfahrung gelangt, die er sofort oder nach einiger Zeit in seiner Sprache in Worte faßt. Wie der Traum als Inkubationstraum herbeigeführt werden konnte, so der Empfang einer Gottesbotschaft durch Mittel, die in ekstatischen Zustand versetzten“ (95).

Wo es Gottesbotschaften gibt, wo ein Offenbarungsanspruch erhoben wird, stellt sich das Problem der Legitimierung des Offenbarungsmittlers. In Mari versuchte man Mißbrauch auszuschließen, indem man die Propheten für die Botschaft haftbar machte (97 ff.): „Der Prophet haftet für seine Botschaft – er selbst oder ein anderer, der für ihn geradesteht. Wenn der König eine Garantie in Gestalt von Locke und Gewandsaum fordert, so ist das Leben der Propheten in seine Hand gegeben“ (158).

Die Mari-Texte lassen uns als Originalbriefe ziemlich nahe an verschiedene Offenbarungsphänomene herankommen; daß solche Phänomene auch in Israel bekannt sind und im Urchristentum andauern, ist unbestreitbar. In religionsgeschichtlicher Spätzeit, die nicht nur in religiöser Unmittelbarkeit, sondern auch durch religiöse Literatur ver-

mittelt lebt, stellt sich freilich auch das Problem der literarischen Verwendung der Topologie von Offenbarung ein. Unser ‚Kardinalpunkt' besteht m. E. wesentlich in der Frage, ob die Formel ‚er erschien' unmittelbar eine Erfahrung (Vision) zur Sprache bringt oder als ‚Formel' theologischer Rede in Dienst genommen wurde (Legitimationsformel), also in den Bereich der Legitimierung des Offenbarungsmittlers gehört.
Bei der Diskussion der sogenannten ‚Worte des Auferstandenen' (vgl. IV. Abschnitt „20. Muß ‚der Erscheinende' nicht doch gesprochen haben?", S. 122) sollten die referierten (und weitere, aus späterer Zeit zugängliche) religionsgeschichtlichen Phänomene auch nicht außer acht bleiben. Die scharfe Trennung von Vision und Audition bzw. bloßem Sehen oder Erscheinen und zusätzlichem ‚Reden des Erscheinenden' (V. 122 ff.), wie sie G. Friedrich (nach V.s Referat) vornimmt, ist sicher unangebracht. Das bestätigt auch die folgende Untersuchung.

b) *Johannes Lindblom,* Gesichte und Offenbarungen. Vorstellungen von göttlichen Weisungen und übernatürlichen Erscheinungen im ältesten Christentum (Acta Reg. Societatis Humaniorum Litterarum Lundensis LXV), Lund 1968, bespricht ausführlich die *Vorstellungen* des Urchristentums, ohne jeweils entscheiden zu wollen, ob die Offenbarungsphänomene faktisch bezeugt oder als Vorstellungen literarisch benutzt sind. „Das einzige Offenbarungsmittel technischer Natur, das im ältesten Christentum von größerer Bedeutung war, war das Losen" (20 ff., zu Apg 1,15 ff.), dessen Übung auch durch Protoev. Jac 10 und 24 sowie Act. Thom. 1 bezeugt werde: „Die in Apg 1 erzählte Episode ist . . . ein Beweis dafür, daß es vorkommen konnte, daß die Leiter der ersten Christen sich des Losens bedienten, um bei einer bedeutungsvollen Entscheidung den Willen Gottes kennenzulernen. Daß diese Praxis nur ein einziges Mal im NT erwähnt wird, ist überraschend, widerspricht aber nicht der Annahme, daß das Loswerfen auch sonst verwendet werden konnte, wenn Gottes Wille in wichtigen Entscheidungen erforscht werden sollte" (23). Darf man mit urchristlicher Praxis des Losens rechnen, so gewiß auch grundsätzlich mit anderen Offenbarungsphänomenen. Doch ist ein Sachverhalt wichtig: „Träume als Offenbarungen werden nur im Mattäusevangelium und in den Lukasschriften erwähnt. Es ist bemerkenswert, daß in der Johannesapokalypse niemals von Träumen die Rede ist. Das ist umso merkwürdiger, als in der jüdischen Apokalyptik Träume als Hauptmittel für den Of-

fenbarungsempfang gelten" (31). Die Traumoffenbarungen an Josef in der mt Kindheitsgeschichte sind nun, wie vermutlich auch die Nachtgesichte des Paulus in der Apg, literarische Stilmittel der Erzähler; wir haben hier keine historisch authentischen Primärdokumente, sondern schriftstellerische Erzeugnisse. Das notwendige Vergleichsmateral zur Urteilsbildung hat längst *Alfred Wikenhauser*, Die Traumgesichte des Neuen Testaments in religionsgeschichtlicher Sicht, in: Pisciculi. FS F. J. Dölger, Münster 1939, S. 320–333, zusammengestellt; Beachtung verdient auch der Beitrag von *Lieselotte von Eltz-Hoffmann*, Biblische Träume und ihre Deutung im Blickfeld der modernen Psychologie, in: Wege zum Menschen 12 (1960) 225–240. Hier sei nur festgehalten: Der Traum kann als Offenbarungsmittel des Urchristentums nicht als bezeugt gelten, er kommt nur in der urchristlichen Literatur vor.
Anders steht es sicherlich mit ‚Visionen' (32 ff.). Es wird nützlich sein, die Definition unseres Autors zur Kenntnis zu nehmen: „Unter ‚Visionen' versteht man im allgemeinen visuelle Erscheinungen von Gestalten, Dingen oder Vorgängen, bzw. Wahrnehmungen von Stimmen und Lauten, die keine sinnlich-objektive Wirklichkeit haben, sondern nach der Auffassung der Schauenden und hörenden Personen einer anderen, unsichtbaren Welt entstammen. Was die Visionäre sehen oder hören, wird ihrer eigenen Meinung gemäß nicht durch die gewöhnlichen Sinne aufgefaßt, sondern durch ganz andere Organe: ‚Das innere Auge' und ‚das innere Ohr'. Die visionären Erlebnisse werden in einem seelischen Zustand erfahren, den wir Ekstase oder Trance nennen, einen Zustand, in welchem die Seelenkräfte mehr oder weniger dauernd auf gewisse dominante Ideen und Gefühle so konzentriert werden, daß das Bewußtsein durch sie derart absorbiert wird, daß der normale psychische Verlauf mehr oder weniger außer Kraft gesetzt, dem normalen Bewußtseinsstrom mehr oder weniger Einhalt getan wird. Die Vision hat mit dem Traum vieles gemeinsam; sie unterscheidet sich aber vom Traum dadurch, daß sie nicht im Schlaf, sondern im wachen Zustand erlebt wird. Die Visionäre selber versichern immer wieder, daß sie, wenn sie eine Vision empfangen, nicht schlafen, sondern ganz wach sind. Die Visionen dürfen nicht mit Halluzinationen verwechselt werden. Die Halluzination ist eine visuelle oder auditive Wahrnehmung (etwa eine sinnliche Empfindung anderer Natur), die keine Entsprechung in der Sinnenwelt hat, aber dennoch als eine sinnliche und wirklichkeitsgetreue aufgefaßt wird. Der Halluzinierende denkt, daß das, was er wahrnimmt, durch die körperlichen Sinne wahr-

genommen wird und räumlich der äußeren, wirklichen und konkreten Welt angehört. Das biblische Material gibt uns nicht viel Anlaß, von Halluzinationen zu sprechen" (32 f.).

Lindblom stellt sodann folgende Merkmale der echten Visionen fest: „Sie enthalten gewöhnlich sowohl visuelle wie auditive Bestandteile. In gewissen Fällen überwiegen die visuellen, in anderen die auditiven. Bisweilen dominieren in der Vision anschauliche und plastische Elemente, bisweilen dominiert ein Handeln, ein Geschehen. Im ersten Falle können wir von plastischen Visionen, im zweiten von dramatischen Visionen reden. Der Inhalt der Visionen hat an sich etwas Irrationales, etwas Unaussprechliches, etwas ‚ganz anderes' im Verhältnis zur alltäglichen Wirklichkeit. Was gesehen und gehört wird, kann in den Einzelheiten recht anschaulich und vom Visionär klar faßbar sein, obwohl er es schwer findet, nachträglich zu beschreiben, was er erlebt hat. Die allgemeine Struktur der Vision ist aber trotz einer gewissen kompositionellen Einheitlichkeit oft sehr lose und schwebend. In dieser Hinsicht haben die Visionen eine gewisse Ähnlichkeit mit Träumen. Die Visionen treffen spontan und unerwartet ein; sie werden vom Visionär als etwas Wunderbares, Außerordentliches betrachtet, etwas, was einen gewaltigen Eindruck, bald einen erschreckenden, bald einen erhebenden, auf ihn macht. Er hat oft ein Gefühl, besonders benadigt zu sein, und empfindet sich selbst als passiv, als empfangend. Was er erlebt, wird ihm als ‚von oben' gegeben. Was er sieht und hört, besteht natürlich aus Stoff, der ihm aus der Vorstellungswelt, in der er lebt, gegeben worden ist. Aber im Augenblick der Vision kommt ihm alles seltsam und fremd vor; sein eigenes Denken, seine eigene Reflexion, seine schöpferische Fantasie sind aus dem Spiel geworfen. Erst bei der nachträglichen Schilderung des Erlebten, etwa bei der Erklärung des Sinnes der Vision oder bei der Deutung der vielleicht allegorischen Züge, treten das Nachsinnen und die Überlegung in Funktion. Die eindrucksvollen visionären Erlebnisse werden oft vom Visionär datiert und lokalisiert" (34 f.). Wichtig erscheint mir sodann die folgende Bemerkung des Autors: „Wir müssen natürlich zwischen dem, was *wir* über Visionen denken, und den Vorstellungen der neutestamentlichen Menschen von den betreffenden Erlebnissen genau unterscheiden. Für uns mit unserer modernen, psychologischen Betrachtungsweise ist eine Vision ein seelisches Erlebnis, das in dem psychisch Unbewußten seine Quelle hat. Dem neutestamentlichen Menschen war selbstverständlich die Unterscheidung ‚Objektives' und ‚Subjektives' ganz fremd. Was wir Vision nennen – ich denke hier an die Visionen religiösen Inhalts –, war für ihn ein Erlebnis, wobei durch eine innere Wahrnehmung etwas Wirkliches geschaut bzw. gehört wurde, etwas Wirkliches, das dennoch nicht der natürlich-irdischen, sondern der übernatürlichen, himmlischen, göttlichen Welt angehörte. Was wir, psychologisch gesehen, als subjektive Projektionen betrachten, das waren für ihn durchaus objektive Tatsachen, aber Tatsachen, die in einer anderen Welt ihren Ursprung und ihren Standort hatten und durch eine Art innere Erleuchtung wahrgenommen wurden" (37 f.).

Paulus war gewiß ein „ekstatisch veranlagter Visionär" (41; vgl. 2 Kor 5,13; 12,1), sein eigenes Zeugnis verbürgt uns dies authentisch. Die Schilderung seines Damaskuserlebnisses der Apostelgeschichte „hat alle Kennzeichen einer Beschreibung von einer ekstatischen Vision" (47): „Daß Paulus vor Damaskus eine ekstatische Christus-Vision gehabt hat, die sein ganzes Leben umgestaltete, ist sicher. Was sich damals im einzelnen abgespielt hat, können wir nicht mehr genau feststellen" (51). Bemerkenswert erscheint die Vorsicht eines Autors, der Apg und Paulusbriefe harmonisierend das Faktum der ekstatischen Christus-Vision bis hin zur „Plastizität des Geschauten" (48) sehr nachdrücklich festhält, bei der Beurteilung von Gal 1, 12 ff.: „Der hier gebrauchte Terminus für ‚Offenbarung' ist ἀποκάλυψις, ein Wort, das allerdings nichts für die Natur der Begebenheit beweist, da ἀποκάλυψις für jede beliebige Offenbarung von etwas bisher Verborgenem gebraucht werden kann" (48). Den Formel-Charakter von 1 Kor 15,5 ff. nimmt Lindblom nicht wahr, aber er bemerkt: „Schon der durchgängig benutzte Ausdruck ὤφθη ist bemerkenswert. Es wird durch diese Aufzählung nicht bewiesen, daß Paulus der Meinung war, daß der Auferstandene ihm in ganz derselben Weise erschienen sei, wie er sich z. B. dem Petrus und den übrigen ersten Zeugen offenbarte. Aber soviel ist sicher, daß er bestimmt behaupten wollte, daß der Christus, der ihm erschien, derselbe war, der den ersten Zeugen erschien, der auferstandene Jesus, der aber jetzt in den Himmel erhöht war" (48 f.).

Schließlich verdient folgende Überlegung von Lindblom, der Skepsis gegenüber der Historizität des Damaskusereignisses für unbegründet hält, noch unsere Aufmerksamkeit: „Eine psychologische Analyse der Voraussetzungen der Christus-Vision des Apostels Paulus wäre an und für sich eine fesselnde Aufgabe. Die ekstatischen Visionen haben natürlich immer Wurzeln und Veranlassungen in der normalen Erfahrungs- und Vorstellungswelt der Visionäre. Was sie in ihren Visionen schauen und hören, ist immer in ihrer normalen seelischen Lage vorbereitet. Daß Paulus für die Christuserscheinung auf dem Wege nach Damaskus psychisch prädisponiert war, braucht nicht gesagt zu werden. Für eine Darstellung seiner religiösen Entwicklung vor der ‚Bekehrung' hat die Fantasie einen ziemlich freien Spielraum. Von Tatsachen wissen wir wenig" (51 f.).

Apg 22,17 f. erwähnt eine neue ekstatische Christusvision des Paulus, und Lindblom meint: „Wahrscheinlich handelt es sich Gal. 2,2 um eine ähnliche ekstatische Christusvision" (53). Die Christusvision des Paulus ist also nicht nur nicht zu bestreiten, sondern darüber hinaus auch nicht einfach von nachfolgenden Erfahrungen zu isolieren (vgl. unten c). Das Damaskuserlebnis ist von anderen Visionen als Berufungsvision abzuheben (siehe dazu unten i–k).

J. Lindblom rechnet neben Paulus auch Petrus zu den ekstatischen Visionären des Urchristentums und beansprucht dafür die Korneliusgeschichte Apg 10–11: „Die Erzählung vom ekstatischen Erlebnis des Petrus in Joppe beweist, daß Petrus ekstatisch veranlagt war" (Lindblom möchte deshalb auch die Verklärungsgeschichte auf eine Vision des Petrus zurückführen; 57 f.). Obwohl wir von Petrus keine Primärquelle besitzen, urteilt Lindblom zuversichtlich: „In der Petrus-Kornelius-Geschichte spürt man handgreiflich die schriftstellerische, den Stoff stark umgestaltende Hand des Lukas. Der vereinzelte Vorfall mit dem Halbproselyten Kornelius und seinen Leuten ist von Lukas zu einem Präjudiz von weitgreifender, prinzipieller Bedeutung gemacht worden. Gegen die Geschichtlichkeit des visionären Erlebnisses des Petrus an und für sich können keine triftigen Gründe angeführt werden. Die Vision enthält nichts, was in einer echten ekstatischen Vision nicht hat vorkommen können" (57). Auch im Zusammenhang der ekstatischen Visionen, genauer: der Verklärungsgeschichte, deren Rückführung auf eine Petrusvision er für möglich hält, erklärt Lindblom: „Es muß aber, wenn wir mit ekstatischen Visionen zu tun haben, betont werden, daß der Vorstellungsstoff niemals Neuschöpfung des Visionärs ist. Er liegt ihm bereits vor in dem Milieu, in dem er lebt. In der Ekstase wird er nach den Gesetzen der ekstatisch-visionären Erlebnisse aktualisiert" (61).

Gilt dies auch für die österliche Christusvision? Lindblom scheint diese Frage durchweg zu bejahen. Wir zitieren noch die zusammenfassenden Bemerkungen über die ekstatischen Visionen: „Es ist unleugbar, daß ekstatische Visionen im ältesten Christentum eine große Rolle gespielt haben. Davon zeugen sowohl die Berichte von tatsächlichen Visionen, deren historische Wirklichkeit wir keine Ursache zu bezweifeln haben, als auch Schilderungen visionärer Erlebnisse, die wir als fiktiv beurteilen müssen. Bei den ersten Christen mit ihrem Bewußtsein, in der Nähe der jenseitigen, unsichtbaren, himmlischen Welt zu leben, lagen in reichlichem Maße die psychologischen Voraussetzungen für ekstatische visionäre Erlebnisse vor, Erlebnisse von zufälligen Enthüllungen aus der anderen Welt, welche für die ekstatischen Visionen konstitutiv sind.

Trotz des reichlichen Vorkommens ekstatischer Visionen im ältesten Christentum dürfen wir ihre Bedeutung nicht überschätzen. Es wäre ein großer Irrtum zu behaupten, daß die wesentlichen religiösen Glaubensgedanken der Apostel und der ersten Christen überhaupt sich auf die visionären Erlebnisse gründeten. Es ist unbestreitbar, daß das Damaskus-Erlebnis für Paulus persönlich von unermeßlicher Bedeutung war – um seine ‚theologischen' Gedanken zu erklären, müssen wir jedoch vor allem das ihm tradierte urchristliche Kerygma von den grundlegenden Heilstatsachen und die prophetischen Aussagen des AT in Betracht ziehen. Auch die Glaubensgedanken der alttestamentlichen Propheten hatten ja schließlich nicht ihren Ursprung in ihren außerordentlichen revelatorischen Erlebnissen; auch ihnen lag eine (etwa ‚mosaische') Tradition vor, welche sie kraft ihres in ihrer Gottesnähe erzeugten moralischen und religiösen Bewußtseins fortbildeten. Die ekstatischen Erlebnisse waren weder bei den Propheten noch bei den ersten Christen die Quelle ihrer Glaubensgedanken; sie waren entweder Erfahrungen, welche für sie selbst exklusive Bedeutung hatten, oder Äußerungen der gewaltigen Macht und Stärke, womit sie von ihren religiösen und moralischen Ideen und Gefühlen ergriffen waren" (66 f.).

Gilt dies auch für die österlichen Christusvisionen? Lindblom behandelt sie in einem eigenen Abschnitt 6 (nach 5. Angelophanien und Engelepiphanien) ‚Christophanien und Christusepiphanien' (78 ff.). Lindblom bestätigt A. Vögtles Auffassung, daß mit der Verwendung von ὀφθῆναι meist an „ein Sehen und Gesehenwerden" gedacht wird, „auch wenn dies nicht immer als ‚sinnlich' bezeichnet werden kann. Sowohl im Traum als auch in der Vision ‚sieht' der Mensch etwas, obwohl nicht mit dem leiblichen Auge" (88 f.). Jedoch steht dem Autor „fest, daß man aus der Vokabel ὀφθῆναι keine Schlüsse auf die spezifische Natur der Erscheinungen des Auferstandenen ziehen darf" (89). Die Sichtung der Erscheinungserzählungen führt Lindblom dann zur Beantwortung der Frage, „wie die ersten Christen sich die Natur der Erscheinungen des Auferstandenen vorgestellt haben“ (101). Die Erscheinungen des Auferstandenen in den Ostererzählungen sind als ‚Christusepiphanien‘ – ohne die Kennzeichen der Vision, bei realistischem, ja massivem Wirklichkeitscharakter – vorgestellt (104 f.). Epiphanieschilderungen sind freilich auch eine legendarische Gattung.

Welche Vorstellung steht nun aber hinter der vorpaulinischen Tradition in 1 Kor 15,3 ff.? Lindblom meint, die Erscheinungen vor den fünfhundert Brüdern, vor Jakobus und vor den gesamten Aposteln seien wie die ekstatische Christusvision des Paulus selbst pneumatische Gesichte, die in Verzückung empfangen wurden: „Mit diesen drei Erscheinungen sind wir mitten in das Leben der ersten Gemeinde in Jerusalem versetzt. So spricht alles dafür, daß die drei Christuserscheinungen, welche Paulus unmittelbar vor der Damaskuserscheinung erwähnt, nach der Auffassung des Paulus derselben Natur waren wie diese“ (107 f.). Lindblom sieht „in den Erscheinungen vor ‚den gut fünfhundert Brüdern‘ und vor ‚allen Aposteln‘ zwei Beispiele für Massenekstase in der ersten christlichen Gemeinde. Ein drittes Beispiel bietet die Schilderung des kollektiven ekstatischen Zungenredens in der Pfingsterzählung Apg 2. Das Phänomen der Massenekstase ist den Religionspsychologen wohlbekannt und von ihnen oft beschrieben worden. Die Religions- und Kirchengeschichte bietet aus älteren und neueren Zeiten Beispiele in Fülle. Daß solche Massenekstasen nicht nur rein emotional waren, sondern von visuellen bzw. auditiven Wahrnehmungen begleitet werden konnten, wissen wir auch“ (109 A.44).

Wenn ich recht sehe, würde das bedeuten, daß auch den genannten ekstatischen Visionen der Osterglaube schon voraufgeht, so daß der Ansatz meiner Untersuchung bei der Protophanie des Petrus erneut gerechtfertigt erscheint. Überdies: Wenn mit verschiedenartigen Christuserscheinungen innerhalb der Katene 1 Kor 15,5–8 zu rechnen wäre, würde ein Rückschluß von Paulus auf Petrus auch aus diesem Grund nicht ohne weiteres statthaft sein. Lindblom rechnet „mit zwei verschiedenen Vorstellungstypen“ für die Erscheinungen vor Petrus und vor Paulus: „Einerseits hat man sich das Auftreten des Auferstandenen in der Form realer Christusepiphanien vorgestellt, andererseits hat man mit ekstatischen Visionen gerechnet. Im ersten Falle trat, wie man dachte, der Auferstandene hier auf Erden auf, in dem historischen Milieu, anthropomorph, obwohl im verwandelten Leibe, mit Menschen wie ein Mensch verkehrend. Im zweiten Falle erschien der Auferstandene ‚vom Himmel her', und zwar vor Menschen, die in einen ekstatischen Zustand versetzt waren und mit ‚inneren' Augen und Ohren sahen und hörten" (111).

Aus Lk 24,34 und 24,36 ff. schließt Lindblom, daß sich die ersten Jünger die Erscheinungen vor Petrus und den Zwölfen als Christusepiphanien vorstellten (108). Ist das richtig, dann wäre freilich erneut fraglich, ob 1 Kor 15,5 eine Christusvision des (Lindblom als ekstatischer Visionär geltenden) Petrus überliefert: „Die Christusepiphanien gehörten zu den Osterereignissen der ersten Jünger, die Visionen waren Erfahrungen, die Menschen der postpentekostalen Gemeinde zuteil wurden. Wir finden im NT keine Spur davon, daß man sich die ersten Ostererlebnisse anders als Epiphanien vorgestellt hätte" (112). Epiphanien gehören aber in den Bereich legendarer Sprachform; wer dies nicht wahrhaben möchte, möge die Warnung Lindbloms nicht überhören: „Hier möge noch eins hervorgehoben werden. Diejenigen Forscher, die es sich angelegen sein lassen, die Christusepiphanien in psychologischen Kategorien zu umschreiben, bezeichnen sie gern als ‚Visionen'. Sie sollten aber lieber hier den Terminus *Halluzinationen* verwenden. Charakteristisch für die Halluzinationen ist ja, daß sich hier alles auf der irdischen Ebene bewegt, daß das Geschaute stark realistisch und konkret bzw. antropomorphistisch aufgefaßt wird, daß die psychischen Voraussetzungen nichts mit Verzückung im eigentlichen Sinne zu tun haben und daß der Halluzinierende selbst meint, er sehe das von ihm Geschaute mit dem normalen Sehvermögen. Eben diese Züge sind auch für die Christusepiphanien, wie sie in den Evangelien geschildert werden, typisch.

Wollen wir hierüber hinaus feststellen, was schließlich historisch hinter den Ostererzählungen der Evangelien liegt, müssen wir als vorurteilsfreie Forscher eingestehen, daß für ein solches Unternehmen unsere wissenschaftlichen Hilfsmittel versagen. In Untersuchungen über die neutestamentlichen Auferstehungserzählungen ist die Grenze der Wissenschaft nicht selten überschritten worden" (113).

Bedauerlicherweise geht Lindblom auf die Frage der Formelhaftigkeit der ὤφθη-Formel nicht ein. Will mit ὤφθη Κηφᾷ nicht doch eine ekstatische Vision des Petrus behauptet sein? Wir lassen uns alsbald weiter durch Untersuchungen zu den alttestamentlichen Erscheinungsberichten belehren. Zuvor schenken wir aber einem besonderen Fachmann Gehör.

c) *Ernst Benz,* Paulus als Visionär. Eine vergleichende Untersuchung der Visionsberichte des Paulus in der Apostelgeschichte und in den paulinischen Briefen (Akademie der Wiss. u. d. Lit., Abh. der Geistes- und sozialwissensch. Klasse, 1952, 2), Wiesbaden 1952, S. 79–121, wird von uns Exegeten ungerechtfertigterweise zu wenig zur Kenntnis genommen. Aus der Apostelgeschichte ergibt sich dem Autor, einem ausgewiesenen Fachmann für die Erforschung des Phänomens der Vision,[4] „folgendes Bild: Paulus erscheint darin als ein christlicher Visionär, dessen Visionen in einem Zustand von Ekstase als Tag- oder Nachtvisionen stattfinden. Diese Visionen begleiten sein ganzes Leben und geben ihm die Direktive für alle wichtigen Entscheidungen seiner missionarischen Tätigkeit. Inhaltlich sind die Visionen verschiedener Art. Sie sind größtenteils Visionen des Herrn. Unter ihnen kommt eine besondere Bedeutung zu der Vision vor Damaskus, die Paulus als seine Berufungsvision erlebt hat und die die entscheidende Wendung seines Lebens einleitet. Diese Berufungsvision ist aber nicht die einzige Herrnvision, vielmehr zeigt die Apostelgeschichte, wie auch im späteren Leben des Apostels in entscheidenden Augenblicken der Herr persönlich in einer ekstatischen Vision erscheint und ihm bestimmte Weisungen und Offenbarungen gibt. Daneben kommen auch andere Formen der visionären Erfahrung vor, wie sie bereits aus der prophetischen Erfahrung des Alten Testamentes in Erscheinung treten, so das Traumgesicht des Mazedoniers, des Völkerengels von Mazedonien – und andere Engelserscheinungen. Auch mit diesen Erscheinungen ist beim Visionär das spontane Wissen verknüpft, daß es sich um visionäre Vorgänge handelt, die vom Herrn verursacht und Auswirkungen seines unmittelbaren Eingreifens in das Leben des Apostels sind. Die visionäre Begabung des Apostels tritt nicht isoliert hervor, sondern sie ist verknüpft mit anderen Geistesgaben“ (95).

Benz prüft sodann, „wie weit die Äußerungen über visionäre Erfahrungen in den Briefen des Apostels Paulus eine Bestätigung dieses Bildes der Apostelgeschichte bringen oder wie weit von dorther eine Korrektur notwendig wird“ (96). Wir halten als bemerkenswerte Ergebnisse seiner Prüfung fest: „Paulus selbst läßt seine Gemeinde nicht im Zweifel darüber, daß er Visionen hat. Seine Gemeinden kennen ihn als ekstatischen Visionär. Er ist in dieser Eigenschaft so bekannt, daß er in

[4] Vgl. *E. Benz,* Die Vision-Erfahrungsformen und Bilderwelt, Stuttgart 1969. – Hingewiesen sei in diesem Zusammenhang auch auf *C. Sirat,* Les theories des Visions sur-naturelles dans la pensée juive du moyen-âge, Leiden 1969.

seinen Briefen darauf als etwas Bekanntes anspielen kann" (95). Dieser Sachverhalt wird auch in der jüngsten Untersuchung des Japaners *Helmut Saake,* Paulus als Ekstatiker. Pneumatologische Beobachtungen zu 2 Kor 12,1–10, in: Novum Testamentum 15 (1973) 153–160, herausgestellt. Saake spricht vom „außergewöhnlichen Ekstatikertum" (160) des Paulus. Doch, wenden wir uns weiter der Untersuchung von E. Benz zu; er führt aus: „Auch in seinen Briefen erwähnt Paulus die Tatsache, die in der Apostelgeschichte immer wieder als Leitmotiv der Missionsgeschichte hervortritt, daß Gott durch besondere Offenbarungen den Lauf des Apostels und den Weg seiner Missionierung lenkt. So schildert Paulus in dem berühmten selbstbiographischen Abriß seiner Missionstätigkeit im Galaterbrief die gesamte Missionstätigkeit unter dem Gesichtspunkt einer persönlichen Lenkung durch unmittelbare Offenbarungen des Herrn in Form ekstatischer Visionen. Nicht nur den Anfang seiner Verkündigung und das von ihm verkündete Evangelium selbst führt er auf eine Offenbarung Jesu Christi zurück (Gal 1,12), sondern auch seine späteren Reisen stehen unter dem Einfluß solcher unmittelbaren göttlichen Einwirkungen. Dies betont er ausdrücklich von seiner zweiten Reise nach Jerusalem (Gal 2,1): ‚Darauf nach 14 Jahren zog ich wieder nach Jerusalem hinauf mit Barnabas und nahm auch den Titus mit. Ich ging aber aufgrund einer Offenbarung.' Er verwendet hier denselben Ausdruck ‚Apokalypsis', der wie die Analogie von Gal 1,12, I Cor 14,6.26, II Cor 12,1.7 bestätigt, eine im ekstatischen Zustand erfahrene Offenbarung des Herrn bezeichnet ... Die brieflichen Angaben des Paulus bestätigen die Feststellung der Apostelgeschichte, daß nicht nur seine Berufungsvision, sondern auch spätere Visionen den Charakter von Herrnvisionen hatten" (96 f.).

Von dieser Feststellung aus, die hier nicht diskutiert werden kann, wird nun die „besondere Stellung" (97) der Damaskus-Vision, der Berufungsvision des Paulus interessant. Auch wenn sich die Hypothese des Autors, die Erscheinungen des Auferstandenen seien *für die Urgemeinde* mit der Himmelfahrt Jesu abgeschlossen gewesen, sicher nicht halten läßt, vermag er einsichtig darzutun, daß Paulus von seiner Berufungsvision deshalb jeweils im Kontext der Apologie seines Apostolats spricht (1 Kor 9,1 ff.; 1 Kor 15,3.; Gal 1), weil für Paulus die Legitimation der „vor ihm berufenen Apostel" (Gal 1,17) durch Christophanien (1 Kor 15,3 ff.) bereits vorgesehen war. Paulus fühlt sich „durch die Vision von Damaskus veranlaßt, sich selber sozusagen ans Credo anzuhängen und seine Herrnvision im gleichen Sinn wie die übrigen von der Gemeinde anerkannten Erscheinungen als Erscheinung des Auferstandenen zu verstehen. Eben daraus leitet er auch einen bestimmten Anspruch ab: Da er sich selber durch eine Erscheinung des Auferstandenen zur Verkündigung des Evangeliums berufen weiß, interpretiert er diese Erscheinung als Berufung zum Apostelamt und setzt sich im Rang den übrigen durch den Herrn berufenen Aposteln gleich" (98).

Benz geht dann auf die umfassendere Bedeutung der paulinischen Visionen ein: „Die visionären Erfahrungen des Apostels und ihre ständige Wiederholung sind der Ansatzpunkt nicht nur seines apostolischen Sendungsbewußtseins, nicht nur seiner Prädestinationslehre, sondern auch dessen, was man in einem vielfach so mißverstandenen Sinn die Christus-Mystik des Paulus genannt hat" (103).

Benz interpretiert „die visionäre Grundlage des paulinischen Sendungsbewußtseins" (103) aufgrund von 2 Kor 5,16 und Gal 1,15–17 dahingehend: „Er kennt nach der Vision von Damaskus nur den erhöhten, auferstandenen Herrn, der seither in ihm und durch ihn spricht und sich ihm in immer neuen Gesichten und Offenbarungen kundtut"(104). Falls Benz hier richtig sieht, stellt sich das Problem der besonderen Stellung der Berufungsvision noch drängender. Benz resümiert: „Paulus erwähnt zwar überall bevorzugt die Damaskus-Vision, wo er die Legitimität seines Apostelamtes gegenüber seinen Gemeinden zu begründen hat, aber es gehört zu seiner Grundauffassung vom Verhältnis zwischen dem Herrn und der Kirche, daß diese Erscheinungen sich fortsetzen können"(107). Auch wenn die Exegeten Benz bei der Einzelauslegung verschiedener paulinischer Belege nicht folgen können, werden sie gut daran tun, sein Urteil zu bedenken, es sei „abwegig, all die zahlreichen Stellen, an denen sich der Apostel auf Einzeloffenbarungen des Herrn beruft, als einen theologischen Sprachgebrauch zu verstehen. Eine ‚uneigentliche' Verwendung mystischer Ausdrücke kommt nur bei solchen Theologen vor, die eine mystische Theologie entwickeln, ohne die Voraussetzung zu einer solchen, nämlich die visionäre Erfahrung zu haben. Ein mystischer Theologe, dessen Theologie sich auf echten visionären Erfahrungen gründet, kommt gar nicht in die Versuchung, er wird schon durch die Erinnerung an die nachhaltige Erschütterung des religiösen Erlebnisses daran gehindert, die Ausdrücke für das Höchste und das Bewegendste, was ihm widerfuhr, im uneigentlichen Sinne zu verwenden. Paulus selbst berechtigt seine Hörer zu der Annahme, daß er überall dort, wo er bestimmte Offenbarungen

oder Anweisungen, den Kultus oder die Gemeindezucht betreffend, auf den Herrn selbst zurückführt, auch tatsächlich bestimmte visionäre Erlebnisse, Gesichte und Offenbarungen des Herrn im Auge hat und sich auf sie bezieht. Eben deswegen, weil die Gemeinde weiß, daß Paulus Visionär ist, daß der Herr zu ihm spricht, daß der Herr mit ihm redet, daß der Herr ihn in immer neuen Gesichten und Offenbarungen heimsucht, deswegen kann sich auch Paulus bei seiner Verkündigung oder seinen sittlichen Ermahnungen darauf berufen, daß er diese oder jene Offenbarung, dieses oder jenes Gebot vom Herrn empfangen habe. Die Verkündigung des Apostels war stärker von visionärem Erleben durchpulst, als die meisten seiner heutigen Exegeten wahrhaben wollen. Aber den Gemeinden, die er gründete und denen er predigte, war diese Tatsache bekannt, und ihnen gegenüber konnte er sich darauf berufen. Seine heutigen Leser und Hörer aber müssen lernen, die visionären Töne seiner Botschaft wieder in ihrer ganzen Klangfülle herauszuhören und seine Theologie als die Erfahrungs-Theologie eines Visionärs zu verstehen" (112).
Freilich wäre kritisch gegen Benz einzuwenden, daß für den jüdischen Theologen Paulus Offenbarung und Tradition nicht schlechthin in Gegensatz gesetzt werden dürfen, wie 1 Kor 11,23 mit der ausgeprägten Traditionsterminologie sicher belegt. Ferner wäre zu berücksichtigen, was Lindblom zur Erfahrungsgrundlage der ekstatischen Vision ausgeführt hat.[5] Jedenfalls bleibt aber offen, ob die paulinische Interpretation einer vorpaulinischen Formel (ὤφθη c. Dat). für die Tradenten der Formel und erst Recht für die mit ihr eingeführten ‚Visionäre' (Petrus, die Zwölf, die 500 Brüder, Jakobus, alle Apostel) gültig ist, d. h. ob jene aus derselben Erfahrung des Visionärs ursprünglich formuliert bzw. dann tradiert haben. Die Vorgeschichte der Formel in Altem Testament und frühjüdischer Literatur bleibt interessant.

d) *Herbert Mölle,* Das ‚Erscheinen' Gottes im Pentateuch. Ein literaturwissenschaftlicher Beitrag zur alttestamentlichen Exegese (Europäische Hochschulschriften XIII, 18), Bern-Frankfurt/M. 1973, führt den Nachweis, daß eine Reihe von Erscheinungserzählungen im Pentateuch literarischen Charakter hat: „In der vorliegenden Untersuchung

[5] Vgl. auch noch *K. Rahner*, Visionen und Prophezeiungen (Q D 4), Freiburg i. Br. [2]1958. Besonders wichtig ist ferner: *B. Weissmahr,* Gottes Wirken in der Welt. Ein Diskussionsbeitrag zur Frage der Evolution und des Wunders (Frankf. Theol. Stud. 15), Frankfurt a. M. 1973; *Ders.*, Gibt es von Gott gewirkte Wunder? Grundsätzliche Überlegungen zu einer verdrängten Problematik: StdZ 191 (1973) 47–61. Vgl. auch unten III c.

konnte der Nachweis erbracht werden, daß die Erscheinungserzählungen Gn 12,1 ff.; 18,1 ff.; 26,1 ff.; 26,23 ff. und Ex 3,1 ff. als solche auf die Hand des Jahwisten zurückzuführen sind. Lediglich in Gn 18,1 ff. und Ex 3,1 ff. finden sich Spuren von Traditionen, die dem Jahwisten vorgegeben waren. Zu den vorgegebenen Elementen gehören aber gerade nicht die Erscheinungssyntagmen: Diese hat der Jahwist entweder vorangestellt (Gn 18,1) oder in den Zusammenhang eingebaut (Ex 3,2)" (260). Im Blick auf Kultorte hat Jahwes Erscheinen legitimierenden Charakter: „Die überkommenen Kultstätten werden, wenn sie zu Orten des Erscheinens und des Altarbaus deklariert werden, post festum noch aufgewertet und legitimiert. Die Verbindung des Erscheinens Jahwes mit vorgegebenen Kultstätten stellt aber selbst wiederum ein Verdienst des Jahwisten dar"(260). Die Texte erlauben keinen Rückschluß auf ‚Visionen', denn: „Das jahwistische Erscheinungsschema ist das Ergebnis einer theologischen Reflexion: Die Geschichte des Volkes Israel hat als (erfahrene) Heilsgeschichte ihren Grund (die Bedingung der Möglichkeit) in der ungeschuldeten Initiative Jahwes. Diese findet ihren literarischen Ausdruck bei J in den Erscheinungserzählungen" (261).
Ähnliches läßt sich auch zu den Erscheinungstexten der JE-Redaktion und der deuteronomistischen Erscheinungserzählung Dt 31,14 ff., sagen. Die Priesterschrift differenziert: „Das Erscheinen bei bestimmten Einzelpersonen und das Erscheinen am ‚Kultort' sind hier zwei verschiedene Schemata" (263). Da für P der Kultort-Pluralismus unvollziehbar ist, gilt hier: „Das zentrale Kultheiligtum (und nur dieses!) und ein bestimmtes Kultpersonal werden durch das Erscheinen legitimiert"(264). Daß Jahwe in seiner Erscheinung als tatsächlich wahrnehmbar *vorgestellt* wird, ist unbestritten. Wenn sich die Erscheinungserzählungen aber der theologischen Reflexion der Pentateuchautoren und -redaktoren verdanken, ist die Rückfrage hinter den Sitz in der Literatur in die konkrete Situation von Erscheinungsempfängern abgeschnitten.
Von einem „durchreflektierten Sprachgebrauch der Priesterschrift" spricht für die Erscheinungsterminologie auch *Norbert Lohfink,* Die priesterschriftliche Abwertung der Tradition von der Offenbarung des Jahwenamens an Mose: Biblica 49 (1968)1–8, hier S. 3. Und *Manuel Oliva,* Las revelaciones a los patriarcas en la historia sacerdotal: Biblica 55 (1974)1–14, bestätigt den reflektierten Umgang der Pentateuchautoren mit Erscheinungsterminologie und Erscheinungsvorstellungen: „Concluyendo: con el termino r'h (Ni)P negativamente ha evitado en

las revelaciones a los patriarcas el sabor antropomórfico que pudiera presentar la antiqua revelación a Abrahán de Gn 18, y el carácter cultico incubativo de la revelación a Jacob en Betel, Gn 28. Positivamente con el r'h (Ni) P acentúa la realidad y al mismo tiempo la transcendencia de las revelaciones a los patriarcas, donde todo rasgo mitico está demás" (9).

e) Daß Erscheinungsszenen (meist in Kurzformulierungen) zur freien Verfügung von Erzählern bzw. Nacherzählern in frühjüdischer Zeit gehören, mag uns das Jubiläenbuch, eine Nacherzählung der Genesis, im Vergleich mit der Genesis belegen. Jub 16,1.15 erzählen die Engel (im Unterschied zum Bericht Gen 18,1): „wir erschienen dem Abram/ihm". Gen 22,15: „Der Engel des Herrn rief dem Abraham vom Himmel her zum zweitenmal zu ..." ist mit Jub 18,14 zu vergleichen: „Als er uns veranlaßte zu *erscheinen* und zu ihm in des Herrn Namen zu sprechen". Auch Traumoffenbarungen werden in der Nacherzählung zum Text des Originals hinzugefügt (vgl. Jub 27,1diff Gen 27,42).
Daß Erscheinungen frei erzählbar sind, ist dem Neutestamentler ohnehin ein aus seinen eigenen Texten gut bekannter Sachverhalt.

f) Weniger bekannt ist, daß es nicht nur von Jesus, sondern auch von anderen auferweckten/erhöhten Figuren (z. T. Martyrern) Erscheinungsaussagen gibt, die auf eine vom Jesuskerygma unabhängige traditionelle Vorstellung hinweisen. Nach TestJob 40,3f. sehen Job, Jobs Freunde und sein Weib seine „in den Himmel aufgenommenen" (39,13) Kinder: „Nach dem Gebet sprach ich zu ihnen: Erhebt gen Osten eure Augen und schaut meine Kinder dort mit der Herrlichkeit des Himmlischen gekrönt! Auch Sitidos, mein Weib, schaut sie." In den Acta Petri 40 erscheint Petrus in der Nacht nach seinem Tod dem Marcellus im Traum. In den Acta Pauli 4 und 6 sagt Paulus dem Kaiser Nero Auferstehung und Erscheinung an und erscheint vor ihm: „Und wenn du mich enthaupten läßt, werde ich folgendes tun: Ich werde auferstehen und dir erscheinen"(4).
In den Himmel aufgenommene Menschen können erscheinen; so Mose und Elija und Jeremia in der Verklärungsgeschichte, so Petrus und Paulus, so die Söhne des Ijob. Wie von einer solchen Erscheinung erzählt wird, entscheidet in der Regel vorgegebenes traditionelles Schema oder literarische Intention eines Autors. Die österlichen Erscheinungserzählungen in den Evangelien machen hier keine Ausnahme.
Die Frage, die ich in meinem Diskussionsvorschlag aufgeworfen habe,

lautet: Sind Erscheinungserzählungen über Jesus im Unterschied zu Erzählungen über Mose, Elija, Jeremia, Petrus, Paulus usw. nur aufgrund einer faktischen Erscheinung Jesu, d. h. einer Vision eines Erscheinungsempfängers, möglich? Man wird diese Frage nur dann bejahen können, wenn die Entstehung des Osterglaubens ohne diesen Glauben erst initiierende Erscheinungen nicht erklärt werden kann.

g) Aber auch für eine Position, die für die Protophanie des Petrus etwa mit einer ekstatischen Christusvision rechnet, hätte – sofern J. Lindblom recht hat – diese Vision nicht die Entstehung des Osterglaubens veranlaßt, vielmehr diesen Glauben bestätigt. Das heißt, an der Rückfrage nach „Möglichkeiten eines Prozesses reflektierender Deutung und Artikulierung", wie sie A. Vögtle im Schlußteil seines Beitrags diskutiert hat, kämen wir auch dann nicht vorbei, wenn Petrus eine bzw. die erste Christusvision hatte. Ist das richtig, so verliert der Streit um die Erscheinungen erheblich an Gewicht; er könnte gelassener, sachlicher, die Aufhellung der historischen Prozesse förderlicher geführt werden.

h) Die ekstatische Christusvision des Paulus habe ich als Berufungsvision gedeutet, zumal Paulus selbst in der Terminologie prophetischer Berufungsvisionstexte formuliert.
Klaus Gouders, Die prophetischen Berufungsberichte Moses, Isaias, Jeremias und Ezechiel. Auslegung, Form- und Gattungsgeschichte, zu einer Theologie der Berufung, Bonn 1971, hat ausgeführt, daß sich der jesaianische Typus der prophetischen Berufungsberichte des Verbs r'h = sehen "zur Bezeichnung für ‚visionär-ekstatisch-prophetisches Sehen'"(158) bedient, womit die Gespräche zwischen Jahwe und dem Angerufenen eingeleitet werden. In diesem Typus „bleibt für die Initiative des Berufenen wenig Raum"(171); hier braucht man auch „keine Beistandserklärung und kein Zeichen, daß Jahwe mit seinem Boten ist; denn Theophanie oder Vision sind selbst Beistand und Zeichen" (171). Gouders hat sodann „die prophetischen Berufungsberichte als Legitimationsurkunden" vorgestellt: „Der prophetische Berufungsbericht ist eine Gattung sui generis, die zur Legitimation vor dem Volke dient. Der Bericht der Propheten über ihre Berufung ist eine für andere Leute bestimmte Mitteilung" (185f), „Niederschlag der Rechtfertigung der Propheten vor dem Volk" (188). Aber, die Visionsberichte „müssen bei aller Anlehnung an vorgegebene Wendungen und Schemata in ihrem Kern als die Wiedergabe persönlichsten Erlebens der

Propheten verstanden werden" (190). In der atl.-frühjüdischen Überlieferung ist Mose als berufener Prophet zur Norm geworden. Paulus greift zwar direkt auf jes. und jer. Tradition zurück, aber für die ὤφθη-Terminologie legitimierender Feststellungen könnte die Mose-Tradition richtungweisend gewesen sein. Nach Gouders ist freilich bei den Prophetenberufungen „das Erscheinen Gottes nie das Ausschlaggebende ...; denn auf ein sinnenfälliges Erscheinen wird gar kein Gewicht gelegt. Die Theophanie, wie auch die Vision, scheint nur die Aufgabe zu haben, Einleitung zur Audition" (215) zu sein. Die *Vision* spielt darüber hinaus jedoch zur Legitimation des wahren Propheten eine Rolle; im prophetischen Selbstbericht ersetzt sie das Zeichen der erzählenden Berufungstexte.

Daß Paulus stets im Zusammenhang seiner eigenen Legitimation von seiner Vision spricht, steht damit auch in solchem Traditionszusammenhang. Daß seine Vision aber keinen Aufschluß über die *Entstehung* des Osterglaubens gibt, sollte nicht länger bestritten werden.

i) Die ὤφθη-Formel benutzt Paulus nur im Anschluß an die ihm vorgegebene Tradition 1 Kor 15,3ff. Man kann deshalb nicht in jedem Falle postulieren, Paulus behaupte für die Erscheinungsempfänger vor ihm strukturverwandte Erfahrungen, etwa auch ekstatische *Berufungs*visionen. *Karl Kertelge* hat in der jüngsten Untersuchung zu Gal 1,12: Apokalypsis Jesou Christou (Gal 1,12), in: Neues Testament und Kirche. FS R. Schnackenburg, Freiburg i. Br. 1974, S. 266–281, hier S. 275, ausgeführt: „Daß ihm Jesus Christus als der Gekreuzigte und Auferstandene zur entscheidenden, sein ganzes Dasein wendenden Erfahrung geworden ist, vermag Paulus in 1 Kor 15,8–10 im Anschluß an die vorgegebene Tradition (V. 3–7) mit dem ὤφθη (κἀμοί) auszudrücken. Was er hier auf die ‚Erscheinung' des Auferstandenen zurückführt, das sieht er in Gal. 1,12.16 δι' ἀποκαλύψεως Ἰησοῦ Χριστοῦ vermittelt bzw. als Mitteilung Gottes. Dabei ist zu vermuten, daß er sich in Gal 1,12 ebenso wie in 1 Kor 15,8 an eine bestimmte Sprechweise anschließt, die im Urchristentum vor und neben ihm gebraucht wurde. Dies legt nicht zuletzt auch der Argumentationszusammenhang von Gal 1 nahe." Kertelge legt die Argumentation Gal 1,12 abschließend so aus: *Auch* Paulus „kommt die Apokalypsis Jesu Christi zu, und zwar als Grund und Ursprung seines Evangeliums. *Damit stützt er sich nicht auf ein ekstatisch-pneumatisches Offenbarungserlebnis, das ja nichts anderes sein könnte als ein wunderhaftes Begleit-*

phänomen der eigentlichen Offenbarung, sondern eben auf diese Offenbarung selbst, die für ihn nichts anderes ist als die ‚Selbstmitteilung' Jesu Christi als des Auferstandenen in sein Evangelium hinein" (280, Hervorhebung von mir; vgl. weiter unten Anm. 6). Darüber hinaus ist aber nun folgende Unterscheidung wichtig: Zumindest Petrus und die Zwölfe waren schon vom irdischen Jesus berufen und gesandt (Mk 1, 16–20; 3,13–19; 6,7–13). Man könnte bei ihnen also höchstens von einer Wieder-Berufung sprechen; dies wäre aber ein anderes Phänomen als die Erstberufung des Christenverfolgers Paulus.

Die ὤφθη-Formel in 1 Kor 15,3–8 hat also nicht ohne weiteres für alle genannten Personen den umfassend gleichen Sinn. Für Paulus, sicherlich auch die 500 Brüder in ihrer ekstatischen Massen-Vision, am ehesten auch für Jakobus und die Apostel ist bei ihren Christophanien, die sie erlebten (Paulus, Jakobus, 500 Brüder) oder beanspruchten (vielleicht einige Apostel unter Legitimationszwang? siehe dazu A. Vögtle S. 44 ff.), Kenntnis des Glaubens an die Auferstehung (Paulus, Jakobus) oder dieser Glaube selbst vorauszusetzen.

Wie Lindblom wohl richtig gesehen, aber bedauerlicherweise nicht begründet hat, müssen Petrus und die Zwölfe von den 1 Kor 13,5–8 nach ihnen Genannten unterschieden werden. Ganz deutlich läßt sich das für Paulus und sicher einen Teil der 500 Brüder festhalten: Sie *sehen* in ihrer Christophanie Jesus zum erstenmal, Petrus und die Zwölfe hätten, wenn von ihnen Christophanien überliefert sind, den irdischen Jesus als den auferstandenen *wieder*gesehen. Ihre Christophanie basierte *zumindest auch* auf ihrem Umgang mit Jesus, die der späteren hingegen auf der Verkündigung Jesu als des auferstandenen Christus durch die früheren.

Der traditionsgeschichtliche Hinweis, daß die Erzählungen der Erscheinungen vor den Zwölf bzw. Elf als Christusepiphanien konzipiert sind, während die Erzählungen der Bekehrung des Paulus in der Apg der Gattung der Bekehrungs- und Berufungsvision folgen, sollte nicht übersehen werden und dürfte vielleicht noch auf eine auch für den Ursprung festzuhaltende Unterscheidung hinweisen. Petrus und den Zwölfen begegnet Jesus *wieder:* das läßt sich eben in der Gattung der Epiphanie, in der Jesus wie ein Engel (oder wie Elija unerkannt) auftritt, inszenieren.

Nun fällt freilich noch ein weiterer Umstand auf: Petrus und die Zwölfe werden 1 Kor 15,5 mit Amtsbezeichnungen eingeführt, was bei den nachfolgenden Nennungen charakteristischerweise nur bei der unscharfen Gruppe der ‚Apostel' geschieht. Sofern, wie die jüngste Untersuchung zu 1 Kor 15,1–11 von *Peter von der Osten-Sacken*, Die Apologie des paulinischen Apostolats 1 Kor 15, 1–11, in: Zeitschrift für die ntl Wissenschaft 64 (1973) 245–262 mit beachtlicher Begründung verficht, die Paradosis nur 1 Kor 15,3–5 umfaßte, also Paulus selbst für die Nennung der 500 Brüder, des Jakobus und aller Apostel (in Schlußposition im Blick auf die Erörterung des eigenen Apostolats!) verantwortlich ist, wird dieser Unterschied zwischen den Erstgenannten und den folgenden deutlicher und plausibler. Kephas und die Zwölfe sind die anfänglich maßgebenden Zeugen des Kerygmas. Die Überlieferung 1 Kor 15,5 *legitimiert sie* durch eine Christiusvision. Dieser Sachverhalt der Legitimation ist auch von *Karl Kertelge* in mehreren Untersuchungen herausgestellt und betont worden: Das Apostelamt des Paulus, sein Ursprung und seine Bedeutung, in: Biblische Zeitschrift NF 14 (1970) 161–181; Apokalypsis Jesou Christou (Gal 1,12), in Neues Testament und Kirche. FS R. Schnakkenburg, Freiburg i. Br. 1974, S. 266–281; Die Funktion der „Zwölf" im Markusevangelium, in: Trierer Theologische Zeitschrift 78 (1969) 193–206, hier 198f: „Wie auch immer die viel umstrittene Abgrenzung der ursprünglichen Gestalt des vorpaulinischen Bekenntnissatzes anzusetzen ist, so scheint es mir doch sicher zu sein, daß die Aufzählung der Auferstehungszeugen in dieser ‚Formel' eine Vorgeschichte hat, deren ursprünglichstes Stadium zunächst nicht an der Bezeugung der Auferstehungstatsache als solcher interessiert war, sondern an der Legitimierung der Zeugen durch den Auferstandenen".

Daß Erscheinung und Namengebung zusammengehören, ist schon seit Abram/Abraham (Gen 17,1ff; vgl. Jub 15,3ff) und Jakob/Israel (Gen 35,9ff; vgl. Jub 32,17) vorgegeben (vgl. auch JosAs 19,5). Falls Mt 16,16–18, wie wiederholt nicht ohne Grund vermutet und jüngst wahrscheinlich gemacht wurde,[6] eine Ostererzählung zugrunde liegt, würde

[6] Vgl. zuletzt *A. Vögtle*, Zum Problem der Herkunft von „Mt 16,17–19", in: Orientierung an Jesus. Zur Theologie der Synoptiker, Freiburg i. Br. 1973, S. 372 bis 393. Dort umfassende Lit. Angaben. Anders: *P. Hoffmann*, Der Petrus-Primat im Matthäusevangelium, in: Neues Testament und Kirche. FS R. Schnackenburg, Freiburg i. Br., S. 94–114 – Vögtles Auffassung wird gestützt durch *K. Kertelge*, Apokalypsis, ebd. S. 276–279, die das paulinische Verständnis von „Offenbarung" mit dem „Sendungsbewußtsein urchristlicher Wandermissionare" (278) verbindet und – ohne auf ekstatische Visionen abzuheben – ausführt: „Es gehörte zum Selbstverständnis der in der urchristlichen Mission tätigen Apostel, sich auf Jesus Christus als Grund und Ursprung ihrer Sendung berufen zu können. Dabei wird eine bestimmte Kenntnis des irdischen Jesus bzw. seiner Worte und Taten

sich der Zusammenhang auch für Simon Petrus in der Überlieferung noch spiegeln. ὤφθη Κηφᾷ ist also auf jeden Fall eine legitimierende Aussage; ob Petrus aus einer ekstatischen Christusvision seinen Amtsnamen bezog, könnte man daher fragen. Falls Überlegungen in dieser Richtung nicht abwegig sind, drängt sich freilich auch hier erneut die Frage auf, ob in diesem Fall die Christophanie gleicherweise als Quelle des Osterglaubens in Frage käme, eine Frage, die aus der Struktur der ekstatischen Vision ohnehin eher zu verneinen als zu bejahen wäre. Daß Petrus seinen Amtsnamen einer Vision verdankt, wäre hingegen plausibel, sofern Petrus im Jüngerkreis des irdischen Jesus bereits die Führungsrolle besaß, was unbezweifelt ist.

Sehen wir recht, so ist für den Fall, daß wir mit ekstatischen Christusvisionen des Petrus und der Zwölf zu rechnen haben, also der Legitimationsformel eine legitimierende Erfahrung entspricht, anzunehmen, daß diese Christophanien inhaltlich durch die Bestellung des Petrus als Kephas und die Bestätigung der Zwölfe bestimmt waren. Der Glaube an Jesus als den auferweckten/erhöhten Christus wäre dann als Grundlage der Christophanie auf seiten des Simon und der Zwölfe eher vorauszusetzen denn zusätzlich aus dieser Christophanie abzuleiten.

Freilich dürfte auch nach wie vor die Möglichkeit, daß die ὤφθη-Formel bei Kephas und den Zwölfen (wie bei vielleicht manchen Aposteln) reine Legitimationsformel ist, nicht auszuschließen sein. Die Verkünder der Auferweckungsbotschaft mochten in dem Maße zur Legitimation veranlaßt sein, wie ihre Verkündigung ekstatische Christophanien auslöste. Daß die Einführung von Amtsnamen traditionell mit Visionen verbunden ist, mochte die Legitimierung durch Beanspruchung von Christophanien fördern.

Jedenfalls dürfte meine von A. Vögtle zustimmend zitierte (V. 85) Feststellung richtig sein: „Selbst wenn historische Analysen den Schluß nahelegten, daß der Neuansatz der Mission der Jünger Jesu nach seinem Tod mit ‚Visionen' verbunden war, so bleibt die christologische Reflexion der Jünger Jesu doch an die ihnen zuhandenen Vorstellungen – und an ihre Erfahrungen mit Jesus, ihren durch Jesus begründeten Glauben gebunden" (ThQ 227).

im Hintergrund solcher Berufung gestanden haben. Aber nicht diese Kenntnis als solche begründete ihre Autorität, sondern die Apokalypsis, durch die Gott ihnen die wahre Bedeutung Jesus aufdeckte" (279).

2. *Zur ‚Erfahrung der Hinrichtung Jesu am Kreuz' (V. 69)*

Im Unterschied zu Anton Vögtle rechne ich nicht damit, daß Jesu Jünger Jesus als davidisch-königlichen Messias erwarteten. Abgesehen davon, daß wir uns von der Vorstellung frei machen müssen, ‚der Messias' sei eine feste Gestalt der Erwartung, werden Jesu Jünger kaum die Erwartung der Hauptgegner Jesu geteilt haben. Ich habe anderwärts ausgeführt: „Man muß sich vergegenwärtigen, daß die Jünger Jesu seine Auseinandersetzungen mit den pharisäischen Schriftgelehrten und ihrer Lehrtradition intensiv (auch in deren bedrohlicher Konsequenz) miterlebten, daß sie Jesu Gottesreichpredigt, seine ethische Verkündigung, seine missionarische Sammlungsbewegung (an der sie selbst teilhatten), Erfolg und Mißerfolg, sein Verhältnis zum Täufer (als dessen Täufling Jesus begonnen hatte), zum Gesetz, auch zum Zelotismus etc. zu reflektieren hatten. Das Bekenntnis des Petrus: ‚Du bist der Messias' kann vernünftigerweise nur als reflektiertes Bekenntnis ausgelegt werden. Eine Festlegung der Jünger Jesu auf einen politischen Messianismus verbietet sich von vornherein (zumal die literarkritisch und traditionskritisch nicht zu Mk 8,27–30 gehörige Überlieferung Mk 8,31–33 hierfür nicht beansprucht werden kann). Die wenigen Belege aus der Überlieferung, die für eine solche Festlegung angeführt werden könnten, sind offensichtlich Produkte sekundärer Reflexion: Mk 10,35–40 ist, wie der Hinweis auf die Henker Jesu und seine Mitgehenkten in V. 40 zeigt, aus der Retrospektive der Passion Jesu (und der Zebedaiden?) erzählt; Lk 24,21 gehört in eine späte Osterlegende,[6a] die Jesus als eschatologisch-prophetischen ‚Gesalbten' zeichnet, und ist im Lichte von Lk 1,68; 2,38 keinesfalls eindeutig im Sinne politischer Erlösungshoffnungen der Jünger zu interpretieren; Apg 1,6 ist lk redaktionelle Verwertung von Jes 49,6 und will im Lichte von Lk 22,29f interpretiert werden.

Wichtiger noch ist, daß Jesus ein zelotisch-politisches Mißverständnis seines Wirkens wie seiner Sendung konsequent abgewiesen hat. Selbst wenn seine Jünger zeitweilig vor einem Mißverständnis nicht gefeit gewesen sein sollten, so wird man dennoch nicht damit rechnen dürfen, daß sie in der Einschätzung Jesu von den umlaufenden Volksmeinungen gerade in dieser Richtung abwichen, zumal dann nicht, wenn die Situation des Messias-Bekenntnisses die der galiläischen Krise

[6a] Vgl. dazu jetzt *J. Wanke*, Die Emmauserzählung (Erfurter Theologische Studien 31), Leipzig 1973.

ist. Schließlich ist zu beachten, daß nach unserer Überlieferung Jesus mit dem Redeverbot (V. 30) dem Bekenntnis des Petrus zustimmt. *Klar ist also: Das Messiasbekenntnis des Petrus unterscheidet sich von den Volksmeinungen und kann nicht im Sinne eines politisches Messianismus ausgelegt werden.*"[7]

Das bedeutet für unsere Fragestellung bezüglich der Überwindbarkeit des Ärgernisses des Kreuzes: Wenn wir Jesu Jünger nicht einen politischen Messianismus unterstellen, so dürfen wir auch nicht annehmen, *die Jünger* hätten den gekreuzigten Jesus als gescheiterten Messiasprätendenten oder ‚erledigten Meister' (V. 74) verstanden oder gar verstehen müssen. Dann dürfen wir den Jüngern nicht die Position der Gegner Jesu, die ihn — freilich unter *falscher* Anklage, wie Jesu Jüngern nach Ausweis ihrer Überlieferung bewußt war! – als Messiasprätendenten verurteilten, unterschieben; für die Gegner war freilich der gekreuzigte Jesus mit dem ihm unterstellten politisch-messianischen Anspruch erledigt.

Daß Jesu Jünger den politischen Messianismus und dessen Konsequenzen am Karfreitag nicht teilten, wird man zumindest dann für sicher halten dürfen, wenn man damit rechnen muß, daß Jesus seine Jünger *spätestens* am Gründonnerstag beim Abendmahl, dessen Stiftung die Jünger festhielten, auf seinen Tod vorbereitete und in den gottgewollten Sinn dieses Todes einwies. Anton Vögtle, der gegen die Annahme der Historizität der Abendmahlsüberlieferung Bedenken zu haben scheint (V. 83), dürfte mit Recht klar sehen, daß man nicht zwei Positionen zugleich halten kann: eine Einweisung der Jünger in den Tod Jesu am Gründonnerstag *und* einen verzweifelten politischen Messianismus der Jünger am Karfreitag. Falls jedoch, wie ich nachzuweisen suchte, Jesu Jünger schon vor dem Gründonnerstag vom politisch-messianischen Mißverständnis Jesu frei waren – sollte es Jesus nicht gelungen sein, seine Nachfolger und ständigen Begleiter von seiner wahren Absicht, seinem authentischen Auftrag, seiner eigentlichen Sendung zu überzeugen?! –, dann ist die Einweisung in den Sinn des wohl nicht nur von Jesus selbst, sondern auch von seinen Jüngern vorausgesehenen Todes im Horizont anderer ‚messianischer' Traditionen sehr wohl denkbar. *Die Erfahrung der Hinrichtung Jesu am Kreuz hat Jesus selbst durch seine Abendmahlsworte die Jünger bewältigen lassen.* Ich konzentriere mich mit den folgenden Materialien

[7] *R. Pesch,* Das Messiasbekenntnis des Petrus (Mk 8,27–30). Neuverhandlung einer alten Frage: BZ NF 17 (1973) 178–195 und 18 (1974) 20–31, hier S. 24 f.

und Bemerkungen auf die beiden skizzierten Hauptprobleme: die Messianität Jesu und das Abendmahl. Was ist aus neueren Untersuchungen hierzu zu lernen, was womöglich dazu oder darüber hinaus zu bemerken?

A. *Zunächst zur Messianität Jesu:*

a) *Martin Hengel,* Christologie und neutestamentliche Chronologie, in: Neues Testament und Geschichte. FS O. Cullmann, Tübingen 1972, S. 43–67, hat mit Nachdruck darauf hingewiesen, daß schon zu Lebzeiten Jesu der Streit um seine Messianität lebendig war. Als Anhaltspunkt nennt er „die Wirksamkeit Jesu, deren ungeheure Wirkung auf die Jünger und darüber hinaus auf breitere Kreise des Volkes sowohl in Galiläa wie in Judäa wir uns heute kaum mehr vorstellen können. Sie kann nur mit dem Begriff ‚messianisch' zureichend umschrieben werden"(64).
Mit Recht führt Hengel weiter aus: „Bereits die Wirksamkeit und die *Verkündigung Jesu* enthielten Ansätze zu einer expliziten Christologie, die den Einsatzpunkt des christologischen Denkens der Urgemeinde überhaupt erst verständlich macht. Denn das Auferstehungsgeschehen selbst war von seinem religionsgeschichtlichen Hintergrund her ‚messianologisch' indifferent. Das Judentum kannte weder einen auferstandenen Messias, noch mußte das Bekenntnis zu einem auferstandenen ‚Rabbi oder Propheten' notwendig christologische Konsequenzen haben. Nur die Tatsache, daß schon Jesus vom kommenden Menschensohn und seiner Verbindung mit ihm (Lk 12,8f) gesprochen hatte, macht die Tatsache verständlich, daß die Jünger zur Interpretation der Auferstehungserfahrung gerade diesen im Judentum nur am Rande bekannten christologischen Titel aufnehmen konnten" (64). Hengel unterstreicht sodann: „Die messianische Deutung der Auferstehung Jesu durch seine Jünger fällt völlig aus dem religionsgeschichtlichen Rahmen des antiken Judentums heraus und wird *nur* verständlich, wenn die Jünger schon vor Ostern in Jesus einen ‚Messias designatus' vermuteten" (64A.63). Da auch „schon jüdische Kreise Menschensohn und Messias identifiziert hatten" (64; vgl. die Belege S. 53 A. 33), konnten die Jünger Jesu ihr Bekenntnis zum Messias Jesus nach Ostern um so eher als Bekenntnis zum Menschensohn festhalten, wenn sie nicht zuvor auf den davidisch-politischen Messianismus festgelegt waren. Dafür daß Jesus sie darauf festgelegt hätte, gibt es keinen An-

haltspunkt, vielmehr gibt es genügend Material für den Gegenbeweis. Daß die Jünger Jesu Predigt, die sein Selbstverständnis impliziert, tradieren, ist nur zu erwarten, wenn diese Predigt von ihnen angenommen und verstanden war.

b) *Klaus Berger* hat in einer Reihe von Beiträgen den Zugang zum Problem der Messianität Jesu neu eröffnet. In der großen Untersuchung: Die Gesetzesauslegung Jesu. Ihr historischer Hintergrund im Judentum und im Alten Testament I: Markus und Parallelen (WMANT 40), Neukirchen-Vluyn 1972, kommt der Autor im Blick auf die Überlieferung der Gesetzesauslegung Jesu bzw. die Entstehung der Gesetzesproblematik im frühen Christentum zu dem Urteil: „Man muß wohl davon ausgehen, daß Jesus als Prediger der Umkehr angesichts des kommenden Gottesreiches auftrat und diese Umkehrforderung der ‚letzten Stunde' verband mit der Proklamation, allein er, Jesus selbst, sei der Bote Gottes, durch dessen Auftreten die Wende im Geschick der Menschen herbeigeführt werde. Die Gültigkeit der Umkehr ist nach der Auffassung Jesu – soweit wir so etwas erschließen können – engstens mit der Anerkennung seines Gesandtseins verbunden. Seine Forderung nach Umkehr kann aber Jesus allein darin begründet haben, daß er behauptet, Offenbarung, d. h. Gottes Wort, empfangen zu haben" (588). Die christologische Entwicklung dürfte „ihren Ursprung letzten Endes in der Proklamation Jesu haben, daß allein von dem Hören auf sein Wort und der Anerkennung seiner Autorität alles Heil abhängig sei. Dieser Absolutheitsanspruch ist möglicherweise Kennzeichen des historischen Jesus gewesen. Aus der Auferstehung Jesu ist er jedenfalls nicht ableitbar" (590). Jesu Anspruch ist nicht der des politischen Messianismus, sondern gehört in die prophetische Tradition: Es geht um die Auslegung des Gesetzes, des Willens Gottes, es geht um Lehrautorität, um die Salbung des πνεῦμα, des Geistes (vgl. Mk 3,28f parr).[8]

In seinem Beitrag: Zum traditionsgeschichtlichen Hintergrund christologischer Hoheitstitel: NTS 17(1970/71)391–425, hat *Berger* Material ‚Zur inhaltlichen Bestimmung von Messias/Christos' (393–400) vorgelegt, daran erinnert, daß Messias/Christos im Judentum nicht nur den national-politischen Herrscher der Zukunft, sondern ebenso auch den Propheten und den Hohenpriester bezeichnet, und ausgeführt:

[8] Vgl. zu Mk 3,28 f. parr zuletzt *C. Colpe*, Der Spruch von der Lästerung des Geistes, in: Der Ruf Jesu und die Antwort der Gemeinde. FS J. Jeremias, Göttingen 1970, S. 63–79.

„Angesichts der überlieferten Eigenart des Auftretens Jesu in den Evv. ist es höchst unwahrscheinlich, daß die Gemeinde mit dem Titel Christos die Tradition nationalpolitischer Messiaserwartung aufgegriffen habe. Vielmehr ist die frühe Verwendung von Christos an der Tradition über den endzeitlichen ‚gesalbten' Propheten orientiert; (im Joh. Ev. werden daher nicht eine jüdische und eine ‚typisch' christliche Messiastradition gegenübergestellt, sondern zwei jüdische Traditionen über den Messias/Christus, deren eine für Jesus reklamiert wurde). Im Sinne einer bestimmten spätprophetischen Tradition ist der Christos der vom Heiligen Geist gesalbte Prophet" (393). Greift die frühe Christologie diese Traditionslinie auf, so wird das am besten verständlich, wenn sie damit in den Spuren Jesu und seiner Jünger selbst bleibt. Mein Verständnis des Messias-Bekenntnisses von Cäsarea Philippi (Mk 8,27–30) als Bekenntnis zum prophetischen Gesalbten, der mit dem Geist gesalbt ist als Träger von Offenbarung, authentischer Lehrer, eschatologischer Bote des Willens Gottes, macht die Aussagen über den Christus, der gestorben und auferweckt ist, wie sie die frühe Christologie kennzeichnen, traditionsgeschichtlich verständlich, während nicht einsichtig zu machen ist, wie es zur Übernahme des politischen Messiastitels und seiner Umdeutung gekommen sein soll, wie die einschlägige Literatur deutlich erkennen läßt. Die von K. Berger aufgewiesene und in meinem Diskussionsvorschlag aufgegriffene Tradition über Martyrium und Auferweckung von Propheten kann die Daten der Überlieferung ohne die Annahme unerklärbarer traditionsgeschichtlicher Sprünge erklären. Denn in dieser Tradition „werden auch Propheten bzw. der endzeitliche Prophet als Gesalbte verstanden (Apc. XI.4). Die Auferweckung wird als Legitimation des Propheten verstanden, und zwar deshalb, weil sie durch den Geist Gottes geschieht, den der Prophet ja zu besitzen beanspruchte (der in dem Propheten Christos wirksame Geist ist derselbe, der auch Auferstehung und neue Schöpfung hervorbringt; vgl. die pl. Aussagen)"(399).
Zum Selbstverständnis Jesu als des mit heiligem Geist gesalbten endzeitlichen Propheten passen die authentischen Materialien der Jesusüberlieferung durchweg. Jesu Jünger werden ihn – vor Ostern! – als den *Lehrer,* der Offenbarung, rechte Lehre, Kenntnis der Gebote, Auslegung des Gesetzes vermittelt, als den eschatologisch-messianischen Propheten, der Gottes Geist beansprucht, gekannt und bekannt haben. Unter dieser Voraussetzung stellt sich für Jesu Jünger das Problem seines Todes anders – und entsprechend die Frage nach der Möglichkeit

der Entstehung des Glaubens an Jesu Auferstehung. Dieser Glaube ist die Erfassung des wahrhaft *eschatologischen* Gesandtseins, der bleibenden Bedeutung, der Bleibendheit der Person Jesu. Sofern Jesus im Abendmahlssaal (spätestens) die Jünger in die Bleibendheit seiner Person eingewiesen, sie darauf angewiesen hat, ist die Entstehung des Glaubens an Jesu Auferstehung auch unter diesem Aspekt im Wirken Jesu verankert: Jesus hat ihn gestiftet.

In einem dritten Beitrag: Die königlichen Messiastraditionen des Neuen Testamentes: NTS 20 (1973/74) 1–44, versucht *Berger* den Nachweis, daß auch die königlichen Messiastraditionen nicht an den politischen Zügen der Messianologie orientiert sind: „Die ‚politischen' Züge der Messianologie als die ‚typisch jüdischen' zu bezeichnen, ist unhaltbar. Die königlichen Messiastraditionen des NT sind nicht unmittelbar von atl. Königsaussagen her zu verstehen – sie werden vielmehr im NT ähnlich verstanden, wie auch in der zeitgenössischen Weisheitsliteratur. Die Interpretation, die ältere Königstraditionen hier gefunden haben, ist auch der Horizont für deren Verständnis im NT. Gegenüber der früher von der religionsgeschichtlichen Schule für derartige Erweise angewandten Methode wurden auf diesem Hintergrund einzelne relativ fixierte Traditionen erhoben, deren wichtigste die über die exorzistische Weisheit des Davidsohnes, die über den Sohn Gottes und seinen Widersacher, die über den als Richter/Ankläger wiederkehrenden Pneumatiker, die über den verborgenen und ehrlosen und erst am Ende zu seiner Doxa gelangenden König und die Märtyrertradition waren. Häufig stießen wir auf ein ‚apokalyptisches' Weltbild derart, daß die Geschichte vom Kampf zwischen Gott und seinem Widersacher bestimmt wird, daß dieser Streit aber zwischen Erkenntnis Gottes und Irrtum geführt wird; von hier her erhielt z. T. der Basileia-Begriff eine eigene Färbung. Das im vorangehenden Aufsatz über die Art des Gesalbtsein des Christus und seine und die den Kyrios betreffende Botenfunktion Ausgeführte findet daher hier eine Ergänzung, die zeigt, daß man auch die Verwendung der königlichmessianischen Titel durchaus vom Auftreten Jesu her verständlich machen kann. Die Thematik der Legitimität des Christus ist auch im Bereich dieser Titel deutlich ausgeprägt, was wiederum für die Gemeinde nicht ohne Belang ist, insofern als sie ihre Lehre in der vollmächtigen Weisheit Jesu gegründet sein läßt" (43f).

Schließlich hat *Klaus Berger* in seiner auf meine Einladung hin in Frankfurt gehaltenen Gastvorlesung: Zum Problem der Messianität

Jesu: ZThK 71 (1974) 1–30, nochmals weiterführende Überlegungen vorgelegt. Vor allem werden Traditionslinien aufgezeigt, welche den Übergang vom Christus- zum Menschensohnbekenntnis verständlich machen können und den Ursprung der „Vorstellung der Wiederkehr Jesu zum Gericht“ (21) aufdecken. Da sich das Verständnis Jesu als des prophetischen Gesalbten bzw. messianischen Propheten so in verschiedenster Hinsicht nahelegt, gibt es m. E. keinen Grund, Jesu Jüngern (die dieses Verständnis jedenfalls nach Ostern dokumentieren) dies zu Lebzeiten Jesu abzusprechen. Dann kann ihnen aber auch eine Brücke zum Verständnis des Leidens und der Bewältigung des Todes Jesu nicht abgesprochen werden.

c) *Lothar Ruppert,* Jesus als der leidende Gerechte? Der Weg Jesu im Lichte eines alt- und zwischentestamentlichen Motivs (SBS 59), Stuttgart 1972, hat diese Brücke noch tragfähiger zu machen gesucht. Er hält es – reflektiert man den messianischen Anspruch und die Glaubenshaltung Jesu, dann sicher mit Recht – für „unwahrscheinlich, daß Jesus (ob als Menschensohn ist eine andere Frage) nur mit seinem gewaltsamen Tod und nicht auch mit der Erneuerung seiner Existenz in oder nach dem Tode durch Gott gerechnet hat, gleichviel wie er sich das vorgestellt haben mag. Die nachösterliche Überarbeitung der Leidensansagen (Auferstehung am dritten Tage) hat dies leider verwischt. Vielleicht bringt aber das im Zusammenhang mit dem oben erwähnten Prophetenlogion (Lk 13,33) als Antwort Jesu an die ihn vor Herodes warnenden Phariäer überlieferte Logion bei Lukas (13,32) die ursprüngliche Erwartung Jesu am besten zum Ausdruck: ‚gehet hin und meldet diesem Fuchs (das heißt dem Herodes): siehe ich treibe Dämonen aus und vollbringe Heilungen heute und morgen, am *dritten Tag* aber werde ich *vollendet*‘“ (63f). Eine Vollendung am dritten Tag kann im Licht der entsprechenden Traditionen leicht als ‚Auferstehung‘ begriffen werden.[9]

Ruppert geht in seiner Rekonstruktion aber über die Annahme, daß Jesus sich „als zum Leiden (und zur Vollendung) bestimmten Gerechten gewußt hat“, noch hinaus: „Von dem Zeitpunkt an, da Jesus um seinen Weg als leidender Gerechter wußte, konnte er sich seine Vollendung als Einsetzung zum eschatologischen Menschensohn (in der Weise des Henoch) gedacht haben“ (71). Selbst wenn man dieser These

[9] Vgl. hierzu neben der grundlegenden Monographie von *K. Lehmann,* Auferweckt am dritten Tag nach der Schrift (QD 38), Freiburg i. Br. 1968, noch: *H. K. McArthur,* „On the third day“: NTS 18 (1971/72) 81–86.

gegenüber erhebliche Vorbehalte anmeldet, wird man sich, will man nicht länger fälschlich christologische Traditionen wie mit dem Seziermesser sondern (und damit ihres lebendigen Zusammenhangs berauben), der abschließenden Feststellung Rupperts nicht versagen: „Einer schöpferischen religiösen Persönlichkeit wie Jesus ist eine solche Harmonisierung verschiedener (prophetischer und apokalyptischer) Traditionen durchaus zuzutrauen“ (75). Auch Rupperts Hypothese würde jedenfalls die Annahme erschweren bzw. unmöglich machen, Jesu Jünger seien zur Bewältigung der Kreuzigung des Meisters nicht vorbereitet gewesen.

Da das Motiv vom leidenden Gerechten in der Konzeption von Auferstehung und Erhöhung des Gerechten (vgl. Dan 12, 1–3; Weish 5, 1–7) durch die Martyrertheologie beeinflußt ist, diese wiederum auch die Konzeption vom Leiden und von der Auferstehung des eschatologischen Propheten berührt, legt sich für Jesus und seine Jünger wohl vordringlicher eine Orientierung innerhalb dieser Horizonte der Tradition nahe, wenn auch die Menschensohnvorstellung hier keinesfalls ausgeschlossen werden muß (man denke nur an entsprechende Mose- oder Henochtraditionen: Henoch ist eine der erwarteten Figuren der eschatologischen Prophetenkonzeption [Leiden, Auferweckung] wie der nach seiner Entrückung im Himmel eingesetzte Menschensohn).

Impliziert also das Selbstverständnis Jesu als leidender Gerechter den Gedanken an seine Auferweckung, so nicht weniger die Martyrertheologie.

d) *T. E. Pollard*, Martyrdom and Resurrection in the New Testament: BJRL 55 (1972) 240–251, hat gezeigt, daß der Glaube an „the instant resurrection of the martys“ (240), der z. B. den in den Apostelakten überlieferten Erscheinungserzählungen über Petrus und Paulus zugrunde liegt (s. o.), in vorchristlich-jüdische Zeit zurückreicht. Dieser Nachweis ermutigt Pollard „to argue for the possibility that Jesus did forsee and predict suffering, death and resurrection for himself. If Jesus shared ‚the old biblical theology of martyrdom‘, then there is no reason to doubt that he would have forewarned his followers that his way was leading to martyrdom, and through martyrdom to instant resurrection“ (247). Da in der jüdischen Literatur der Gedanke an die ‚Erhöhung‘ des Martyrers (wie die des leidenen Gerechten) häufiger vertreten wird als der an die ‚Auferweckung‘, könnte das frühe Nebeneinander der beiden christologischen Bekenntnisse, das A. Vögtle zu erklären sich bemüht, im Beieinander verschiedener Traditionen leidender Gerechter, Martyrer, eschatol. Prophet, Menschensohn) im Bewußtsein Jesu und seiner Jünger bedingt sein (vgl. Vögtle S. 13 ff.).

e) Nehmen wir die von Anton Vögtle ausgeführte „unbestrittene Voraussetzung“ des Denkens Jesu und seiner Jünger hinzu, „den Glauben an den Herrn über Leben und Tod“ (V. 104), lassen wir uns durch K. Berger darüber hinaus belegen (gegen Vögtle S. 115 f.), daß der Gerechte auch beim Gericht über seine Feinde fungiert (ZThK 18–20). was Jesus nach Mk 14,62 auch für sich beansprucht, vergegenwärtigen wir uns die Breite und Vielfalt christologischer Traditionen und deren Verbindung mit Martyrertraditionen im Judentum, so wird A. Vögtles Urteil, wonach Jesu Hinrichtung „in den Augen aller Israeliten nun einmal bedeuten (mußte), daß das Kommen des Heils nicht an seine Person und sein Wirken geknüpft sein kann“ (V. 118), bzw. „Daß ein Gehenkter, von Gott aber Auferweckter und zu sich Erhöhter ‚der Messias‘ sein sollte, war für jüdische Begriffe aber nun einmal ein messianischer Nonsens ohnegleichen“ (V. 118), unhaltbar. Zumindest für Jesu Jünger gilt es nicht. Und dies a fortiori, wenn Jesus ihnen beim Abendmahl offenbarte, daß ‚das Kommen des Heils‘ gerade an seinen Tod gebunden wird und gebunden bleibt.

B. Eine kurze Erörterung der Abendmahlsproblematik ist also unausweichlich:

a) *Heinz Schürmann,* Wie hat Jesus seinen Tod bestanden und verstanden? Eine methodenkritische Besinnung, in: Orientierung an Jesus. Zur Theologie der Synoptiker. FS J. Schmid, Freiburg i. Br. 1973, S. 325–360, hat m. E. überzeugend verteidigt, „daß Jesus seinen erwarteten Tod in der Abschiedsstunde des letzten Mahles heilsbedeutsam artikuliert hat“ (358). Schürmann sieht auch konsequent, daß „der Osterglaube seine vorösterliche Prästruktur hatte und darum in allem Zerbrechen doch eben nach Ostern seine vorösterlichen Anknüpfungspunkte wiederfinden konnte“ (357 A. 140), daß ein „Kontinuum“ mehr als im Glauben der Jünger „im proexistenten Verhalten Jesu“ (357), der ihren Glauben stiftet, zu suchen sei.

b) *Hermann Patsch,* Abendmahl und historischer Jesus (CWT A, 1), Stuttgart 1972, urteilt zurückhaltend, „daß die Übernahme der Vorstellung vom gewaltsamen Geschick der Propheten aus dem Selbstverständnis Jesu nicht herausfiele“ (205), aber ebenso entschieden: „Der Tod des Täufers, den auch die spätere Christenheit für typisch ansah (Mk 9,13), mußte Jesus vor Augen stehen. Hatte er sich mit seiner eigenen Taufe zu dem eschatologischen Bußruf des Johannes bekannt, ‚so mußte er nach des Täufers Tod entscheiden, was dieser Tod für ihn bedeutet‘. Zumindest die Möglichkeit des gleichen Ausgangs mußte er in Rechnung stellen. Die Vorhersage der Tempelzerstörung wird gleichfalls nicht zufällig als Anklage vor dem Synhedrium überliefert worden sein (Mk 14,58 par; Mt 26,61), wenngleich sie allein ein Todesurteil nicht provozieren konnte. Das mußte auch die stete Auseinandersetzung mit der geistlichen Führerschaft, zumal der Sabbatkonflikt, nicht, aber die dabei sich ergebenden Fronten mußten eine bedenkliche Atmosphäre schaffen. Konnte das Vorgehen auf dem Heidenhof des Tempels in seinen möglichen Folgen unbedacht bleiben? Faßt man die theologische Grundhaltung scharf, von der aus Jesus die theologischen Grundlagen des Judentums aufhob, bleibt die Folgerung unausweichlich: ‚Wenn das Judentum bleiben will, was es ist, muß es Jesus ausstoßen‘ (Goppelt). Die Zeugnisse sprechen dafür, daß Jesus dieser Konsequenz nicht blind gegenübergestanden hat“ (212). Wenn Patsch auch der Möglichkeit einer Rekonstruktion des Abendmahls im einzelnen skeptisch begegnet, so läßt seine Analyse, seine Einordnung des Abendmahls in das Gesamtwirken Jesu und seine Erfassung der Traditionsgeschichte der Sühneaussagen keinen Zweifel daran, daß die Abendmahlsüberlieferung auf Jesus zurückgeht; zumal „erwies sich das Motiv der universalen stellvertretenden Sühne als fähig, radikaler historischer Kritik zu widerstehen: Weder im Judentum noch in der ältesten Christenheit ließ sich ein solch singulärer Rückgriff auf eine Spitzenaussage aus Jes 53 finden. Vielmehr legt es sich nahe, den Sitz im Leben der frühchristlichen ὑπέρ-Formel-Tradition in der Abendmahlsfeier anzunehmen, mithin in den verba testamenti ihren geschichtlichen Quellort zu sehen. Das so isolierte Theologumenon wurde strukturell dem bezeugten Wirken Jesu verglichen: Dem personalen Gnadenhandeln an Sündern und Nachfolgenden. Die soteriologische Dimension, die Jesu Wirken hatte und die streng an seine Person gebunden war, fand (so wurde interpretiert) Abschluß und letztgültige Überbietung im stellvertretenden Sterben, das der göttlichen Vergeltungsordnung Genüge tat. In dieser Weise ließ sich das Motiv der Sühne perspektivisch in das Gesamtbild des Erdenwirkens Jesu einzeichnen“ (227).

c) *Jürgen Roloff*, Anfänge der soteriologischen Deutung des Todes Jesu (Mk X.45 und Lk XXII.27): NTS 19 (1972/73) 38–64, bemerkt, daß der älteste Ansatz einer Deutung des Todes Jesu sich in den Petruspredigten der Apg spiegelt: „Jesus wird dabei als der leidende Gerechte gesehen, zu dem Gott sich gerade in seiner tiefsten Erniedrigung bekennt" (39). Die soteriologische Deutung des Todes Jesu läßt sich in den Umkreis des Herrenmahles zurückführen: „Die soteriologischen Formeln bilden einen sehr alten, in sich geschlossenen Traditionskomplex, dessen Entstehung weder durch die Annahme sekundärer theologischer Deduktion von anderen Deutungen des Todes Jesu, noch durch Rückführung auf jüdische Umweltvorstellungen, noch auch als Ergebnis eines ausgeführten Schriftbeweises befriedigend erklärt werden kann. Aufgrund dieser frühen Eigenständigkeit und festen Prägung wird man die Frage nach dem Sitz im Leben dieses Traditionskomplexes relativ zuversichtlich beantworten können: Es ist der Gottesdienst, und zwar, wie Mk 14,24 wahrscheinlich macht, der unmittelbare Umkreis des Herrenmahles" (50). Und für Roloff ist es kaum fraglich, daß das Motiv des Dienens im Sinne der Lebenshingabe „zurückverweist auf die Selbstdeutung des irdischen Jesus" (62). Das letzte Mahl Jesu war – so dürfte man mit relativer Sicherheit vermuten – „einerseits gekennzeichnet durch Jesu Ankündigung seines unmittelbar bevorstehenden Todes und damit seines Ausscheidens aus der bisherigen Mahlgemeinschaft (Lk 22,15), andererseits durch die Verheißung einer neuen Mahlgemeinschaft beim Kommen der Gottesherrschaft (Mk 14,25; vgl. 1 Kor 11,26). Die Weise der Zusammengehörigkeit dieser beiden Komponenten erschloß sich der das Herrenmahl feiernden Gemeinde auf dem Wege über die Besinnung auf das Dienen Jesu. Denn so wurde deutlich: Jesu Tod, auf den das letzte Mahl verwies, war nichts anderes als die äußerste Konsequenz seiner dienenden Selbstpreisgabe, und zwar nicht nur im Sinne geschichtlicher Kausalität, sondern in der Weise, daß sich in diesem Tode die eigentliche Dimension von Jesu Handeln an den Sündern während der Erdentage eröffnete. Sie bestand darin, daß Jesus mit seinem eigenen Leben vor Gott für die eintrat, die ihm sonst hätten ferne bleiben müssen" (63).

Ist der Sinn des Abendmahls so richtig gedeutet, so darf man kaum annehmen, daß die Jünger, welche Adressaten und Zeugen der Zuwendung, des Dienstes, des Handelns Jesu an den Sündern waren, die Deutung seines Todes im Abendmahlssaal nicht verstanden hätten, daß die Jünger „mit solcher Aussage gewaltig überfordert gewesen" (Schürmann 355) wären. Vielmehr ist zu erwarten, daß die Jünger auf Jesu Tod vorbereitet und in der Lage waren, aufgrund der Proexistenz Jesu, seiner Glaubensstiftung im Geist Jesu Auferweckung zu glauben; denn, so formuliert Petrus in seiner ersten Predigt, daß Jesus vom Tod festgehalten worden wäre, war ein *Adynaton:* ὃν ὁ θεὸς ἀνέστησεν λύσας τὰς ὠδῖνας τοῦ θανάτου, καθότι οὐκ ἦν δυνατὸν κρατεῖσθαι αὐτὸν ὑπ' αὐτοῦ (Apg 2, 24).

d) Die Diskussion um die Abendmahlsüberlieferung muß m. E. im Rahmen umfassender Untersuchung der vormk Passionsgeschichte neu aufgenommen werden.[10] In der Forschung hält sich noch immer das Fehlurteil, Mk 14,22–25 sei sekundär in die Passionsgeschichte eingefügt und wie der pln/lk Parallelbericht ein kultisch geprägtes Überlieferungsstück. Der Mk-Text ist jedoch durch den Erzählrahmen vor liturgischer Stilisierung geschützt worden; seine Überlieferung, wonach Jesus im Rahmen eines Paschamahls mit der Deutung seines Todes von seinen Jüngern Abschied nimmt, hält kritischer Prüfung der historischen Glaubwürdigkeit stand. Der Nachweis kann im Rahmen dieser Bemerkungen nicht geführt werden, wohl liegt mir aber daran, festzustellen, daß mein „‚konservativer' Kurs" (V. 35) durch meine Untersuchungen der Quellen bedingt ist. Wohl bin ich überzeugt, daß der historische Skeptizismus im Gefolge von dialektischer Theologie, Kerygmatheologie und unkritisch betriebener Formgeschichte ein Irrweg war, der theologisches Desinteresse am historischen Jesus in Hyperkritik der Überlieferung auswuchern ließ;[11] doch ist auch diese Überzeugung zunächst eher historischen Studien denn systematischer Erkenntnis verdankt.
Jedenfalls möchte ich noch einmal festhalten: Die Grundlagen zur Bewältigung des Todes Jesu liegen im Leben Jesu bereit. Wir können hoffen, aus der Rückfrage nach Jesus wesentlichen Aufschluß zur Beantwortung der Frage nach der Entstehung des Glaubens an Jesu Auferstehung zu erhalten. Freilich, die systematischen Implikationen solcher Rückfrage, darauf ist in der bisherigen Diskussion wiederholt hingewiesen worden, dürfen nicht gering geachtet werden. Sie sollen deshalb in einem abschließenden Teil noch kurz gestreift werden.

[10] Vgl. hierzu *R. Pesch*, Die Überlieferung der Passion Jesu, in: *K. Kertelge* (Hsg.), Rückfrage nach Jesus (QD 63), Freiburg i. Br. 1974, S. 148–173.

[11] Vgl. *R. Pesch*, „Christus dem Fleische nach kennen" (2 Kor 5,16)? Zur theologischen Bedeutung der Frage nach dem historischen Jesus, in: Kontinuität in Jesus, S. 9–34.

3. Zum Sinn des Osterglaubens

Die christologische Grundfrage ist Mk 8,29, von Jesus selbst ausgesprochen: „Für wen haltet ihr mich?“ *Christologie ist gläubige Stellungnahme zu Jesus und deren systematische Explikation.* Das Bekenntnis: Jesus ist auferstanden bzw. Gott hat Jesus auferweckt, ist die gläubige Stellungnahme der Jünger Jesu zu Jesus angesichts seines Todes, angesichts seiner ‚Vollendung‘. Zu dieser Stellungnahme sind – das ist unsere These – die Jünger durch Jesus von Nazaret, den Christus, der sich selbst als Stellvertreter Gottes, als Gottes eschatologischen Agenten verstanden und das Bekenntnis zu sich gefordert hat (Lk 12,8 f.), ermächtigt: durch den Glauben, den er gestiftet, angefangen und vollendet hat (Hebr 12,2). Denn: Nicht das Bekenntnis, die Stellungnahme der Jünger macht Jesus zu dem, was/wer er ist; vielmehr Gott, auf den sich der Glaube bezieht – vermittels der Offenbarung Jesu: Gott hat ihn auferweckt, Jesus ist Gottes Sohn. Mir will scheinen, als harmoniere meine Hypothese zur Entstehung des Osterglaubens ausnehmend gut mit Ausführungen bedeutender Systematiker unserer Zeit.

a) In meinem Tübinger Diskussionsbeitrag hatte ich gegen Schluß zitiert: *Joseph Ratzinger,* Einführung in das Christentum. Vorlesungen über das Apostolische Glaubensbekenntnis, München [4]1969: „Das Bekenntnis zur Auferstehung Jesu Christi ist für den Christen der Ausdruck der Gewißheit, daß das Wort wahr ist, das nur ein schöner Traum zu sein scheint: ‚Stark wie der Tod ist die Liebe‘ (Hl 8,6)“ (249). Meine These ist, diese Gewißheit erhalte der Christ von Jesus selbst.

Nach Ratzinger bedeutet ‚Auferstehung‘ dies: „Sie *ist* das Stärkersein der Liebe gegenüber dem Tod“ (249). Ist Jesu Leben nun, wie sich durchaus historisch sichern läßt, durch die Proexistenz seiner Liebe als der Liebe Gottes bestimmt, so ist seine Auferstehung die Konsequenz *seines* (göttlichen) Lebens. Ich meine, daß im Ansatz, wie ich ihn vorlegte, auch Inkarnation und Präexistenz Jesu zu denken und die entsprechenden Bekenntnisse (die nicht aus dem Auferstehungskerygma abgeleitet oder ableitbar sind) festzuhalten sind.

Was das Bekenntnis der Auferstehung Jesu sagt, ist nach Ratzinger dies, „daß die totale Liebe Jesu zu den Menschen, die ihn ans Kreuz führt, sich in der totalen Überschreitung auf den Vater hin vollendet und darin stärker wird als der Tod, weil sie darin zugleich totales Gehaltensein von ihm ist" (252). Die Deutung der Vollendung seines Lebens durch Jesus im Abendmahlssaal liegt genau auf dieser Linie, und das Bekenntnis der Jünger zu ihm: „Gott hat ihn auferweckt" ist, auch wenn es zunächst auf die Legitimation Jesu, seine göttliche Bestätigung zielt, für diese Deutung offen. In diesem Sinne hatte ich in meinem Diskussionvorschlag sehr bewußt angemerkt: „Wer die *eschatologische* Bedeutung Jesu bekennt, bekennt damit gerade seine den Tod überwindende Bedeutung, seine Herrschaft über den Tod: seine Auferstehung" (ThQ 226 A. 88). Auch die Konzeption der neutestamentlichen Erscheinungsberichte, die ja auf keinen Fall theologisch vernachlässigt werden dürfen, auch wenn sie historisch nicht als Quellen des Auferstehungsglaubens auszuwerten sind, wird verständlich, wie Ratzinger zeigt: „Es ist zunächst völlig klar, daß Christus bei der Auferstehung nicht wieder in sein voriges irdisches Leben zurückgekehrt ist, wie solches etwa vom Jüngling zu Naim und von Lazarus gesagt wird. Er ist auferstanden ins endgültige Leben hinein, das nicht mehr den chemischen und biologischen Gesetzen eingefügt ist und deswegen außerhalb der Todesmöglichkeit steht, in jener Ewigkeit, welche die Liebe gibt. Darum sind die Begegnungen mit ihm ‚Erscheinungen'" (254 f.).

b) *Karl Rahner,* Grundlinien einer systematischen Christologie, in: K. Rahner – W. Thüsing, Christologie – exegetisch und systematisch (QD 55), Freiburg i. Br. 1972, S. 7–78, hilft zur Vertiefung. Der Glaube „kann an der Geschichte des vorösterlichen Jesus und an dessen Selbstverständnis nicht von vornherein uninteressiert sein. Sonst schüfe der ‚Glaube' ‚gelegentlich' des Jesus von Nazareth den Christus des Heiles, der dann ein Mythologumen wäre, vom ‚Glauben' getragen, nicht diesen ermächtigend und tragend" (25). Nach Rahner ist der Tod Jesu „ein solcher, der von seinem eigensten Wesen aus in die Auferstehung sich aufhebt, in *diese* hineinstirbt" (36). Und: „Wenn die Auferstehung Jesu der eschatologische Sieg der Gnade Gottes in der Welt sein soll, kann sie gar nicht ohne den faktisch erreichten (wenn auch freien) Glauben an sie selbst gedacht werden, in dem ihr eigenes Wesen erst zur Vollendung kommt. In *diesem* Sinn kann man ruhig und muß man sagen, daß Jesus in den Glauben seiner Jünger hinein aufersteht. Aber dieser Glaube, in den Jesus hinein aufersteht, ist nicht eigentlich und direkt der Glaube an diese Auferstehung, sondern jener Glaube, der sich als göttlich gewirkte Befreitheit über alle Mächte der Endlichkeit, der Schuld und des Todes weiß und sich dafür ermächtigt weiß dadurch, daß diese Freiheit in Jesus selbst sich ereignet hat und für uns offenbar geworden ist" (38). Meine historische Hypothese, so meine ich, harmoniert mit solcher systematischer Konzeption. Sie vermag auch die ‚Eigenart der Ostererfahrung' zu explizieren: „von ‚außen' gegeben", nämlich von Jesus her vor-gegeben in seinem offenbarenden und Glauben stiftenden Leben und Sterben, „nicht von einem selbst erzeugt, anders als die durchaus bekannten visionären Erlebnisse, sich streng auf den Gekreuzigten mit seiner ganz bestimmten Individualität und seinem Schicksal beziehend, so daß *dieses* als gültig und gerettet erfahren wird (und nicht bloß eine existierende Person, der früher einmal dies und das zustieß), im Glauben allein gegeben und dennoch diesem Glauben Grund und Recht gebend" (43).

Auch was Rahner zur ursprünglichen Theologie der Auferstehung Jesu ausführt, ist hilfreich: „a) *Dieser* Jesus mit seinem *konkreten* Anspruch und seiner Geschichte wird in der Auferstehungserfahrung als bleibend gültig und von Gott angenommen erfahren. Welcher reale, von ihm selbst unablösbarer Anspruch wird dadurch als gültig erfahren? Derjenige, den er in seinem Leben erhoben hat . . ., der Anspruch, daß mit ihm eine neue, unüberholbare, endgültige, von sich aus siegreich sich durchsetzende, von ihm nicht ablösbare Nähe Gottes gegeben ist, die er das gekommene-kommende Reich Gottes nennt, das den Menschen zu der expliziten Entscheidung zwingt, ob er diesen *so* nahe gekommenen Gott annimmt oder nicht.

b) Durch die Auferstehung ist somit Jesus als der absolute Heilbringer bestätigt. Wir können auch – zunächst vorsichtiger – sagen: als der *letzte* ‚Prophet'. Denn die durch die Auferstehung bestätigte Selbstinterpretation Jesu in seiner Botschaft macht ihn einerseits zu einem ‚Propheten', d. h. zum Träger eines Wortes Gottes auf die konkret geschichtliche Existenz hin (über alle ‚immer gültigen Wahrheiten' hinaus), auf eine Entscheidung hin. Aber dieser Prophet hält sein Wort für das Letzte und Unüberholbare. Das steht zunächst einmal im Widerspruch zu dem Selbstverständnis eines echten Propheten, der in seinem Wort Gott größer sein lassen muß in dessen unbegrenzten Möglichkeiten und sein Wort in eine bestimmte Situation hineinspricht, die jetzt ist und dann einer anderen neuen Platz macht, der sein Wort wesentlich als eine ins offene, unabschließbare gehende Verheißung empfinden und verkünden muß. Jesus ist also ein Prophet, der das

Wesen des Propheten mit dem Anspruch seines Wortes gerade aufhebt. Dabei muß bedacht werden, daß sein Wort als das letzte Wort Gottes nicht darum als endgültig gedacht werden kann, weil Gott nun eben willkürlich aufhört, weiter zu reden, obwohl er weiter reden könnte (die Offenbarung ‚abschließt', obwohl er sie weiterführen könnte, wenn er nur wollte); es ist das letzt Wort Gottes, das in Jesus da ist, weil darüber hinaus nichts mehr zu sagen ist, weil Gott wirklich streng sich *selbst* in Jesus zugesagt hat" (45).

Schließlich sollte in der christologischen Debatte auch bei der Erörterung des Bekenntnisses ‚Jesus *ist* auferstanden' beachtet werden, was Karl Rahner über die Verwendung der Kopula ‚ist' und die „Gefahr einer falschen Auslegung" durch „vermeintliche Parallelen zu ‚ist'-Sätzen des sonstigen alltäglichen Sprachgebrauchs" ausgeführt hat (55 f.). Was Auferstehung heißt, ist durch Gott in Jesus definiert, Jesu Auferstehung ist nicht der Fall einer allgemeinen Auferstehung.[12] Die Singularität der Auferstehung Jesu gründet in Jesus, in Gott in Jesus. Ihrem Sinn gläubig nachzudenken, bleibt beständige Aufgabe der Theologie.

c) Den hier angedeuteten Sachverhalt hat auch *Karl Lehmann*, Die Erscheinungen des Herrn. Thesen zur hermeneutisch-theologischen Struktur der Ostererzählungen, in: Wort Gottes in der Zeit. FS K. H. Schelkle, Düsseldorf 1973, S. 361–377, nachdrücklich unterstrichen: „Weil im Neuen Testament kein unmittelbarer Zeuge des Auferweckungsgeschehens als solchen namhaft gemacht wird und schon darum keine Kenntnis zu uns gelangt ist, bleibt dieses Ereignis im strikten Sinne theo-logisch, d. h. die Auferweckung Jesu Christi ist ein im Wesen des geheimnisvollen Gottes verborgenes Geschehen, das sich in seiner vollen eschatologisch-transzendenten Dimension dem menschlichen Erkennen entzieht. Die Auferweckung ist also Gottes *Tat* (vgl. das Passiv der Formulierungen) in einem besonderen Sinn, eine Tat ‚der Energie der Kraft seiner Stärke' (vgl. Eph 1,19), Erweis der Verklärungsmacht (δόξα) Gottes (vgl. Röm 6,4), Auswirkung der Kraft

[12] Dieser systematischen Feststellung korrespondiert auch der historische Befund, daß „die Erwartung der Auferstehung der Toten" (siehe hierzu V.) für Jesu Auferstehung nicht „als ausreichender Deutehorizont gelten kann" (V.). – Bedauerlicherweise ist in der Diskussion fast kaum zur Geltung gekommen die vorzügliche Studie von *E. Brandenburger*, Die Auferstehung der Glaubenden als historisches und theologisches Problem: WuD 9 (1967) 16–33. – Unverzichtbar ist jetzt auch: *H. C. C. Cavallin*, Life after Death. Paul's Argument for the Resurrection of the Dead in 1 Cor 15. Part I: An Enquiry into the Jewish Background (CB NT Series 7,1), Lund 1974.

des göttlichen Pneumas (vgl. Röm 8,11 und 1 Petr 3,18); durch die Auferstehung wurde der Gekreuzigte zum Lebendigen im ‚Leib seiner Herrlichkeit' (vgl. Phil 3,21). ‚Gott' wird in seinem Wesen gerade dadurch bestimmt, daß er derjenige genannt wird, der Jesus von den Toten erweckt (vgl. Röm 8,11; 2 Kor 4,14; Gal 1,1; Kol 2,12). Die Gottheit seines Wesens erweist sich in dieser endgültigen Tat, die nur noch mit der Erschaffung von Himmel und Erde verglichen werden kann und diese selbst als die ‚neue Schöpfung' ins unvorstellbare übertrifft (vgl. Röm 4,17). Dieser theologische Ursprung des Auferweckungsgedankens kann deswegen nicht genügend deutlich betont werden, weil sich die Worte ‚Gott' und ‚Auferweckung' in der Offenbarung gegenseitig bedingen und erhellen" (361 f.). Wenn das so ist, stellt sich freilich die Frage, ob Lehmann nicht strenger, als er dies tut, vom *Glauben* an die Auferweckung Jesu reden müßte bzw. das durch die ‚Bekundung' des Ereignisses erworbene ‚Wissen' (362) differenziert diskutieren sollte. Die systematische Spekulation über ‚die Erscheinungen' müßte zunächst stärkere Rücksicht auf den historischen und religionspsychologischen Befund nehmen. Freilich weist Lehmann mit Recht darauf hin, daß sich auch die historische Methode ihrer Grenzen stärker bewußt werden muß. Sie kann nach der *Entstehung* des Osterglaubens fragen, aber nicht den Sinn des Auferstehungsglaubens ausschöpfen; denn: „Offenbar wird hier Wirklichkeit ausgesagt, die mit der Methode dieses Zugangs *allein* nicht zureichend verstanden werden kann" (368). Diese Feststellung gilt freilich ebenso für den Zugang zum historischen Jesus!

Zur Diskussion um den Sinn der ὤφθη-Formel erklärt Lehmann: „Gesetzt den Fall, in den Erscheinungsberichten würde tatsächlich eine ‚Verbürgungsformel' verwendet, wie sie im Alten Testament im Zusammenhang von Theophanien vorkommt, so kann auch in dieser Deutung, die einen größeren Anschluß an den Offenbarungsvorgang überhaupt sucht, das Moment der *Evidenz des geoffenbarten von diesem selbst her* nicht ausgeschaltet werden" (370). Zu bedenken wäre freilich, daß dies auch in der Hypothese, welche die Entstehung des Osterglaubens von Jesus herleitet, festgehalten werden soll, ja: „Alles ‚Sehen' ist nur möglich aufgrund der Selbsteröffnung und Selbstbekundung des so ‚Erscheinenden'" (370). Erörtert werden soll die geschichtliche Vermittlung dieses Offenbarungsereignisses.

Wichtig sind m. E. auch die Ausführungen Lehmanns über die ‚Identität des auferweckten Herrn mit dem irdischen, gekreuzigten Jesus'

(372): „Die Erscheinungen erhellen die *Geschichte* seines Lebens“ (373). A. Vögtle hat im 7. Abschnitt seiner Beiträge mit Recht bemerkt: „Wenn die ‚Wunder‘-frage, die Transzendierung des Bereichs des historisch-analogisch Wahrscheinlichen, an einem Punkt brisant werden und fundamentale Bedeutung gewinnen kann, dann eben bei der Frage nach der Entstehung und dem ursprünglichen Sinn des Osterglaubens“ (34). Aber ist die Wunderfrage so richtig bestimmt? Ich möchte hier noch kurz auf den Beitrag von *B. Weissmahr,* Zauber. Mirakel. Wunder. Auf der Suche nach einem ausgewogenen Wunderverständnis: BiKi 29 (1974) 2–5, hinweisen (vgl. auch die oben Anm. 5 genannten weiteren Arbeiten des Autors). Weissmahr führt aus: „Legitimerweise kann man gar nicht von einem göttlichen Wirken in der Welt ohne innerweltliche Ursachen reden, denn damit macht man aus Gott eine physikalische Ursache. Würde nämlich Gott ohne innerweltliche Ursachen in der Welt wirken, so wäre er auch die innerweltliche Ursache des Geschehens. Das heißt aber, er wäre ein Glied in der innerweltlichen Ursachenkette; er stünde auf der gleichen Ebene mit den anderen innerweltlichen Ursachen und wäre nicht der transzendente Schöpfer von Himmel und Erde. Außerdem wäre das von Gott ohne innerweltliche Ursachen in der Welt Hervorgebrachte ein Fremdkörper in ihr, der gar keine Beziehung zu den Dingen der Welt hätte. Aber weder ist ein Gott denkbar, der nicht Gott ist, noch ein Ereignis in der Welt, das zugleich nicht in ihr wäre.

Die alte Auffassung, daß Gott im Wunder an die Stelle der geschaffenen Ursachen tritt, ist also nicht zu halten“ (3). Sollte man nicht bei der Erörterung der ‚Erscheinungen‘ mit solcher Einsicht Ernst machen? Die abschließenden Ausführungen Weissmahrs in seinem kurzen Beitrag scheinen mir in vielfacher Hinsicht für die Erörterung unserer Problematik von Belang: „Da sich das freie Handeln Gottes in der Welt durch innerweltliches Geschehen vollzieht, steht es notwendigerweise in phänomenaler Kontinuität mit allen anderen innerweltlichen Ereignissen. Deshalb kann die Erkenntnis, daß ein Ereignis eine persönliche Tat Gottes ist, nur in der Erkenntnis der transzendentalen dialogischen Bedeutung dieses Ereignisses geschehen. Weil es sich hier um eine Transzendenzerfahrung handelt, ist ihre Vermittlung in sprachlicher Formulierung stets eine schwierige Sache. Sie kann nur durch Analogien oder mittels Symbolen ausgedrückt werden, wobei ein wesentlicher Bestandteil ihrer Mitteilung das persönliche Zeugnis ist.

Die Verschiedenheit des göttlichen und geschöpflichen Handelns in der Welt darf niemals zur unmetaphysischen Annahme führen, daß es sich um zwei einander ausschließende Tätigkeiten handle. Je inniger ihre Einheit ist, desto mehr kommt auch ihre jeweilige Eigenheit zur Geltung. Hat man das Ineinandersein und zugleich Verschiedensein von göttlichem Wirken in der Welt und geschöpflichem Wirken verstanden, *so kann die Offenbarung als ein sich weltimmanent vollziehendes Geschehen aufgefaßt werden, ohne die Wirklichkeit des persönlichen Handelns Gottes in der Welt auch nur im geringsten in Gefahr zu bringen*" (5, Hervorhebung von mir). Die Berechtigung meiner Fragestellung und meiner Lösungsrichtung sehe ich durch diese systematische Position verteidigt: „*Offenbarung* in Geschichte und als Geschichte *gläubig* zu denken und ihr forschend nachzudenken" (ThQ 272) und auf Jesus von Nazaret selbst hinzuweisen: „er ist Grund unseres Glaubens und unserer Hoffnung – und er ist der Offenbarungsmittler in Person" (ThQ 227). Im abschließenden Abschnitt (unten e) versuche ich anzudeuten, daß der Glaube an die Auferstehung Jesu „in der Erkenntnis der transzendentalen dialogischen Bedeutung" des Todes Jesu mitbeschlossen liegt.

d) *Peter Knauer,* Jesus als Gegenstand kirchlicher Christologie, in: F. J. Schierse, Jesus von Nazareth, Mainz 1972, S. 156–166, formuliert m. E. mein theologisches Anliegen sehr genau: „Im Glauben darf nichts über Jesus ausgesagt werden, was nicht Anhalt am historischen Jesus selbst hat" (159). Diese Feststellung muß auch für den Glauben an Jesu Auferstehung gelten. Nach Knauer ist *„der Mensch Jesus ... Grundvoraussetzung der Christologie.* Die Möglichkeit, den Glauben von einer Illusion zu unterscheiden, in die man sich von sich aus hineinsteigern kann, hängt an der Geschichtlichkeit des Menschen Jesus, auf den sich der Glaube bezieht. Deshalb setzt kirchliche Christologie mit der Bestreitung des Versuchs ein, Jesus Christus als bloßen Scheinmenschen oder als mythische Personifizierung allgemeiner Vernunftwahrheiten zu interpretieren, auf die man von selbst verfallen kann. Sie verweist auf das konkrete menschliche Handeln und Leiden, Leben und Sterben Jesu und meint mit dem Bekenntnis zur leiblichen Auferstehung, daß wir es im Glauben mit dem historischen Jesus selbst und nicht nur mit einer Erinnerung an ihn zu tun haben; nicht mit dem, der gekreuzigt war, sondern mit dem, der gekreuzigt ist. In den Sakramenten kommt wirklich er selbst in Raum und Zeit für den

Glauben als der zur Erscheinung, den die ersten Zeugen, die ihn in seinem irdischen Leben gekannt hatten, wieder erkennen konnten" (158 f.).

Knauer bestimmt den Glauben als „das Anteilhaben am Gottesverhältnis des historischen Jesus" und fragt: „Aber in welchem Verhältnis steht Jesus wirklich zu Gott" (160)? Die Christologie antwortet auf diese Frage, und das Bekenntnis zur Auferstehung Jesu ist eine, die fundamentale christologische Antwort. Die Christologie entfaltet im Blick auf Jesus, von Jesus her, aufgrund Jesu, „worum es überhaupt im Glauben an Gott geht" (156). Knauer legt den Sachverhalt für mich überzeugend aus. Ich muß diesen Systematiker noch ausführlich zu Wort kommen lassen: „Jeder Mensch hat schon immer seinen Gott, mag er ihn nennen, wie er will. Die Frage ist nur, ob es auch der rechte Gott ist. Wirklicher Glaube an Gott, also an den rechten Gott, ist der Gegensatz zu jeder Weise, etwas in der Welt zu vergöttern bzw. unter veränderten Bedingungen daran zu verzweifeln. Sich an irgend etwas in der Welt um jeden Preis klammern, so daß man, wie es heißt, auch ‚über Leichen geht', ist das eigentliche Unheil für den Menschen. Denn er läßt sich dann gegebenenfalls zu jeder Unmenschlichkeit erpressen: man braucht ihm nur das zu entziehen, worauf er sich letzten Endes stützt. An den wirklichen Gott glauben heißt, sich auf nichts mehr in der Welt, sondern allein auf ihn als ihren Schöpfer zu verlassen. Nicht als ob einem dann die Welt gleichgültig würde: sie wird erst so zu einem solchen Bild der Gemeinschaft mit Gott, daß ihre Vergänglichkeit dagegen kein Einwand mehr ist. Im Glauben geht es um die Befreiung des Menschen von der Angst um sich selbst, die ihn an seiner Menschlichkeit hindert. Aber die Möglichkeit solchen Glaubens ist nicht von vornherein selbstverständlich. Gott ist in sich selbst kein Gegenstand menschlicher Erfahrung. Einen Gottesbegriff gibt es nur in der Weise, daß man die eigene Geschöpflichkeit als das von Gott Verschiedene und auf ihn Verweisende begreift: in allem, worin wir uns vom Nichts unterscheiden, sind wir nichts als ein Bezogensein auf eine solche andere ‚Wirklichkeit', daß diese überhaupt nur durch die Restlosigkeit unseres Bezogenseins auf sie bestimmt werden kann. Die Restlosigkeit unseres Bezogenseins auf Gott bedeutet nun aber, daß man nicht behaupten kann, die Welt sei darüber hinaus der konstitutive Terminus eines Bezogenseins Gottes auf sie. Dies käme nämlich der nachträglichen Leugnung unseres Geschaffenseins aus dem Nichts gleich. Aber wie kann dann Glaube als Gemeinschaft des Menschen mit

Gott und damit als gegenseitige Beziehung überhaupt noch sinnvoll ausgesagt werden, wenn Geschaffensein aus dem Nichts das schlechthin einseitige Bezogensein des Geschaffenen auf Gott meint?
Die Bedeutung Jesu besteht darin, daß er gerade auf dem Hintergrund der radikal ernst genommenen Welterfahrung als einer Gotteserfahrung im Modus seiner Abwesenheit (‚Mein Gott, mein Gott, warum hast du mich verlassen?' Mk 15,34) Glauben verstehbar gemacht hat. Glauben heißt in christlichem Verständnis, sich von Gott mit einer Liebe geliebt zu wissen, die ihr Maß nicht an einem selbst und nicht am eigenen Wohlbefinden hat, sondern die nur als die gleiche, allein dem Glauben zugängliche Liebe ausgesagt werden kann, in der Gott von Ewigkeit her einem göttlichen Gegenüber zugewandt ist. Denn solange man sich Gottes Liebe als von menschlicher Leistung oder sonstigen irdischen Bedingungen abhängig vorstellt, könnte man sich auf sie genausowenig wie auf sich selbst oder auf irgend etwas anderes in der Welt verlassen und würde mit dieser Vorstellung dem eigenen Geschaffensein aus dem Nichts widersprechen. Ein solcher Gott wäre letzten Endes nur eine ins Unendliche vergrößerte menschliche Selbstprojektion, also Weltvergötterung. Gemeinschaft des Menschen mit dem wirklichen Gott ist nur als Hineingenommensein in ein von Ewigkeit her bestehendes Gegenüber von Gott zu Gott sinnvoll aussagbar. Gott hat keine andere Liebe als seine göttliche, ewige Liebe zu seinem eigenen Sohn, die der Heilige Geist ist. Diese Liebe Gottes, die nicht an der Welt ihr Maß hat und folglich auch nicht an ihr abgelesen werden kann, kann einem nur im Wort mitgeteilt werden und wird nur in der Weise erfahren, daß man sie sich im Glauben gesagt sein läßt.
Dieses Verständnis geht historisch auf den Menschen Jesus zurück. Soll es als wahr geglaubt werden, so impliziert es, daß derjenige, von dem es ursprünglich herkommt, selbst als der von Ewigkeit her von Gott ursprünglich Geliebte zu verstehen ist und daß dies sein Personsein ausmacht; das ist der erst innerhalb des Glaubens selbst (und nicht im voraus dazu) zugängliche Grund des Glaubens. In Jesus Christus wird nichts anderes offenbar als die wahre Wirklichkeit der Welt von Anfang an: nämlich daß sie in die Liebe des Vaters zum Sohn hineingeschaffen ist; und umgekehrt würde dieser verborgene Sachverhalt gar nicht wirklich bestehen, wenn er nicht die Notwendigkeit einer Menschwerdung des Sohnes implizierte, in der allein er offenbar werden kann. An Jesus Christus als an den Sohn Gottes glauben heißt somit nichts anderes, als sich mit ihm und um seinetwillen von Gott un-

endlich geliebt zu wissen und dieses Verständnis ihm als einem wirklichen Menschen, also seinem Wort zu verdanken. Denn der Begriff eines Wortes Gottes ist, wenn man bedenkt, daß es Wort nur als menschliches Wort geben kann, abgesehen von einer Menschwerdung Gottes gar nicht endgültig sinnvoll. Jesus ist deshalb auch nicht nur der geistesgeschichtliche Initiator des christlichen Glaubens, sondern dieser Glaube ist als Anteilhabe an seinem Gottesverhältnis bleibend auf ihn angewiesen. Der Glaube an ihn ist ein Anteilhaben an seinem Geist, durch den er der Kirche gegenwärtig ist" (156–158).

e) In einer Besprechung meiner jüngsten Publikation (*R. Pesch – H. A. Zwergel,* Kontinuität in Jesus, Freiburg i. Br. 1974) hat *Peter Knauer,* Zu einem hilfreichen Jesus-Buch: Christ in der Gegenwart 26 (1974) 256, meinen Ansatz, wonach der Glaube an Jesu Auferstehung von seinem Leben und Tod her verstanden werden soll, mit der Bemerkung gewürdigt: „Diese Deutung Peschs stimmt mit der Sicht des Johannes-Evangeliums überein, wonach die Erhöhung Jesu am Kreuz seine Erhöhung in die Herrlichkeit Gottes ist und in seinem Tod eine Gemeinschaft von Menschen begründet wird, die seinen Geist empfangen. Erst von hier aus lassen sich auch die *Erscheinungen* des Auferstandenen, in denen den Jüngern aufgeht, wer Jesus war und ist, verstehen." Peter Knauer hat das Anliegen des Buches „als für das Verständnis des christlichen Glaubens fundamental" bezeichnet.
Ich hoffe daher, der Leser wird es mir nicht als unbescheiden verübeln, wenn ich meine Materialien und Bemerkungen mit einigen Selbstzitaten abschließe: „Ist Jesu Tod die Äußerung der Liebe Gottes, traditio Dei, so muß bereits sein Leben Darstellung der Liebe Gottes, Hingabe sein. Und tatsächlich zeigen uns die Überlieferungen der Urkirche (und gerade auch die historisch unbezweifelbar echten) diesen Jesus. Jesus handelt nach dem Ausweis der urkirchlichen Überlieferung (und nach dem Urteil der heutigen Exegeten) so, ‚als stünde er selbst an Gottes Stelle' (E. Fuchs), er handelt aus einer Vollmacht, die mit Recht als ‚unableitbar' bezeichnet wird. Jesus demonstriert den Anbruch der Gottesherrschaft, indem er ‚mit dem Finger Gottes die Dämonen austreibt' (Lk 11,20), also so unmittelbar und konkret an Gottes Macht teilhat, daß sein Wirken ‚den Wundern bei der Schöpfung, beim Auszug aus Ägypten und der Entstehung der mit Gottes Finger beschriebenen Gesetzestafeln' (H. Schlier) vergleichbar wird. Damit bekommt sein Wirken unmittelbar eschatologischen Charakter, die Gottesherrschaft

bricht in seinem Wirken an und teilt durch ihn ihr Heil schon proleptisch mit. Deshalb können die seliggepriesen werden, die sein Wort hören und seine Werke sehen (vgl. Lk 10,23 f. / Mt 13,16 f.).
Gerade auch Jesu Solidarität mit den Sündern, die gegenwärtig oft berufen wird, die Gemeinschaft, die Jesus mit den damals Ausgestoßenen hielt, war nicht etwa bloß ein provokatorischer Akt, sondern Zusage und Teilgabe des Heils, Sündenvergebung als Aufhebung der selbstgewählten oder von der (religiös-politischen) Gesellschaft verordneten Sonderung. Wenn Jesus sein Tun, die Tischgemeinschaft mit Zöllnern und Sündern (Mk 2, 15–17 parr), so deutet, daß er ‚gekommen ist, Sünder zu rufen', Sünder zum (eschatologischen) Mahl zu laden, so erhebt er auch hier einen Vollmachtsanspruch, der ihn an Gottes Stelle, als Gottes Stellvertreter zeigt. Wer wie Jesus hinter die Tora nach dem ursprünglichen Gotteswillen zurückfragt (Mk 10; Mt 5 u. a.), beansprucht Offenbarerqualität, die nur durch Gott selbst gedeckt werden kann. Wer Jünger bedingungslos in seine Nachfolge ruft (wie Gott die Propheten rief: vgl. Mk 1,16–20 parr; Lk 9,59 f./ Mt 8,21 f.), erhebt einen souveränen Anspruch, der nur durch Gottes Vollmacht ausgewiesen werden kann. Für die durch Jesu Botschaft Angesprochenen gilt: ‚Wer sich zu Jesus bekannte, ließ sich auf die von ihm verkündigte Gottesherrschaft ein. Wer ihn verleugnete, nahm ihm nicht ab, daß er Gottes Herrwerden vollzog. Da sich Gottesherrschaft ereignete als gnadenvolle Zuwendung zum Sünder, zu den Deklassierten, Randsiedlern, Kranken und Ausgestoßenen, war die Ablehnung Jesu gleichbedeutend mit der Ablehnung des nahen gnädigen Gottes. Wer so wie in Lk 12,8 f. die soteriologische Funktion seiner Person zum Ausdruck bringt, ist nicht mehr nur einfach ein Weisheitslehrer mit apokalyptischem Einschlag. Die Selbstaussage im Zusammenhang des weisheitlich-apokalyptischen Entsprechungswortes macht dadurch diese Gattung zur Trägerin eines prophetischen Anspruchs mit heilsmittlerischer Funktion.' (J. Becker). Jesus deckt sein Tun mit nichts (vgl. Mk 11,27–33) – außer mit dem Hinweis auf seine Sendung, d. h. auf Gott: auf Gottes Macht und Güte, auf Gottes Heil und Gericht, auf Gottes Herrschaft. Kurzum: Jesu Verhalten ist ‚das Verhalten eines Menschen, der es wagt, an Gottes Stelle zu handeln' (E. Fuchs). *Jesu Tod als die Möglichkeit (die waltende Grenze) seines Lebens muß – an solchem Verhalten, an solchem Anspruch gemessen – den ‚Tod Gottes' beschwören. Die lastende ‚Nähe' der in Jesus ‚anbrechenden' Gottesherrschaft (seines Heils und seines Gerichts) ist der existentielle*

Ausdruck der in Jesu Leben in die Geschichte ragenden Möglichkeit des ‚Todes Gottes'.

Der Ernst der Umkehrforderung Jesu (Mk 1,15), die Radikalität seiner Botschaft, die provozierende Schärfe seines Wortes, ebenso: die demütige Einfalt seiner Sprache, die wehrlose Hingabebereitschaft, die ‚naive' Sicherheit seines Auftretens, die selbstlose Gelassenheit, beides ist bestürzender Ausdruck der Möglichkeit seines Todes, das Ereignis seines Lebens. Wer die Fülle der Zeit und die Nähe der Gottesherrschaft prophetisch gewiß anzusagen weiß, bürgt selbst für solche Ansage und Zusage. Der Tod des Bürgen ist die äußerste Möglichkeit des Bürgen, es sei denn, ein Gläubiger tritt für ihn ein: ‚Gott, mein Gott, warum hast du mich verlassen?' Der Ruf des 22. Psalms ist der Ruf des aus dem Tod durch Gottes Handeln Geretteten; Gottes Handeln am Toten (in der Auferweckung der Toten als endzeitlichem Handeln Gottes) führt aber die Gottesherrschaft herbei. ‚Derjenige, der diese in seinem Leben verkündet hat, führt sie in seinem Tode herbei' (H. Gese).

Ebenso scharf wie in Jesu Handeln kommt in seinem (davon nicht ablösbaren) Wort sein Anspruch zum Ausdruck, an Gottes Stelle zu stehen. In unmittelbarer *Gottesgewißheit* ersetzt Jesus die prophetische Vollmachtsformel ‚Spruch des Herrn' durch sein ‚Amen', ‚ich sage euch', weist er auf sich als ‚mehr als Salomo', ‚mehr als Jona' (Lk 11,31; Mt 12,41 f.). Seine Gleichnisse wissen darum, daß Gott den Erfolg seines Wirkens verbürgt (Mk 4); daß alle Menschen sich selbst als Sünder anklagen und darin gerechtfertigt werden sollen (Lk 18). Im Grunde legt Jesus in seiner Verkündigung Gott durch sich selbst aus.

Jesu Verhalten in Wort und Tat beschwört also den Tod Gottes als die Grenze seines Lebens. Der Vorwurf der Gotteslästerung liegt auf der Hand und wird von den Gegnern Jesu nicht zufällig wiederholt ausgesprochen (Mk 2,5 ff.; 14,62 ff. u. a.); für die Gegner ist der Vorwurf entsprechend am Kreuz Jesu bestätigt (Mk 15,29 ff.). Jesu ‚Gott', so war aus seinem Verhalten klar, mußte am Kreuz sterben! Die Möglichkeit seines Todes mußte als Ereignis die Welt entscheiden. Jesus hatte Gott an die Sünder ausgeliefert; wenn diese ihn nun dem ‚Tode' auslieferten, so mußte – war Gott in Jesus – Jesu Tod zur end-gültigen, letzt-gültigen, eschatologischen traditio dei, zur letztgültigen Äußerung der Liebe Gottes werden.

Jesu Leben als die ‚Möglichkeit' des ‚Todes Gottes' hat zwar noch

vorläufigen, aber doch bereits eschatologischen Charakter. Die Botschaft von der hereinragenden Nähe der Gottesherrschaft ist sein Signum. Für den Glauben an Jesu Botschaft kommt alles darauf an, daß Gott seine Herrschaft in Jesu Tod offenbart:
Wär' er nicht erstanden, die Welt wär' vergangen!"

4. Nachtrag: Zur „Vermittlung Jesu durch Jesus selbst" (W. Breuning)

Nach Abschluß meines Manuskriptes ist noch ein wichtiger Beitrag zu meinem Diskussionsvorschlag aus der Feder des Bonner Dogmatikers *Wilhelm Breuning* erschienen: Aktive Proexistenz – Die Vermittlung Jesu durch Jesus selbst: Trierer Theologische Zeitschrift 83 (1974) 193–213. In dieser Stellungnahme sehe ich mein fundamentaltheologisches Anliegen positiv gewürdigt, meine Position ausgezeichnet verstanden und besser expliziert, als ich selbst es vermochte. Gerade deshalb wird der geneigte Leser Verständnis dafür haben, daß ich ihm diesen Nachtrag nicht vorenthalten will.
Nach einem kurzen Referat meiner These (193–195) führt Breuning aus: „Es lag natürlich nahe, Peschs These im Sog der seit der Aufklärung nie abgerissenen theologischen Versuche der Verflüchtigung von Ostern zu orten. Mit der Verunsicherung der Ostererscheinungen gerät dann auch der ausdrückliche Auferweckungsglaube meist ins Zwielicht – ein wenig nach dem Motto: Der Sack wird geschlagen und gemeint ist der Esel. Man würde Pesch sehr mißverstehen, wenn man ihn irgendwie in dieser Tendenz sähe. Aus dem klaren Bekenntnis zum Inhalt des Auferweckungsglaubens, wie es bei Pesch zu finden ist, jedoch ohne Rekurs auf Erscheinungsereignisse, erhebt sich für den Dogmatiker aber ein Problem: Kann der Inhalt des Auferweckungsglaubens sozusagen den Charakter einer glaubenslogischen Schlußfolgerung haben oder gehört es nicht entscheidend zu jeder theologischen Logik, daß ‚Auferweckung' etwas besagt, was durch das geschehene Ereignis erst selbst offenkundig werden kann?" (195 f.).
Der Beantwortung dieser Frage gilt die Bemühung von W. Breuning. Er erörtert zunächst im Zusammenhang meiner Berufung auf K. Rahner und W. Pannenberg den Komplex ‚Glaube und ausweisbares Wissen vom Geschick Jesu' (196–200); nach Breuning kommt bei Pesch „ein typisch katholisches ‚und' im Verhältnis von Glaube ‚und' Wissen zum Vorschein, wobei das Wissen im Glauben selbst einen Platz hat,

ohne den der Glaube seinerseits einen wesentlichen Wirklichkeitsbezug verlieren würde, während Pannenbergs Position doch an manchen Stellen stärker auf eine Trennung von Wissen als Einsicht und Glaube als Vertrauen hinausläuft" (199 A. 17). Gegen W. Kasper verteidigt Breuning die Intention meines Beitrags, wenn er – zugleich bei der Exposition seines Programms ‚Vermittlung Jesu durch Jesus selbst' – ausführt: Wenn in Peschs Beitrag „die Entstehung des Glaubens an die Auferstehung Jesu letztlich auf ‚den Glauben, den (Jesus) gestiftet hat, zurückgegründet wurde, ging es doch um die geschichtliche Inkarnation dieses Glaubens in Jesu eigenem Verhalten: Wieweit ist unser Glaube in der bewußten Lebenstat Jesu begründet? Geht es dabei nicht um die Frage, wieweit Jesu Leben wirklich sein *eigenes* Leben geworden ist? Denn gerade als solches, als *sein* Leben, zeugt es unser Leben als im Glauben zum Ziel kommendes Leben" (199 f.).

Breuning nimmt die Kontroverse zwischen W. Kasper und mir, die in der ThQ geführt wurde, im folgenden Abschnitt ‚Die Vermittlung Jesu und die historische Methode' (200–203) weiter auf und entdeckt zwischen den Kontrahenten „in manchen grundsätzlich-systematischen Auffassungen" eher Konvergenzen: „Die Vermittlung Jesu gründet nach Inhalt *und* Aneignungsmöglichkeit für die, denen sie zugewendet werden soll, in der als aktive Tat empfundenen Geschichte Jesu" (200). Nach Breuning liegt „das Irritierende dieser sehr zentral angesetzten Soteriologie ... in dem eigentümlichen Ineinander von Vermittlung und Vermitteltem. Aber das ist das Kernproblem jeder Soteriologie. Vermittelt werden soll uns Jesus selbst, sein Wirken, sein Geschick, seine Person. Der Grund der Vermittelbarkeit liegt aber eben wieder in der Wirklichkeit gewordenen Geschichte Jesu selbst. Nicht nur das, was vermittelt werden soll, sondern auch die Vermittlung selbst ist letztlich identisch mit Jesu Lebenstat" (200). Aber welche Erkenntniseinstellung wird ihrer ansichtig? Mit Recht stellt Breuning fest, daß ich den Akzent darauf setze, „die richtige Einstellung eben durch das Vernehmen der Geschichte zu erreichen. Die Beschränktheit eines Offenbarung leugnenden Säkularismus soll im Blick auf die geschichtliche Wirklichkeit Jesu selbst überwunden werden ... Insofern scheint Peschs Rekurs auf Jesus selbst und seine Lebenstat richtig herauszuheben, daß das Motiv zum Mitgehen mit Jesus, also zum Glauben, seine bewegende Kraft von Jesus selbst her hat. Die Erkenntnis des Vorsprungs Jesu in der Geschichte könnte zumindest einen entscheidenden Blickfang für das weiterfragende Interesse an Jesus bilden. Dabei brauchte es nicht hinderlich zu sein, daß der Prozeß des vergleichenden Fragens, indem dieser Vorsprung sich immer wieder zeigt, nur Wahrscheinlichkeitsurteile hervorbringen kann. Er dient ja zunächst dazu, die freie Rückfrage nach dem Ur-Sprung Jesu einzuleiten. Wenn man dieses Ursprungs ansichtig wird, hat man das vergleichende Denken zwar nicht einfach hinter sich gelassen, aber doch in einem qualitativ neuen Akt überschritten . . . Ich halte das für eine sachlich richtige Zusammenschau von Glauben an Jesus und Fragen nach der Geschichte Jesu" (202 f.).

Im nächsten Abschnitt ‚Theologische und historische Vernunft' (203 bis 206) wendet sich W. Breuning einer Frage zu, deren Beantwortung ich nach seiner Auffassung W. Kasper schuldig geblieben bin, der Frage, „woher ein Gläubiger den Maßstab nimmt, um vom Vorsprung des Glaubens Jesu zur ‚freien' Einsicht in den Ursprung dieses Glaubens zu gelangen" (204). Er antwortet auf diese Frage mit anderwärtigen Ausführungen von Kasper selbst, es sei einzusetzen beim Bekenntnis zu Gott als der Liebe (1 Jo 4,8), deren ereignishaftes Wesen ihren freien Aufgang wie ihre nachträgliche Erkenntnis zugleich verständlich macht. In diesem Sinne kann z. B. gesagt werden: Daß die Liebe stärker ist als der Tod, erfahre ich im Erweis der Liebe.

W. Breuning befaßt sich dann mit dem Problem ‚Nicht-autoritärer Glaubensbegründung im Vollzug menschlicher Lebensgeschichte' (206 bis 208) und der ‚Tragweite und Grenze hermeneutischer und sprachlicher Modelle' (209 f.). Hier kommt er auf W. Kaspers Ansatz zurück und verbindet ihn mit dem meinigen: „Gewiß, der absolute Skeptizismus ist in sich selbst widersinnig. Aber auch jede Reflexion zu seiner Überwindung reibt sich wund, wenn sie nur Reflexion bleibt. Kann die Schwerpunktverlagerung durch Liebe, von der wir sprachen, Mut geben, den Bannkreis der Subjektivität zu verlassen und ‚sich' draußen zu finden! Peschs Anfrage mit seiner neuen These scheint mir jedenfalls den positiven Sinn zu haben, diesen Mut ganz und gar in der Person Jesu zu begründen. Der ‚Anhalt am historischen Jesus' erweist sich nicht nur für den *Inhalt* der Verkündigung notwendig, sondern auch für den Prozeß des Gläubig-Werdens. Wenn die Person Jesu im umfassenden Sinn so entscheidend ist, dann geht es doch *um ihre* Vermittlung. Ist das aber nicht noch einmal Jesu eigenes Werk? Diese Frage hat uns hier immer wieder beschäftigt. Jesus ist Stifter des Glaubens (zumindest nicht allein durch seinen Glauben, sondern zuerst und zuletzt) durch seine Liebe" (209). Vielleicht darf ich den Leser bitten,

im Licht dieser Interpretation Breunings noch einmal meine Ausführungen in Teil 2 B (zum Abendmahl) und im Schlußabschnitt zu lesen. Glaube und Liebe – und Hoffnung! – gehören als die göttlichen Tugenden zusammen: Jesus stiftet Glauben, indem er zugleich Liebe erfahrbar macht und Hoffnung vermittelt (was jeweils – in perichoretischer Form – auch umgekehrt aussagbar ist).
Im Schlußabschnitt ‚Aktive Proexistenz Jesu in ihrer Funktion für den Glauben an Jesus und als Verstehensprinzip der Christologie' (211 bis 213) zieht Breuning einige Folgerungen: Er will mir beim Verzicht auf ‚Erscheinungen' nicht folgen und hält eine ‚Begegnung Jesu mit den Seinen' für „‚glaubwürdiger' . . ., auch wenn das ‚geistige' Mitgehen-Können der Angesprochenen mit Jesus eine Voraussetzung für Auferstehung als sinnvollem Ereignis bleibt; denn Jesus ist ja durchaus ‚in den Glauben seiner Jünger' hinein auferstanden" (211, mit Zitat K. Rahner). Breuning liegt mit mir daran, „die in strengem Sinn *theologische* Dimension" des Lebens und Sterbens Jesu zu wahren, ebenso den „Realzusammenhang von Tod und Auferweckung Jesu einerseits und (den) Realzusammenhang von Lebenstat und Tod Jesu andererseits" (212). Schließlich betont er: „Damit wird Jesu Bedeutung für die Beantwortung der Gottesfrage deutlich, und es wird gleichzeitig deutlich, daß diese Antwort durch Jesu Leben und Sterben gegeben wurde. So ist er Offenbarer und durch sein Leben Offenbarung in einem . . . Wenn wir auch Peschs These in ihrem unmittelbar gemeinten Sinn nicht folgen wollten, so liegt deren Tendenz doch in der Richtung, die uns in der Tat für die Christologie entscheidend scheint: Jesus war in seinem Kreuz nicht der Anlaß für Gottes paradoxes Gnadengericht, sondern Christi aktive Proexistenz als seine Gott und Menschen verbindende Tat ‚*ist*' der Erweis, daß ‚Gott Liebe ist', weil sie darin Ereignis geworden ist" (213). Leider hat sich Breuning zu einer historischen und theologischen Bestimmung der „Begegnung Jesu mit den Seinen" (wie er unter Vermeidung des Begriffs Ostererscheinung formuliert) nicht weiter geäußert, auch nicht gezeigt, warum er meiner These in ihrem unmittelbar gemeinten Sinn: „Verzicht auf Begründung des Osterglaubens von Ostererscheinungen her" nicht folgen wollte. Doch wenn „die Richtung stimmt", wird darüber in ruhiger Sorgfalt weiter gearbeitet und diskutiert werden können. Wenn die vorgelegten Materialien und Bemerkungen dazu anregen und beitragen, erfüllen sie die ihnen zugedachte Aufgabe.